江苏省重点建设学科应用经济学资助

宏观经济学

——中国案例分析——

刘吉双　蔡柏良　王芳◎主编

中国经济出版社
CHINA ECONOMIC PUBLISHING HOUSE
北　京

图书在版编目（CIP）数据

宏观经济学——中国案例分析 / 刘吉双，蔡柏良，王芳主编.
—北京：中国经济出版社，2018.11（2022.1 重印）
ISBN 978-7-5136-5416-6

Ⅰ.①宏… Ⅱ.①刘… ②蔡… ③王… Ⅲ.①中国经济—宏观经济分析
Ⅳ.①F123.16

中国版本图书馆 CIP 数据核字（2018）第 242136 号

责任编辑 彭 欣
责任印制 巢新强
封面设计 任燕飞

出版发行 中国经济出版社
印 刷 者 北京柏力行彩印有限公司
经 销 者 各地新华书店
开　　本 710mm×1000mm 1/16
印　　张 25.5
字　　数 306 千字
版　　次 2018 年 11 月第 1 版
印　　次 2022 年 1 月第 4 次
定　　价 59.80 元
广告经营许可证 京西工商广字第 8179 号

中国经济出版社 **网址** www.economyph.com **社址** 北京市西城区百万庄北街 3 号 **邮编** 100037

本版图书如存在印装质量问题，请与本社发行中心联系调换（联系电话：010-68330607）

前言 PREFACE

长期以来，我国西方经济学教学中都缺乏中国案例分析，以致学生对西方的案例难以理解，对相应的概念、理论、思想感觉晦涩难懂。在中国高等院校开设西方经济学课程，却不结合中国案例分析，这样的西方经济学教学是不完整的教学，因此笔者想弥补上这一空白，进一步丰富西方经济学教学，让学生听到中国的声音。

本教材以高鸿业主编的《西方经济学（宏观部分)》为主干教材，以中国案例分析为辅助教材，落实好习近平总书记讲好中国故事的要求，围绕中国消费、投资、就业、通货膨胀、经济增长等现实问题，做好中国案例分析。与此同时，借助西方市场经济发展的好经验、好思想、好方法，分析中国市场经济问题，以期解决中国市场经济面临的问题。

笔者以马克思主义理论为指导，以社会主义核心价值观为引领，以宣传中国当代发展巨大成就为目的，编写《西方经济学（宏观经济学)》的辅助教材，旨在西方经济学专业课中引导大学生树立正确的价值观，讲好中国故事。因此，彰显西方经济学教学中的中国元素，是本教材最主要的特色。中国改革开放 40 年，创造了人类历史上经济增长新的奇迹，这是西方发达国家经济增长史所无法比拟的。而若在西方经济学教学中缺乏中国案例，那无论如何讲，都是难以让人信服的。目前西方经济学教材市场上还没有中国案例分析的教材，本教材的出版将能够较好地填补这一空白。这对于用社会主义核心价值观引领西方经济学专业课程建设，增强中国大学生文化自信，坚定走中国特色社会主义市场经济道路，具有重要意义。

目录 CONTENTS

1　中国 GDP 增长

[案例]

2018 年中国 GDP 将超过欧元区 19 国总和?

据彭博社 3 月 7 日报道，预计 2018 年中国的国内生产总值（预测用的是名义 GDP）将达到约 13.2 万亿美元，超过 19 个使用欧元国家的总和（12.8 万亿美元）。2017 年，中国国内生产总值（GDP）为 82.7 万亿元（约合 12 万亿美元），欧元区 19 国经济总量约为 12.5 万美元，欧元区仅以微弱优势领先中国。彭博社指出，这是又一个迹象表明，“亚洲世纪”已经到来。报道援引渣打银行（Standard Chartered Bank）全球首席经济学家大卫 · 曼恩（David Mann）的话说：“它（中国）会超越，并且会持续下去。这是经济体制、基础设施、教育和硬件设施共同作用的结果——所有这些都会对亚洲越来越有利。”彭博汇总的数据还显示，包括日本、印度等经济大国和菲律宾、印尼等迅速发展的新兴经济体在内，亚洲的经济总量在 2016 年已经超越整个美洲。而亚洲更快的平均增速将会让二者的差距越来越大。彭博社也指出，中国这个全球第二大经济体由于正在尝试从过去的高出口模式转向更为均衡的模式，经济增长正在逐步放缓。为了实现这个目标，中国面临着诸多挑战。其正在解决不断增加的债务，逐步向全球投资者开放金融市场，政府也正在适应迅速的人口老龄化。联合国预计，到 2030 年，中国 1/4 的人口将超过 60 岁。曼恩预计，到 2020 年之前，中国经济会保持以至少 6% 的速度增长，并在 2020—2030 年间保持 5% ~5.5% 的速度。他表示，未来 20 年欧元区的增长率很难高于 2%。曼恩说，中国的上升轨迹将帮助全球经济重返历史大部分时间持续的状态，过去 150 年西方经济超过东方的局面只是特例。

资料来源：凤凰国际智库．亚太日报．http：//news. ifeng. com/a/20180309/56589549_ 0. shtml.

1.1 GDP 的含义是什么？研究 GDP 的增长有什么意义？

GDP 即国内生产总值，是从西方国民核算体系中引进的一个指标，曾被有的经济学家誉为“20 世纪最伟大的发明”。GDP 能够表现包括物质生产和非物质生产在内的所有行业经济活动的最终结果。这一指标能够从最终产品、常住单位的增加值和原始收入上衡量和反映一国或地区经济活动的整体表现。GDP 的这一特点使它得以成为衡量经济增长的重要指标。在宏观经济学中，GDP 是指经济社会（即一国或一个地区）在一定时期内运用生产要素所生产的全部最终产品（物品和劳务）的市场价值。GDP 在国民经济核算体系中占有十分重要的地位，衡量一国经济好坏的三大指标经济增长率、失业率、通货膨胀率都与 GDP 密切相关。GDP 应用得恰当，能够帮助我们很好地分析一国经济面临的状况，及时寻找合适的解决方法，但是我们也不能过分夸大它的作用，毕竟它只是一个数据，只能作为我们分析问题的一个重要参考依据。

1.2 GDP 是如何构成的?

（一）生产法构成，就是行业构成，按大类分可以分为第一、二、三产业增加值，再细一些可以按行业分成农林牧渔业增加值、工业增加值、建筑业增加值、金融业增加值、房地产业增加值等等。这种构成方法主要用于看 GDP 中各行业具体发展水平，以及行业结构是否失衡。

（二）收入法构成，具体分为劳动者报酬、生产税净额、固定资产折旧和营业盈余四种构成项。其中，劳动者报酬归属于个人部门，生产税净额归属于政府部门，固定资产折旧和营业盈余归属于企业部门。这种构成方法主要用于看个人、政府和企业之间的部门发展是否平衡。

（三）支出法构成，具体分为资本形成总额、最终消费、货物和服务净出口，也就是常说的投资、消费和出口三驾马车。

1.3 改革开放以来中国 GDP 增长情况如何?

改革开放 40 年来，中国社会飞速前进，经济结构和状况都有了质的飞跃。回顾往昔，由计划经济向市场经济转型的进程中，中国 GDP（国民经济总量）每年保持着 8% 的均速稳步增长，这个数字令世界为之惊叹，对中国今日之实力重新定位，为中国登上国际舞台奠定了基础（见表 1－1、图 1－1）。

表 1－1 改革开放以来中国历年 GDP 及增长率

年份	GDP（亿元）	增长率（%）
1978	3678.70	0.0
1979	4062.6	7.6
1980	4545.6	7.8

续表

年份	GDP（亿元）	增长率（%）
1981	4891. 6	5. 2
1982	5323. 4	9. 1
1983	5962. 7	10. 9
1984	7208. 1	15. 2
1985	9016	13. 5
1986	10275. 2	8. 8
1987	12058. 6	11. 6
1988	15042. 8	11. 3
1989	16992. 3	4. 1
1990	18667. 8	3. 8
1991	21781. 5	9. 2
1992	26923. 5	14. 2
1993	35333. 9	13. 5
1994	48197. 9	12. 6
1995	60793. 7	10. 5
1996	71176. 6	9. 6
1997	78973	8. 8
1998	84402. 3	7. 8
1999	89677. 1	7. 1
2000	99214. 6	8. 0
2001	109655. 2	7. 5
2002	120332. 7	8. 3
2003	135822. 8	10. 0
2004	159878. 3	10. 1
2005	184937. 4	10. 4
2006	216314. 4	11. 6
2007	265810. 3	11. 9
2008	314045. 4	9. 6
2009	340902. 8	9. 2
2010	401202	10. 4
2011	472882	9. 2

续表

年份	GDP（亿元）	增长率（%）
2012	519322	7.8
2013	595200	7.7
2014	644000	7.4
2015	689100	7.2
2016	744000	6.7

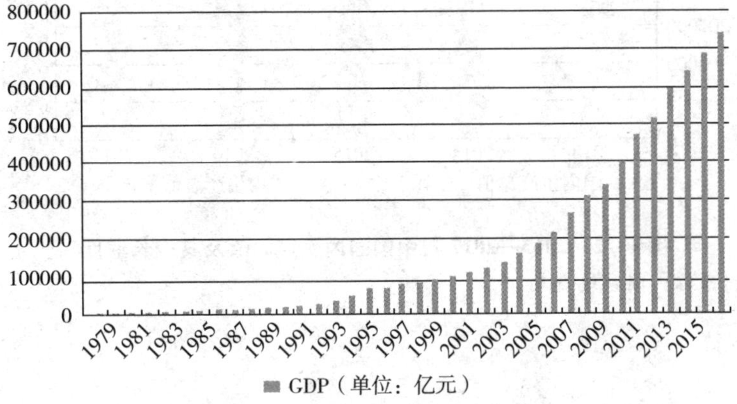

图 1－1 改革开放以来中国 GDP 变化

资料来源：http：//111.13.36.177：443/ftn_doc_abstract/2d5b4139cfa0820315b3f18ad8ac40e 96 bd51a55/javascript：void（0）.

1.4 2017 年我国 GDP 和人均 GDP 达到多少？

2017 年，中国国内生产总值（GDP）达到 827122 亿元，比上年增长 6.9%；全年人均 GDP 为 59660 元，比上年增长 6.3%，如果以美元计价，全年人均 GDP 为 8836 美元。2017 年，中国国内生产总值增速比上年加快 0.2 个百分点，是 2011 年以来经济增速首次回升。国家统计局党组成员、总经济师盛来运认为，2017 年中国经济保持中高速增长，综合国力和国际影响力迈上新台阶，产业结构优化升级，新动能成长实现新突破，生态环保力度加大。2018 年，我国经济有条件有能力延续稳中向好的发展态势。

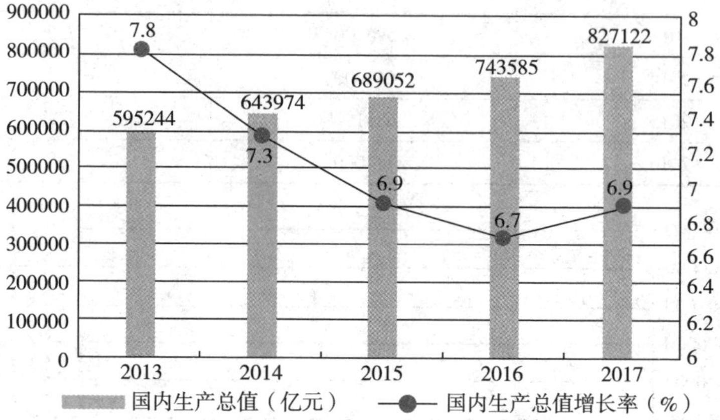

图 1－2　2013—2017 年中国国内生产总值及其增长速度

资料来源：国家统计局.

1.5　2017 年我国人均可支配收入是多少?

2017 年，全国居民人均可支配收入 25974 元，比上年名义增长 9.0%，扣除价格因素，实际增长 7.3%。其中，城镇居民人均可支配收入 36396 元，增长 8.3%（以下如无特别说明，均为同比名义增长），扣除价格因素，实际增长 6.5%；农村居民人均可支配收入 13432 元，增长 8.6%，扣除价格因素，实际增长 7.3%。

全年全国居民人均可支配收入中位数 22408 元，增长 7.3%，中位数是平均数的 86.3%。其中，城镇居民人均可支配收入中位数 33834 元，增长 7.2%，是平均数的 93.0%；农村居民人均可支配收入中位数 11969 元，增长 7.4%，是平均数的 89.1%。(见图 1－3)

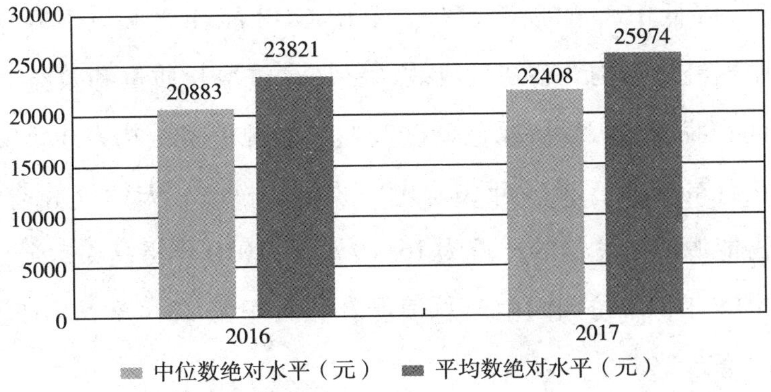

图 1－3　2017 年全国居民人均可支配收入平均数与中位数

资料来源：国家统计局.

1.6　经济新常态下 GDP 的增长呈现什么样的特点?

亮点一：GDP 增速主动换挡，仍然保持中高速。“十二五”期间，特别是十八大以来，我国不再唯 GDP 论英雄，更加注重经济发展的质量。2015 年我国 GDP 预期增长目标为 7%。即便是 7% 的 GDP 增速，在世界主要经济体中也是名列前茅的。数据显示，2011—2014 年，国内生产总值年均增长 8.0%，由高速增长转为中高速增长。分年度看，2011 年比上年增长 9.5%，2012 年、2013 年年均增长 7.7%，2014 年增长 7.3%，2015 年上半年增长 7.0%。国家统计局表示，“十二五”期间，我国经济年均增长近 8%，远远高于同期世界 2.5% 左右的年均增速。

亮点二：单位 GDP 能耗下降，节能减排成效显著。按照规划，“十二五”时期，我国单位国内生产总值能耗下降 16%，年均计划降低 3.4%。而 2011 年、2012 年、2013 年、2014 年实际分别降低 2.01%、3.6%、3.7% 和 4.8%。也就是说，2015 年只要降低 3%，就可以完成

“十二五”降低16%的预期目标。单位GDP能耗之所以下降这么多，得益于中国经济结构调整初见成效，更加注重增长质量和效益。“十二五”期间，我国积极发展绿色低碳产业，能源消费结构发生深刻变化。据国家统计局数据，2014年，水电、风电、核电、天然气等清洁能源消费量占能源消费总量的比重为16.9%，比2010年提高3.5个百分点。2011—2014年，单位国内生产总值能耗累计下降13.4%，2015年上半年同比下降5.9%。

亮点三：GDP总量稳步攀升，维持世界第二。继2009年超过日本成为世界第二大经济体后，我国经济总量稳步攀升。2014年达到636139亿元，折合10.4万亿美元，占世界的份额达到13.3%，比2010年提高4.1个百分点。不仅牢牢占据世界第二位，更成为世界上第二个经济总量破10万亿美元的经济体。2011—2014年，我国对世界经济增长的贡献率超过1/4，对世界经济复苏做出了重要贡献。也正是因为经济总量基数巨大，7%左右的GDP增速带来的经济增量仍然非常可观。以2014年为例，全年GDP增速为7.3%，所对应的经济增量已经达到8000亿美元左右。这相当于我国20世纪90年代中期全年的国内生产总值，或土耳其2013年全年的GDP总量。

亮点四：人均GDP稳步增长，世界排名提升。人均GDP是衡量各国宏观经济发展水平的常用指标。2014年，我国人均国内生产总值46629元，扣除价格因素，比2010年增长33.6%，年均实际增长7.5%。根据世界银行数据，我国人均国民收入由2010年的4300美元提高至2014年的7380美元，超过上中等收入国家门槛值3000多美元，在上中等收入国家中的位次不断提高。

1.7 我国 2020 年全面小康社会的目标是什么？

我国提出，2020 年全面小康社会。其目标是经济更加发展，民主更加健全，科教更加进步，文化更加繁荣，社会更加和谐，人民生活更加殷实，即到 2020 年建成惠及十几亿人口的更高水平的小康社会。我国经济在中高速发展，这些年来，不断加大经济改革，产业结构改革。中国的经济结构在不断优化，第三产业占比逐渐增加，2017 年中国第二产业占比 40.5%，是 2010 年来的首次上升，这表明我国实体经济地位得到了加强。到 2020 年，先进制造业、现代服务业、战略性新兴产业比重、全员劳动生产率大幅度提升。现阶段我国总体上已接近全面小康社会。

1.8 中国将在什么时候进入高收入国家行列？

世界通用的收入标准是：人均 GDP 400 美元以下为贫困，400 ~ 800 美元为温饱，800 ~ 4000 美元为小康，4000 美元以上为富裕。世界银行的高收入国家标准为人均国民收入 1.2 万美元左右。2017 年，中国人均国民收入在 8790 美元左右，和人均 GDP 接近。如果此后几年人均 GDP 和收入维持 2017 年增速，则大约在 2022 年，中国将进入到高收入国家行列。

1.9 为什么说中国仍然是一个发展中的大国？

2017 年，中国 GDP 总量虽然位居世界第二，成为国际上第二大经济实体，但人均 GDP 较少，还没有进入到世界前列。（见表 1 – 2）

表 1-2　2005—2017 年中国与发达国家人均 GDP 差距比较　（单位：美元）

国家＼人均 GDP＼年份	2015	2016	2017
美国	56469	57638	59501
新加坡	53629	52962	57713
德国	41323	42161	44550
英国	44305	40412	39735
日本	34567	38972	38440
法国	36562	36857	39869
中国	8069	8123	8643

资料来源：国家统计局.

1.10　我国城乡差距现状的主要表现有哪些?

城乡居民收入问题是人们普遍关心的重大经济社会问题，也受到各界的广泛关注。近几年，国民经济得到长足发展，农业基础薄弱的局面得到较大的改善。二、三产业的发展也突飞猛进，伴随着经济的发展，城乡居民收入水平有较大的提高。但城乡人均可支配收入差距仍然较大，2017 年为 2.71∶1。

城乡分割的劳动力市场。改革开放以来，我国对农村劳动力流动的政策经历了一个由控制到鼓励，由引导到配套改革的过程。中国户籍管理制度大致可划分为 3 个阶段：第一阶段，1958 年以前属自由迁移期；第二阶段，1958—1978 年为严格控制期；第三阶段，1978 年以后是半开放期。严格的城乡户籍管理制度，把城镇户口和农村户口分开管理，抑制了人力资源自由流动的愿望，造成了城乡分割的二元劳动市场。这使得城乡人口流动只是暂时性转移而非永久。

社会保障及福利制度的不健全。长期以来，我国农村供给遵循的基本原则是“自力更生为主，国家支持为辅”。在教育、医疗卫生、社会保障和公共基础设施等基本公共服务供给方面，财政投入城市倾向较明显，造成了城乡面貌的巨大差异和城乡居民所享受的基本公共服务供给的巨大差异。近年来，党中央、国务院对“三农”工作更加重视，加大了对农村基本公共服务的投入。

国家为了弥补城乡医疗卫生，在农村投入大量资金和人力。(见表1－3)

表1－3　2015—2016 年全国农村乡镇卫生院医疗服务情况

指标＼年份	2015	2016
乡镇数（万个）	3.18	3.99
乡镇卫生院数（万个）	36817	36795
床位数（万张）	119.6	122.4
卫生人员数（万人）	127.8	132.1
* 卫生技术人员	107.9	111.6
* 职业助理医师	44.1	45.5
每千农村人口乡镇卫生院床位（张）	1.24	1.26
每千农村人口乡镇卫生院人员（人）	1.32	1.36
诊疗人次（亿人次）	10.5	10.8
入院人数（万人）	3676	3800
医师日均担负诊疗人次	9.6	9.5
医师日均担负住院床日	1.6	1.6
病床使用率（%）	59.9	60.6
出院者平均住院日（日）	6.4	6.4

注：*农村人口系推算数。

2015 年底，全国 2851 个县（县级市）共设有县级医院 13640 所、县级妇幼保健机构 1918 所、县级疾病预防控制中心 2136 所、县级卫生监督所 1853 所，县级卫生机构共有卫生人员 127.8 万人。2016 年年底，全国 3.99 万个乡镇共设 3.7 万个乡镇卫生院，床位 122.4 万张，卫生人员 132.1 万人（其中，卫生技术人员 111.6 万人）。与上年比较，乡镇卫生院减少22个（乡镇撤并后卫生院合并），床位增加2.8万张，人员增加4.3万人。2016年，每千农村人口乡镇卫生院床位由2015年的1.24张增加到1.26张，每千农村人口乡镇卫生院人员由1.32人增加到1.36人。2016年，乡镇卫生院和社区卫生服务中心（站）门诊量达18.0亿人次，比上年增加0.4亿人次。乡镇卫生院和社区卫生服务中心（站）门诊量占门诊总量的22.7%，所占比重比上年下降0.2个百分点。但农村基本公共服务供给不足的状况还需要改进。

1.11 “十三五”规划中的基本公共服务均等化指标数值是多少?

现阶段，国家已开始实施“十三五”规划。“十三五”时期是全面建成小康社会的决胜阶段，我国仍处于可以大有作为的重要战略机遇期。完善国家基本公共服务体系、推动基本公共服务均等化水平稳步提升，面临新的机遇和挑战。加大基本公共服务投入力度，向贫困地区、薄弱环节、重点域人群均等享有和协调发展。（见表1-4）

表1-4 “十三五”（2015—2020年）规划中的基本公共服务均等化指标数值

基本社会保险			
基本养老保险参保率（%）	82	90	—
基本医疗保险参保率（%）	—	>95	—
基本医疗卫生			
孕产妇死亡率（1/10万）	20.1	18	—
婴儿死亡率（‰）	8.1	7.5	—
5岁以下儿童死亡率（‰）	10.7	9.5	—
基本社会服务			
养老床位中护理型床位比例（%）	—	30	—
生活不能自理特困人员集中供养率（%）	31.8	50	—

国家建立健全覆盖城乡居民的基本医疗卫生制度，推进健康中国建设，以基层为重点，以改革创新为动力，预防为主、中西医并重，提高人民健康水平。

1.12 中国经济发展的关键问题是什么?

中国经济发展的关键问题，即进一步落实重点产业调整振兴规划，加快中国社会工业化和城市化进程等。后金融危机时代，中国经济腾飞面临着压力与困境，社会经济发展观念要接受新的洗礼，经济发展体制要经受新的考验。对外中国需要面对国际市场的严重萎缩，要防止美国转嫁危机，应对美元升值和人民币贬值的压力，防止财富的流失；要应对国际上逐渐抬头的投资和贸易保护主义等问题。对内中国要面对通货膨胀的风险；要解决内需不振的难题，刺激经济增长；要促进企业升级转型；要通过消费拉动内需，保持经济稳步增长。伴随着交通革命所带来的城市生态变革，以及城镇化的发展这两个重要因素，由外需向内需转变所带来的消费的大幅增长将是未来十年中国经济发展趋势的关键。未来十几年，中国人口将预计达到 14 亿之多。强大的市场需求已被国内外投资者们视为最后一块蛋糕，争相抢夺。打响经济保卫战，充分利用国内市场需求，对于中国未来经济的发展具有举足轻重的作用。此处要扩大出口需求，拉动就业数量增加。中国历来是出口大国，常年保持贸易顺差。在未来，我们不仅要做出口大国，更要力争做出口强国。从低级加工者向国际化品牌进军。科学发展是促进中国经济创造的重要手段，技术创新则是中国经济转型的助推器。谁占领了世界一流的技术和设备，谁就能缔造市场导向。中国是经济大国，但是中国并非经济强国。科技创新是我们的薄弱环节，过去我们只能尾随西方国家亦步亦趋。中国未来经济的发展趋势必会为先进技术所影响，因此我们只有掌握领先的技术水平，拥有高科技人才，才能把握时代命脉，制定新一轮的国际规则。

1.13 在当今市场经济条件下，人们是如何看待中国经济增长动力的转换的?

当前我国经济已经由高速增长阶段转向高质量发展阶段，所以现在应当更注重经济的发展质量，而不是追求增长速度，要稳扎稳打，一步一个脚印，不能图快。迄今为止，改革开放已经 40 年了，这 40 年里中国成功地由封闭的农业国转变为全球最大的工业制造国，到处可以看到“中国制造”的标志，经济增长动力从工业化转变为城市化，这其中的道路漫长曲折。改革首先从农村开始，在全国方面普及家庭联产承包责任制，大大提高了农民生产的效率。在这个基础上，以农村集体所有制为主的乡镇企业也快速发展起来并且取得了很大的进步。尽管农业是当时经济增长的主要来源，但是对于落后的国家来讲，尤其是对于中国来说，工业化发展是必然的选择。在中国共产党第十二届中央委员会第三次全体会议上，提出了“增强企业活力，特别增强全民所有制的大、中型企业的活力，是以城市为重点的整个经济体制改革的中心环节”。由此，我国逐渐将重心转移到工业化发展上，但是重工业的过快发展导致了经济结构严重畸形使得居民生活水平得不到提高。为此，改革再一次启动了新的经济增长模式并走向了城市现代化。到 2018 年，我国城镇化率预计达到 60%。中国经济结构服务化趋势特征总体表明，中国经济社会将从典型的农业国跨越工业化，进入到了以城市经济为推动力的现代社会国家。

1.14 如何理解中国经济增长速度的变化?

从中国近年来的经济形势看，2015 年中国经济的增长速度是 6.9%，2017 年有所加速，预计 2018 年会有所减弱，增速降至 6.6%，到 2023 年将逐渐放缓至 5.5% 左右。这种经济增速下滑引起国内国际的高度关注。巴西 2010 年的增长速度是 7.5%，2015 年是 -3.8%；俄罗斯 2010 年的增长速度是 4.5%，2015 年是 -3.7%；印度 2010 年的增长速度是 10.3%，2015 年是 7.6%。新加坡 2010 年的增长速度是 15.2%，2015 年是 5.92%；韩国 2010 年的增长速度是 6.5%，2015 年只剩下 2.6%，下滑的幅度比我们更加厉害。发达国家的经济在过去 8 年时间里面，基本没增长。(见图 1-4)

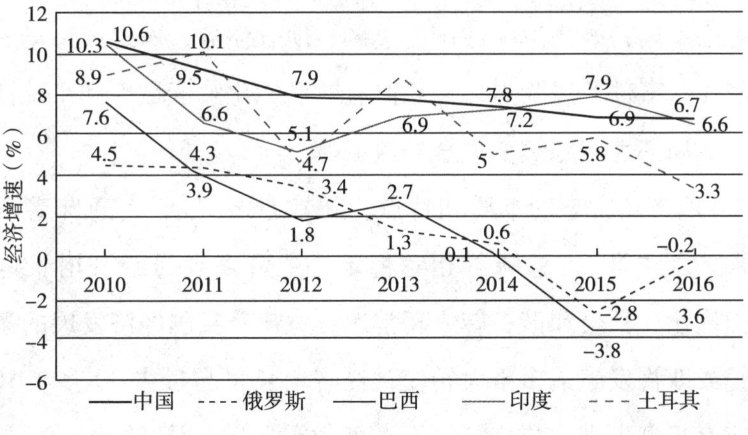

图 1-4 近年来中国经济增长速度与其他国家比较

资料来源：林毅夫．中国经济增长变化趋势与成因［J］．学习与探索，2018（04）．

虽然经济增长速度缓慢，但我国仍处于平稳增长区间。当前经济增长的动力仍然强劲，2018 年以来，中国经济增长速度总体状态平稳，物价涨幅可控制，经济发展良好。企业投资保持较高增幅，居民消费品总额增幅高。当然，经济增长速度缓慢，既有全球经济减速的影响，也有中国主动调控和市场需求变化综合作用的影响，总体上符合宏观调控的预期目标。同时，虽然食品、居住方面价格同比涨幅仍处高位，但物价涨幅趋于收敛，价格上涨势头得到初步控制。

1.15　经济新常态的背景、本质、特点及重要意义是什么?

（一）经济新常态的提出和背景。2013 年 12 月 10 日，在中央经济工作会议上的讲话中习近平总书记首次提出“新常态”。我们注重处理好经济社会发展各类问题，既防范增长速度滑出底线，又理性对待高速增长转向中高速增长的新常态；既强调改善民生工作，又实事求是调整一些过度承诺；既高度关注产能过剩、地方债务、房地产市场、影子银行、群体性事件等风险点，又采取有效措施化解区域性和系统性金融风险，防范局部性问题演变成全局性风险。

（二）经济新常态的本质和特点。新常态之“新”，意味着不同以往；新常态之“常”，意味着相对稳定，主要表现为经济增长速度适宜、结构优化、社会和谐；转入新常态，意味着我国经济发展的条件和环境已经或即将发生诸多重大转变，经济增长将与过去 30 多年 10% 左右的高速度基本告别，与传统的不平衡、不协调、不可持续的粗放增长模式基本告别。进入 2015 年以来，我国经济运行初步表现出新常态经济提质增效的实质特征。中央经济工作会议首次阐述了新常态的九大特征。分别从消费需求、投资需求、出口和国际收支、生产能力和产业组织方式、生产要素相对优势、市场竞争特点、资源环境约束、经济风险积累和化解、资源配置模式和宏观调控方式这九个方面进行阐述。第一个特征：经济增速。经济增速由过去的高速或超高速增长转向中高速增长，实现了一个增长的回落。第二个特征：发展方式。由规模型的粗放式增长转向效率型的集约式增长。第三个特征：产业机构。产业结构由中低端向中高端转换。第四个特征：增长动力。由要素驱动转向创新驱动。第五个特征：资源配置。资源配置由市场起基础性作用转向市场起决定性作用。第六个特征：经济福祉。由先富先好型转向包容平等。

（三）经济新常态的意义。我国经济正在向形态更高级、分工更复杂、结构更合理的阶段演化，经济发展进入新常态，正从高速增长转向中高速增长，经济发展方式正从规模速度型粗放增长转向质量效率型集约增长，经济结构正从增量扩能为主转向调整存量、做优增量并存的深度调整，经济发展动力正从传统增长点转向新的增长点。认识新常态，适应新常态，引领新常态，是当前和今后一个时期我国经济发展的大逻辑。《人民日报》评论认为："新常态是新的探索，要创新宏观调控思路和方式，统筹稳增长促改革调结构惠民生防风险，以改革开路，充分发挥市场的决定性作用，激发企业和社会活力，培育经济发展的内生动力，加快经济转型升级结构优化，更好地改善民生。"我们坚信，"新常态"作为中国高层对经济形势的清醒判断和重要定义，对未来宏观经济政策导向有着决定性意义。

参考文献

[1]秦欣. 网民期待民生答卷[EB/OL]. 中国新闻网,2010-03-05.

[2]徐明,赵文锴,孙飞. 中国经济大趋势[M]. 北京:中国经济出版社, 2010.

[3]美国国家情报委员会. 全球趋势 2025:转型的世界[M]. 北京:时事出版社,2009.

[4]田晓玲. 消费将是未来十年中国经济发展趋势[N]. 文汇报,2010-02-23.

[5]国务院常务会研究进一步落实重点产业调整振兴规划[S]. 中国政府网,2010-02-24.

[6]倪广来,祁京梅. 平稳增长仍是中国经济未来发展趋势[EB/OL]. http://www.lw23.com/paper_36160021/.

[7]吴晓波. 吴敬琏传:一个中国经济学家的肖像[M]. 北京:中信出版社,2010.

[8]国家统计局. 中华人民共和国2017年国民经济和社会发展统计公报[R]. http://www.stats.gov.cn/tjsj/zxfb/201802/t20180228_1585631.html.

[9]公衍勇. 关于精准扶贫的研究综述[EB/OL]. http://www.doc88.com/p-1922129170670.html.

[10]吴诗剑. 精准扶贫的历史意义[EB/OL]. http://www.qstheory.cn/laigao/2015-10/10/c_1116776019.htm.

[11]中国精准扶贫发展报告(2017)[R]. http://www.zx98.com/beike/yyst/ywst/gzywst/gs/201803/22665.html.

[12]詹琳,王福强. 当前农村扶贫形势与未来策略转向[EB/OL]. http://theory.people.com.cn/n1/2017/0522/c40531-29289950.html.

[13]梁宝成. 以党的十九大精神为指引踏上河系管理新征程[J]. 河北水利,2017(11).

[14]中共四川省委关于制定国民经济和社会发展第十三个五年规划的建议[N]. 四川日报,2015-11-30(001).

[15] 李雯娜. 绿色GDP:人与自然和谐发展的呼唤[J]. 传承,2013(07).

[16] 徐玉凤. 对绿色GDP和传统GDP的理性评价[J]. 郑州经济管

理干部学院学报,2006(02).

[17]苗得雨,周孝德,程文,李洋.中国环境污染现状分析及防治管理措施[J].水利科技与经济,2006(11).

[18]纪玉山,关丽洁.“中等收入陷阱”形成机制及跨越[J].江苏行政学院学报,2012(04).

[19]张平,楠玉.改革开放40年中国经济增长与结构变革[J].China Economist,2018,13(01).

[20]董亚军.抓党建提升　促战略实行 [J].经贸实践, 2017(22)

[21]张鑫. 试论习近平新时代“以人民为中心的发展思想”的科学内涵和重大意义[J]. 世纪桥,2017(12).

[22]盛清才.也谈中国近现代历史发展的主要动力——与陈为先生商榷[J]. 周口师专学报,1995(03).

[23]王庆.低增长与高通胀将是经济“新常态”[J].中国投资,2013(4).

[24]黄益平,苟琴,蔡昉.增长趋势放缓将是中国经济新常态[J].决策探索,2013(7).

[25]陈雨露.中国“新常态”与发达国家“新常态”的五个区别[N].证券日报, 2014-12-13.

2　经济高质量发展

［案例］

浙江“千村示范、万村整治”工程

浙江省自2003年实施的“千村示范、万村整治”工程有力支撑浙江乡村面貌、经济活力、农民生活水平走在全国前列，为我国建设美丽中国带来实践经验。

4月的桐庐环溪村，溪水潺潺，草木葱茏，家家户户庭院整洁，环溪沿岸建设的爱莲文化长廊诉说着村庄古老的文化，也成了村民们休闲散步的好去处。村民周言定：这么好的环境，生活在这里真的感到很幸福、很舒服。曾经的环溪村是远近闻名的垃圾村，因为生产箱包，小作坊遍布村庄，村子是富裕了，但工业垃圾和生活垃圾堆满了村前屋后。2008年，环溪村投入280万元在村里新建了9个生活污水池，农户全部实现截污纳入污水管道。同时，投资800万元对环溪村6公里河道实施美化提升。环溪村村委主任周忠莲：第一个抓生态河道的治理工程；第二个把农户所有的污水截污纳管，最终出来水清澈；第三就是实施了生态的人居提升工程。环溪村的变迁是浙江“千村示范、万村整治”工程的一个缩影。这一工程由习近平总书记十五年前在浙江亲自推动。2003年，时任浙江省委书记的习近平从村庄环境脏乱差问题入手，从全省近4万个村庄中选择1万个左右行政村进行全面整治，把其中1000个左右中心村建设成为全面小康示范村。十五年来，浙江持续实施“千万工程”这一改善农村人居环境大行动，与时俱进地推进美丽乡村建设、打造美丽乡村升级版，乡村面貌焕然一新。截至2017年年底，浙江省累计有2.7万个建制村完成村庄整治建设，占全省建制村总数的97%；生活垃圾集中收集、有效处理的建制村全覆盖。浙江省委书记车俊表示，浙江还要全面打造生态宜居的农村环境，推进万村景区化。努力用5年左右的时间，建成A级以上景区村1万个，形成一户一处景、一村一幅画、一镇一天地、一线一风光的全域大美格局。

资料来源：陈瑜艳，李佳. 中国之声《新闻和报纸摘要》，2018－04－24.

2.1 什么是经济高质量发展？

党的十九大报告指出，“我国经济已由高速增长阶段转向高质量发展阶段，正处在转变发展方式、优化经济结构、转换增长动力的攻关期”。2017年中央经济工作会议提出，中国特色社会主义进入了新时代，我国经济发展也进入了新时代，基本特征就是我国经济已由高速增长阶段转向高质量发展阶段。这是保持经济持续健康发展的必然要求，是适应我国社会主要矛盾变化和全面建成小康社会、全面建成社会主义现代化国家的必然要求，是遵循经济规律发展的必然要求。这一重要论断至少包含两层含义。第一，我国经济发展已经进入到一个新阶段。这个阶段的主要目标和任务是高质量发展，我们必须牢牢把握这个方向，将其作为当前和今后一个时期确定发展思路、制定经济政策、实施宏观调控的根本要求。第二，我国还处在“转向”高质量发展阶段的过程中，现在还不是真正的高质量发展阶段。我们一定要从这个实际出发，加倍努力，攻坚克难。

进一步地，我们可以从宏观、中观和微观三个层次理解高质量发展。从宏观上看，高质量发展至少具有以下特征：一是不存在重大结构性失衡，正常的经济循环流转得以持续进行；二是产业技术前沿边界能够持续向前推进，经济增长的效率源泉来自创新而不仅仅是规模扩张；三是由于资源在行业、地区之间的错配而带来的效率损失要尽可能低。从中观上看，高质量发展就是保持一个动态均衡并不断优化的产业结构、地区结构和收入分配结构。从微观上看，高质量发展就是创造一个能够最大限度激发市场主体活力和激励相容的营商环境，使市场真正在资源配置中发挥决定性作用。

2.2 中国经济高质量发展趋势的表现是什么?

（一）第三产业对经济增长的贡献明显增加（见图 2－1）。自 2015 以来，中国经济的各项指标都显示出明显的转型升级迹象。据有关部门统计，2017 年前三季度第三产业增加值占 GDP 的比重为 52.9%。第三季度国内生产总值同比增长 6.9%，经济连续 9 个季度运行在 6.7%～6.9% 的区间，保持中高速增长。随着互联网与传统产业的融合，中国服务业将迎来一个快速发展和深度发展的时期。推动中国经济向高质量发展，大力发展服务业应是重点。

（二）创新对于经济增长的贡献显著增加。我国过去经济的高速增长是在大量投入和广泛使用的基础上进行的。环境、资源、生态和社会成本非常沉重，可持续性令人担忧。要把经济从高速发展到高质量，要进一步树立“创新是率先发展的力量”的理念，鼓励公众创业，搞创

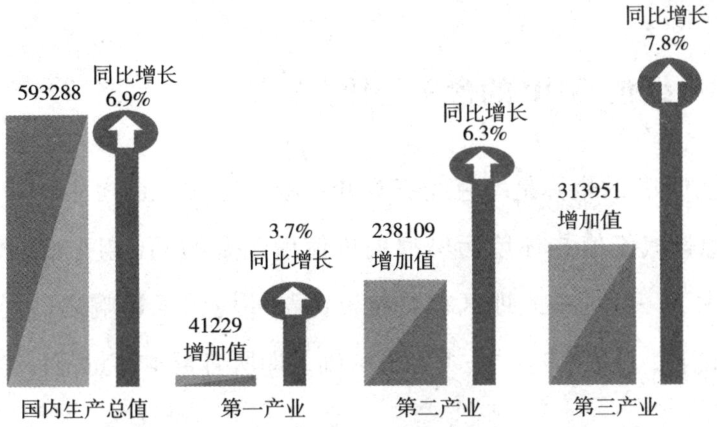

图 2－1　中国前三季度三大产业增加值情况（单位：亿元）

资料来源：统计局 http：//ln. ifeng. com/a/20171020/6080820_ 0. shtml.

新，突破科技创新的障碍。鼓励科技成果和科技人才流动，加强知识产权保护，形成全社会的“群众创业与创新”。

（三）消费对经济增长的贡献显著增加。近年来，消费对经济增长的贡献率不断上升。为此，党的十九大报告提出了完善消费的制度机制，增强消费在经济发展中的基础性作用。因此，今后要特别注意与消费有关的基础设施、环境、氛围和制度安排，为经济发展创造更有利的条件。

（四）结构优化。基于创新支持、消费驱动和第三产业增长，经济形态将呈现出整体结构优化、质量效益提升和可持续性增强的特征。

（五）包容性增长和包容性发展。我国社会的主要矛盾已转化为人民日益增长的需求与不平衡发展的矛盾。在继续推进发展的基础上，着力解决发展不平衡问题，提高发展质量和效率，更好地满足人民群众在经济、政治、文化、社会、生态等方面的日益增长的需求，更好地促进科技进步、人的全面发展和社会的全面进步。

2.3 绿色 GDP 的含义是什么?

绿色 GDP 的全称是绿色经济 GDP，顾名思义，是指从 GDP 中扣除自然资源耗减价值与环境污染损失价值后剩余的国内生产总值。绿色 GDP 考虑了一个国家或地区在自然资源与环境因素影响之后经济活动的最终成果，且基于这样一个经济基础，即所有资本存量都保持不变或增长。

传统 GDP 和绿色 GDP 在概念、算法、对经济增长产生的效应等方面都有明显差异。第一，概念不同。GDP，即国内生产总值，是指一个国家所有常驻单位在一定时期内生产的所有最终产品和劳务的市场价值。而绿色 GDP 是指从 GDP 中扣除自然资源耗减价值与环境污染损失价值后剩余的国内生产总值。第二，算法不同。在算法上，GDP 有收入法和支出法两种核算方法。收入法核算 GDP 是从收入的角度，把生产要素在生产中所得到的各种收入相加所得；支出法核算 GDP 是从产品的使用出发，把一年内购买的各项最终产品的支出加总而计算出的该年内生产的最终产品的市场价值。而绿色 GDP，是在计算 GDP 总量的基础上，扣减具有中间消耗性质的自然资源耗减成本，即绿色 GDP 量等于 GDP 总量减去环境资源成本和环境资源保护服务费用所得。

绿色 GDP = GDP - 自然资源净消耗量 - 环境损害成本

第三，对经济增长产生的效应不同。绿色 GDP 占 GDP 的比重，实际上表明了国民经济增长的净正效应，比重越大，正面效应越大，经济增长与自然环境和谐度越高，反之亦然。绿色 GDP 是人与自然和谐相处的体现，通过衡量经济增长活动对自然环境的影响，改变 GDP 唯上的政绩观，增强公众保护环境的意识，从而促进经济可持续发展。

新中国成立60多年，也是逐渐走向繁荣富强的60多年。发达国家发展道路上出现的问题为我们敲响了警钟。我国在发展过程中逐渐面临资源收紧，环境污染，生态退化的困境，将损害人民的福祉、危害国家的未来。党的十八大报告中提到，要把生态文明建设放在首位，努力建设美丽中国。因此，绿色GDP成为经济发展指标，有利于我国健康有序地发展。而实施绿色GDP是为了弥补传统GDP，在对经济增长关注的同时，也对环境资源保护给予关注。

2.4 生态优先绿色产业发展的含义是什么?

改革开放40年来，我国经济虽然得到了飞速发展，但由于发展模式是以环境为代价的，生态环境不断被破坏，逐渐成为制约我国社会发展的因素之一。中国经济发展与环保问题突出，产生了许多协调发展的思想。这些思想产生的目的都是为了协调经济、技术、社会活动与自然生态系统的关系，以此来寻求更新、更优质的发展思维、对策以及战略。所谓生态优先绿色产业发展，即在严格保护生态环境大前提下，全面推进绿色产业发展，构建绿色、低碳、循环现代化经济体系，走出一条生态与发展协调推进的新发展之路。

2.5 生态优先绿色产业发展的重大意义是什么?

（一）生态优先绿色产业发展，是社会主要矛盾发生转变后，人们新的价值追求。在过去很长一段时间里，我国社会主要矛盾是人们日益增长的物质文化需求与落后的社会生产力之间的矛盾。不过，随着中国特色社会主义进入了新时代，社会主要矛盾发生了深刻的转变。党的十九大报告当中，习近平总书记指出了“中国特色社会主义进入新时代，我国社会主要矛盾已经转化为人民日益增长的美好生活需要和不平衡不充分的发展之间的矛盾”，为我们奠定了具有中国特色的社会主义新时代下的思想基础与思想指导。新的社会主要矛盾是新时代的重要内涵和基本特征。我们从求温饱到求环保，从求生存到求生态；从先富带后富到共建共享；从高速增长阶段转向高质量发展阶段，诸如此类的要求都是新的社会主要矛盾的具体表现，也是新时代的具体特征。如今的人民群众不仅对物质文化生活提出了更高要求，而且在民主、法治、公平、正义、安全、环境等方面的要求日益增长。相比之前，人民群众美好生活的需求也更加广泛了。我们要深刻认识到我国社会不平衡不充分的发展现状，已经成为满足人民日益增长的美好生活需要的主要制约因素。突出体现为发展质量和效益还不高，创新能力不够强，实体经济水平有待提高，生态环境保护任重道远。

（二）生态优先绿色产业发展，是推进“五位一体”总布局的重要要求。早期，我国着力发展经济，从而实现了经济的飞速增长。然而，一味地发展经济，却造成了生态环境的恶化。有些地区的人们借助于生态资源，过量消耗各种生态资源以获得经济的增长，导致资源未达到合理配置，资源浪费问题严重，环境污染呈加重趋势，生态被严重破坏。面临如此严峻的生态环境问题，党的十八大提出了全面实施“五位一体”经济建设、政治建设、文化建设、社会建设和生态文明建设的总体布局。这是从“三位一体”的经济建设、政治建设、文化建设到“四位一体”的经济建设、政治建设、文化建设、社会建设向“五位一体”的转变，这是一个理论与实践相结合，逐步发展的过程。其中，经济建设是根本，政治建设是保障，文化建设是灵魂，社会建设是前提，生态文明建设则是基础。我国开始实行资源的开发与利用的研究，发展生态环境保护与重建，减少二氧化碳的排放，实行低消耗、低能量、低排放的生活方式，建立节能型社会，努力发展有利于节约资源、减少污染排放的工业生产模式和消费方式，做到真正的节能减排。

（三）生态优先绿色产业发展，是推进经济高质量发展的现实迫切要求。自从改革开放以来，我国经济保持了40年的高速增长，这主要是因为我国采取了粗放式、速度型的经济发展方式。这种发展方式主要依靠增加要素投入而带来经济的飞速增长，造成环境污染现象严重，是一种高能耗、高污染、低产出的发展方式，耗费了大量的资源，污染了大量的环境，难以为继。就目前来看，资本的投资效率正呈逐年下降趋势。在当前情况下，每新增1元GDP需要多增加6.9元投资，其投资效率经过比较明显低于发达国家的平均水准，同时相比我国10年前的水准也有着大幅度的降低。（2008—2017年增量资本产出效率平均为5.7；1998—2007年则为4.0）对于高质量经济发展，其最根本的地方在于推进生态与经济的协调发展，增强经济活力、创新力和竞争力。经济发展要转化为低能耗 、少污染、高效率的绿色经济，走入绿色生产力发展的道路，实现经济的可持续发展。

2.6 “中等收入”的衡量标准确是什么？

“中等收入陷阱”的衡量标准到底是什么，我们可以看一下1987—2016年世界银行对国家收入分类的变化（见图2-2）。

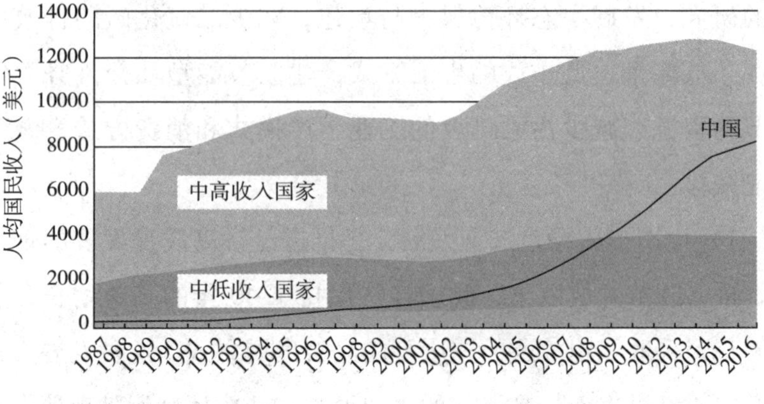

图 2－2　1987—2016 年世界银行对国家收入分类的变化

资料来源：https：//www. zhihu. com/question/20076841.

从图 2－2 中不难看出，到 2016 年之后，我国标准也提升到了人均国民及收入 8000 美元，达到了中等收入国家程度，尤其是在一些发达城市，已经超过 1 万美元。中国是否能成功跨入高收入的国家，还需要用时间来证明，毕竟，与一些发达国家相比，总体上还是有很大差距。

2.7　“四个全面”战略的含义是什么?

“四个全面”即全面建成小康社会、全面深化改革、全面依法治国、全面从严治党。

（一）全面建成小康社会。党的十八大提出了到 2020 年全面建成小康社会的奋斗目标，这是我们党向人民、向历史做出的庄严承诺，这个目标，是“两个一百年”奋斗目标的第一个百年奋斗目标，是中华民族伟大复兴征程上的一座有影响力的里程碑。（见图 2－3）

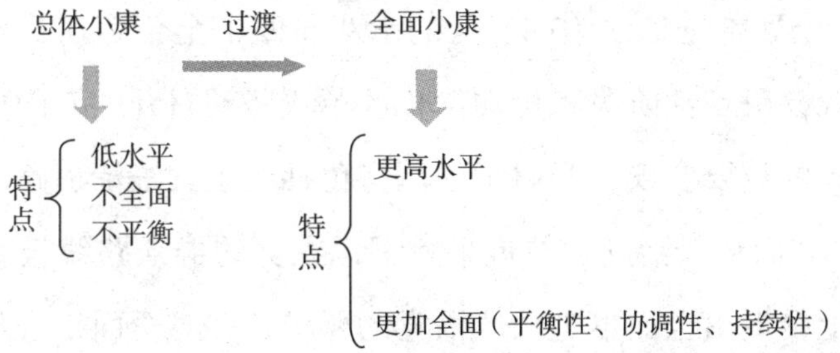

图 2－3　从总体小康到全面小康的总目标

资料来源：https：//wenku. baidu. com/view/db0e1a4a00f69e3143323968011ca300a6c3f614. html.

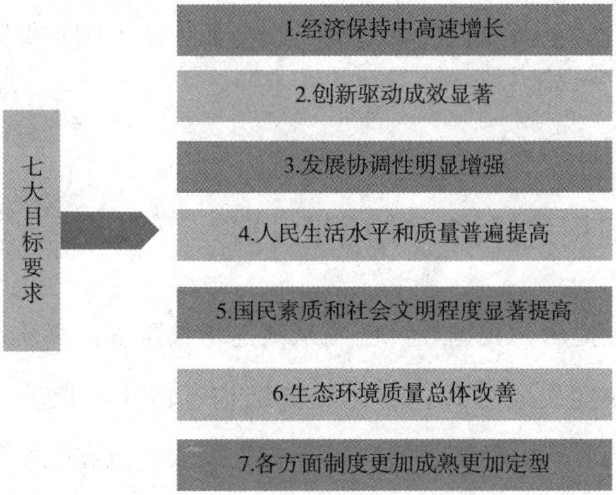

图 2－4　全面建成小康社会的目标要求

（二）全面深化改革。2013 年，中国共产党第十八届中央委员会第三次全体会议审议通过了《中共中央关于全面深化改革若干重大问题的决定》，提出“全面深化改革的总目标是完善和发展中国特色社会主义制度，推进国家治理体系和治理能力现代化”，并对经济体制改革、政治体制改革、文化体制改革、社会体制改革、生态文明体制改革和党的建设制度改革进行了全面部署。在新时代，中国人民将继续自强不息全面深化改革，将它进行到底。

（三）全面推进依法治国。党的十八届四中全会是在我国进入全面建成小康社会决定性阶段和全面深化改革攻坚期召开的专门研究全面推进依法治国的重要会议，开启了中国特色社会主义法治道路的新征程。

（四）全面从严治党。习近平总书记在党的群众路线教育实践活动总结大会上，提出全面推进从严治党的要求，并对全面推进从严治党进行了部署。

“四个全面”战略布局是一环扣一环的整体。其中，第一个“全面建成小康社会”是整个战略的总目标，而另外三个则是一个都不可缺少的战略的举措：全面深化改革是动力，全面依法治国是保障，全面从严治党是保证。

2.8 如何促进经济的高质量发展?

党的十九大提出，我国经济已经从高速增长阶段向高质量发展阶段转变，正处于改变发展方式、优化经济结构、转变增长动力的关键时期。为了实现高质量的经济发展，必须首先采取防范和化解重大风险的措施。目前，中国的宏观杠杆比率在可控范围内。因此，财政政策应提高效率，改善地方政府债务制度，防止地方政府债务水平的无序增长，货币政策应在降低总量投入的基础上进一步实施定向倾斜政策。譬如增强金融机构对中小微企业等的扶持力度等。

首先，实现高质量发展，基本前提是科学把握高质量发展的核心内涵。高质量发展，就是能够很好满足人民日益增长的美好生活需要的发展，是体现新发展理念的发展，是创新成为第一动力、协调成为内生特点、绿色成为普遍形态、开放成为必由之路、共享成为根本目的的发展。

其次，实现高质量发展，生产力基础是构建协同发展的产业体系。需要着力加快建设实体经济、科技创新、现代金融和人力资源协同发展的产业体系。建设协同发展的产业体系，本质上就是要将技术、资本、人才等生产要素与经济增长或实体经济发展协同起来，通过每一种生产要素质量的提高、配置结构的优化，提高增长的质量和效益，使经济发展建立在真正依靠科技进步、资本配置优化和劳动者素质提高的轨道上。

再次，需要深化科技体制改革，建立以企业为主体、市场为导向、产学研深度融合的技术创新体系，加强对中小企业创新的支持，促进科技成果转化，促进新型研发机构，不断提高经济发展中的科技创新贡献率。需要推动金融与实体经济、房地产与实体经济再平衡，抑制人才“脱实向虚”；实施人才强国战略，建设知识型、技能型、创新型劳动者大军，弘扬劳模精神和工匠精神，营造劳动光荣的社会风尚和精益求精的敬业风气；优化人才环境，让各类人才的创造活力竞相迸发、聪明才智充分涌流。

最后，实现高质量发展，长效机制是推进国家治理体系和治理能力现代化。实现高质量发展，需要全面深化改革，着力构建市场机制有效、微观主体有活力、宏观调控有度的经济体制，推动国家治理体系和治理能力现代化。一方面，要完善产权制度，培育合格市场竞争主体，使竞争机制有效发挥作用。另一方面，要推进要素市场化，使价格机制有效发挥作用。推动构建新型政商关系的制度创新，细化完善党政干部干事有为的容错纠错机制，培育激发企业家精神的法治环境、市场环境和社会环境，完善科技成果转化的体制机制。随着经济社会的不断发展和新一轮工业革命的逐步展开，勇于改革开放，增强改革开放本领，坚决破除一切不合时宜的思想观念和体制机制弊端，突破利益固化的藩篱，推动经济体制不断适应现代化的生产力。

2.9 建设现代化经济体系的重要意义是什么?

当前，中国特色社会主义进入新时代，我国经济发展也进入了新时代。在产业格局方面，劳动密集型的传统产业增速逐渐下降，云计算、人工智能、互联网金融、现代服务业等新兴产业不断异军突起；在增长方式上，我国经济增长进入了中高速区间，正在由追求高速增长转向追求高质量发展的阶段。要在经济发展新时代保持经济健康协调可持续发展，真正实现从高速增长向高质量发展转型，就必须以新时代经济发展的新特点、新要求、新趋势为遵循，形成符合经济发展规律的现代化经济体系，保证中国经济跨越新关口、迈向新台阶。

我国社会主要矛盾已经转化为人民日益增长的美好生活需要和不平衡不充分的发展之间的矛盾。改革开放 40 年来，我国已总体实现小康，不久将全面建成小康社会，人民群众对经济发展的效益提出了更高的要求，对美好生活有了更多的期待。要对这些要求和期待做出回应，就需要通过现代化经济体系的形成与完善，逐步解决经济领域不平衡不充分的发展问题，为新时代经济社会的全面发展奠定良好的物质基础。习近平总书记引用马克思主义的经典论述指出，“物质生产力是全部社会生活的物质前提”。今天我们要决胜全面建成小康社会，开启全面建设社会主义现代化国家新征程，实现中华民族的伟大复兴，就必须具备良好的物质保障和生产力基础，保持持续的经济增长动力，形成健康的经济发展模式。建设现代化经济体系不仅是符合经济发展规律的实践要求，更是全面建成社会主义现代化强国、实现中华民族伟大复兴中国梦的必由之路。

参考文献

[1]梁宝成.以党的十九大精神为指引踏上河系管理新征程[J].河北水利,2017(11).

[2]中共四川省委关于制定国民经济和社会发展第十三个五年规划的建议[N]. 四川日报, 2015-11-30.

[3] 李雯娜.绿色GDP:人与自然和谐发展的呼唤[J].传承,2013(07).

[4] 徐玉凤.对绿色GDP和传统GDP的理性评价[J].郑州经济管理干部学院学报,2006(02).

[5]苗得雨,周孝德,程文,李洋.中国环境污染现状分析及防治管理措施[J].水利科技与经济,2006(11).

[6]波.世界银行发表评述报告指出 东亚地区经济发展将持续领先[J].涉外税务,1994(03).

[7]纪玉山,关丽洁."中等收入陷阱"形成机制及跨越[J].江苏行政学院学报,2012(04).

[8]张平,楠玉.改革开放40年中国经济增长与结构变革[J].China Economist,2018,13(01).

[9]董亚军. 抓党建提升 促战略实行[J].经贸实践, 2017(22).

[10]张鑫.试论习近平新时代"以人民为中心的发展思想"的科学内涵和重大意义[J],世纪桥 2017(12).

[11]盛清才.也谈中国近现代历史发展的主要动力——与陈为先生商榷[J].周口师专学报,1995(03).

[12]赵昌文.推动经济向高质量发展[N].光明日报,2018-04-18.

[13]何国辉.建设现代化经济体系 实施经济高质量发展[N].光明日报,2018-07-05.

3 全面建成高水平小康社会

［案例］

全面建成小康社会是我国现阶段发展的重大变化，是奠定民族地位的基础。飞速发展的经济是全面建成小康社会的必要条件，我们每个个体与社会群体的共同发展是建成小康社会要实现的目标，社会群体与生态自然的和谐发展是全面建成小康社会的生活状态，2020 年全面建成小康社会是我们经济社会可持续发展的奋斗目标。

2017 年《中国城市小康经济指数报告》流出！昆山在县级城市小康经济指数中位列第二，在全国城市小康经济指数综合排序中，昆山同样位列第二。截至 2014 年年底，全国 647 个样本城市中，达到全面建成小康社会经济发展目标的城市有 136 个，占全国城市数量的 21.02%。2016 年，昆山预计完成地区生产总值 3160 亿元，按可比价计算比 2015 年增长 7.5%；工业总产值 9090 亿元，增长 1%；一般公共预算收入 318.9 亿元，增长 12%；社会消费品零售总额 805 亿元，增长 13.6%；城乡居民人均可支配收入达 54400 元、28370 元，分别增长 7.6%、8.8%。蝉联中国综合实力百强县、最具投资潜力百强县“两个第一”。全国首个 GDP 超 3000 亿元的县级。2014 年，昆山市完成地区生产总值达 3001 亿元，成为全国首个 GDP 超过 3000 亿元的县级市。这是个什么概念？从2014年中国31省市财力排名来看，昆山GDP已超过宁夏、青海和西藏三个省区，是西藏的3倍多！全国第一个通地铁的县级市。2013年10月16日，上海轨交11号线昆山花桥段正式开通，成为我国首条跨省地铁线路，把昆山带进了地铁时代。轨交开通后，从花桥到上海徐家汇坐地铁仅需70分钟。全国首个建设环城快速路的县级市。2015年4月30日，昆山市中环快速路建成试通车，昆山成为全国首个建设环城快速路的县级市。昆山中环由西线江浦路、北线339省道、东线黄浦江路、南线312国道组成，全长约44.2公里，几乎相当于北京三环，开车绕行中环一圈不到30分钟。首批国家生态园林城市&中国优秀旅游城。昆山有随处可见的美景，也是首批国家生态园林城市、中国优秀旅游城市，数百个经典遍及全昆山！去看看千年的锦溪古窑遗址，紧邻湖荡，你可以寻觅古韵江南的情致。来千灯古镇，走一趟千年石板路，看一次从古到今的千盏明灯，望一望千年秦峰塔。走一走双桥，不是陈逸飞的画太过传神，而是因为双桥本身有太多不经意。昆山是一座如此富有魅力的城市只想一辈子留在这里！昆山每一个部分都是大写的溢流到大家心灵深处的东西，让人陶醉。

资料来源：http：//www.sohu.com/a/167026606_677413. 有改动.

3.1 小康社会提出的背景是什么？

1979年12月6日，邓小平在会见日本首相大平正芳时，根据我国经济发展的实际情况，第一次提出了“小康”概念以及在20世纪末我国达到“小康社会”的构想。他说：“我们要实现的四个现代化，是中国式的四个现代化。我们的四个现代化的概念，不是像你们那样的现代化的概念，而是小康之家。到本世纪末，中国的四个现代化即使达到了某种目标，我们的国民总收入也还是很低的。要达到第三世界中比较富裕一点的国家的水平，比如国民生产总值人均一千美元，也还得付出很大的努力。”在这之后，他又多次提出了这一构想。党的十二大正式引用了这一概念，并把它作为20世纪末的战略目标。在“小康社会”人民的生活达到“小康水平”，这是指在温饱的基础上，生活质量进一步提高，达到丰衣足食。改革开放初期的小康社会目标是“虽不富裕，但日子好过”。党的十三大提出从“解决人民的温饱问题”到“人民生活达到小康水平”再到“人均国民生产总值达到中等发达国家水平，人民生活比较富裕，基本实现现代化”的“三步走”战略，小康社会的目标更为重视收入分配水平。

3.2 总体小康社会的标准是什么?

根据国家统计局的报告，按照《全国人民小康生活水平的基本标准》中的16个指标，2000年年底16个评价指标中已有13个指标达到或超过了小康标准，只有农民人均纯收入、人均蛋白质摄入量和农村初级卫生保健基本合格县百分比三个指标没有完全实现，但分别实现了85%、90%和83%。国家统计局用综合评分方法进行测算，2000年全国实现小康程度为96.6%，人民生活达到总体小康水平。但是，按照世界银行1998—1999年度《世界发展报告》中的指标，人均GDP在785美元以下者为低收入国家，785~3125美元为下中等收入国家，3126~9655美元为上中等收入国家，9655美元以上为高收入国家。2000年我国人均GDP达到900美元，略高于世界下中等收入国家的下限。由此可见，从经济社会发展的现状及国家的综合实力看，2000年我国还仅仅是刚进入小康社会，还处于低水平的小康阶段。总体小康是一个低标准的小康，总体小康是一个偏重于物质消费的小康。总体小康是一个发展不均衡的小康，也就是不全面不平衡的小康。所谓不全面，就是2000年的小康是一个偏重于物质消费的小康社会，也仅限于物质生活方面的指标。对其涉及的内容，尽管也认为应包括精神生活等在内，但落脚点在人们的衣食住行用五个方面。总体小康还处于生存性消费的满足，社会保障还不健全，环境质量还有待提高。所谓发展不平衡，是指地区之间、城乡之间发展水平差距不小。在具体对“小康生活水平”的测评中，“总体实现”是一种平均意义下的概念，常常会掩盖其中个体间的不平衡现象。我国虽已在总体上实现了小康，但到2000年年底，依然有上千万农民没有解决温饱问题，城镇也有下岗人口在最低生活保障线以上，还有相当一部分人虽然解决了温饱问题，但远未实现小康。从总体小康的实现程度看，东部11个省市全部实现小康，中部8省实现78%，西部12省区市只实现56%。

3.3 “三步走”发展战略的基本内容是什么?

“三步走”发展战略是1987年10月党的十三大提出的中国经济建设的总体战略部署。第一步从1981年到1990年国民生产总值翻一番，解决人民的温饱问题；第二步从1991年到20世纪末，国民生产总值再翻一番，人民生活达到小康水平；第三步到21世纪中叶，人均国民生产总值达到中等发达国家水平，人民生活比较富裕，基本实现现代化。

3.4 全面小康社会要达到什么样的标准?

党的十六大报告指出：“本世纪头20年经济建设和改革的主要任务

是，完善社会主义市场经济体制，推动经济结构战略性调整，基本实现工业化，大力推进信息化，加快现代化，保持国民经济持续快速健康发展，不断提高人民生活水平。”这里最重要的是把握住国民经济持续快速健康发展和完善社会主义市场经济体制这两点，要实现20年里“翻两番”的经济指标，只有在市场制度条件下才能得到相应的经济增长，为实现小康目标创造不竭的物质财富，也才能实现经济现代化。

一是在经济建设和人民生活改善方面的目标，强调了国家经济总量的提高，提出“国内生产总值到2020年比2000年翻两番”；强调了完成工业化的任务，提出“基本实现工业化，建成完善的社会主义市场经济体制和更具活力、更加开放的经济体系”；强调了城市化水平的提高，提出“城镇人口的比重较大幅度提高，工农差别、城乡差别和地区差别扩大的趋势逐步扭转”；强调与人民生活质量有关的收入、就业和社会保障体系，提出“社会保障体系比较健全，社会就业比较充分，家庭财产普遍增加，人民过上更加富足的生活”。

二是在政治文明建设方面的目标，提出“社会主义民主更加完善，社会主义法制更加完备，依法治国基本方略得到全面落实，人民的政治、经济和文化权益得到切实尊重和保障。基层民主更加健全，社会秩序良好，人民安居乐业”。

三是在精神文明建设和科教文化发展方面的目标，提出“全民族的思想道德素质、科学文化素质和健康素质明显提高，形成比较完善的现代国民教育体系、科技和文化创新体系、全民健身和医疗卫生体系。人民享有接受良好教育的机会，基本普及高中阶段教育，消除文盲。形成全民学习、终身学习的学习型社会，促进人的全面发展”。

四是在生态环境建设和可持续发展方面的目标，提出“可持续发展能力不断增强，生态环境得到改善，资源利用效率显著提高，促进人与自然的和谐，推动整个社会走上生产发展、生活富裕、生态良好的文明发展道路”。

全面小康作为中国特色社会主义发展进程中一个重要阶段性目标，必须是全民共享的小康，不仅要从总体上、总量上实现小康，更重要的是让农村和贫困地区尽快赶上来，让所有人民都实现小康，一个都不能少。全面小康，覆盖的区域要全面，是城乡区域协调发展的小康。全面建成覆盖区域全面的小康，是坚持和发展中国特色社会主义的必然要求。城乡区域发展不平衡、差距过大，是全面建成小康社会必须解决的一个突出问题。到2020年全面建成小康社会，必须实现区域全面覆盖、城乡协调发展，最艰巨最繁重的任务在农村，特别是在贫困地区。没有农村的小康，特别是没有贫困地区的小康，就没有全面建成小康社会。

3.5　2020年实现全面小康社会的重大意义有哪些?

党的十九大报告指出“从十九大到二十大，是‘两个一百年’奋斗目标的历史交汇期。我们既要全面建成小康社会、实现第一个百年奋斗目标，又要乘势而上开启全面建设社会主义现代化国家新征程，向第二个百年奋斗目标进军”。全面建成小康社会是“两个一百年”奋斗目标中的第一个百年奋斗目标。全面建成小康社会是实现中华民族伟大复兴的应有之义、必经阶段和重要基础。为全面建成小康社会而奋斗，就是在为实现中华民族伟大复兴而奋斗。中国已经进入全面建成小康社会的决胜阶段。实现这个目标是实现中华民族伟大复兴中国梦的关键一步。一方面，全面建成小康社会的目标极具感召力和凝聚力，实现这一阶段性目标必将进一步激发和汇聚实现中华民族伟大复兴的磅礴力量；另一方面，全面建成小康社会具有承上启下、继往开来的作用，实现这一阶段性目标既是中国特色社会主义事业的伟大胜利，又是中华民族伟大复兴进程中的重要里程碑。

党的十九大提出分两步走在本世纪中叶建成社会主义现代化强国的战略安排，到2035年，基本实现社会主义现代化；到21世纪中叶，把我国建成富强民主文明和谐美丽的社会主义现代化强国，到那时，全体人民共同富裕基本实现，我国人民将享有更加幸福安康的生活。“全面小康社会”是一个综合性很强的概念，从强调经济因素，到涵盖社会发展、民主进程、公平正义、法治保障等各个方面。党的十八大以来，我们党高度重视社会建设，明确提出加强和创新社会治理，关键在体制创新，核心是人，只有人与人和谐相处，社会才会安定有序；社会建设要以共建共享为基本原则，在体制机制、制度政策上系统谋划，从保障和改善民生做起，坚持群众想什么、我们就干什么，既尽力而为又量力而行，多一些雪中送炭，使各项工作都做到愿望和效果相统一。党的十九大报告强调社会建设和社会治理制度建设的重要性，提出加强社会治理制度建设，完善党委领导、政府负责、社会协同、公众参与、法治保障的社会治理体制；打造共建共治共享的社会治理格局；提高社会治理社会化、法治化、智能化、专业化水平。

3.6　如何全面推进小康社会建设?

首先，要防止脱离社会的政治、文化发展而单独地搞经济发展的倾向。仅仅以物质和经济发展指标来理解小康社会，轻视社会政治文明与精神文明对物质文明建设的促进作用，只会导致某种畸形发展，最终使经济建设也受到影响。注重社会主义民主政治的制度化、规范化、程序化，使社会主义政治、经济、文化能够协调发展，才是正确的发展方向。其次，要完善社会再分配机制。充分发挥收入分配的激励功能，调整和规范分配关系与完善分配制度，确立“机会均等”的收入分配机制，确立劳动、资本、技术和管理等生产要素按贡献参与分配的原则，完善按劳分配为主，多种分配方式并存的分配制度。初次分配重效率，再分配重公平。要解决当前收入分配中不同收入群体分布结构不合理的问题，以形成“橄榄型”的稳定的社会结构。最后，要重视人文精神和生活质量的弘扬与提高。人文精神是以尊重人格、尊重人的基本权利和义务，追求平等、自由、民主和社会公正，达到人性的真善美与知情权的和谐统一。哥本哈根联合国社会发展世界首脑大会《宣言》和《行动纲领》（1995 年）认定，社会发展的最终目标是改善和提高全体人民的生活质量，并致力于“建立一个以人为中心的社会发展框架”。我们全面建设小康社会也必将是一个逐步追求生活质量的过程，从注重生活水平到讲究生活质量将是社会进步的必然趋势。

3.7 为什么说实行“五位一体”的总布局是实现全面建成小康社会的必然要求？

党的十八大明确指出，必须更加自觉地把全面协调可持续作为深入贯彻科学发展观的基本要求，全面落实经济建设、政治建设、文化建设、社会建设、生态文明建设五位一体的总布局。在经济建设上，加快经济发展速度。我国正处于社会主义初级阶段，必须充分发挥社会主义市场经济的优势，加快经济发展的步伐。在政治建设上，加强民主法治。在社会主义依法治国的今天，加强民主法治是人民充分享受到人权、得到保障的基本要求。全面落实依法治国，可以使人民更好地行使公民的权利与义务。在文化建设上，科学文化素质和思想道德素质是实现全面建成小康社会的重要因素。全民族的思想道德素质和科学文化素质不单是发展经济的必要条件，也是全面建成小康社会的必要保证。精神文明建设是正确树立人生观、价值观、世界观的基础，是实现个人与社会自由全面发展的前提，是个人需求与社会需求共同一致的必要准备。在社会建设上，实现个人与社会的和谐共处。个人的自由全面的发展离不开社会，个人与社会的匹配程度体现了社会全面发展的进程。当个人内心的追求与社会需求达到一致时，全面建成小康之路也就随之实现了。在生态文明建设上，全面的小康社会是生态文明同经济发展同等重要的社会，实现人与生态自然的和谐共处。我们要尊重自然资源，节约资源，才能实现民族的延续与发展。

3.8 我国全面建成小康社会的难点有哪些？

（一）生态环境问题。环境污染较为严重。空气污染、水污染、土壤污染等问题普遍存在，不少城市近几年更是频繁出现雾霾、酸雨等天气现象，生态环境现状不容乐观。降污减排压力增加。当前我国城镇化进程加快，城市聚集发展、规模扩大、人口增多，大量工程项目投产，对降污减排新增巨大压力。再加上历史遗留的污染问题处理滞后、节能减排设施陈旧落后或建设不足、行政管理不严格等因素，都使城市降污减排压力不断增加。

（二）安全风险问题。治安管理难度增大。城市较乡村而言人口流动性大、人员构成复杂，客观上为不法分子违法犯罪创造了条件，增加了治安管理难度。应急救灾能力亟须提升。城市由于人口密集、空间狭窄，因而在应对洪涝灾害、地质灾害、火灾、交通事故、生产安全事故等情况时，承担的风险和压力巨大，如果应急救灾工作不及时、不到位则会造成难以估计的后果。从近几年我国城市的表现来看，仍存在继续提高的地方，比如重视程度不够、预警机制不到位、信息公开不及时、基础设施善后安置工作不细致等等。

（三）居民住房问题。供求结构不合理。主要表现在高端住房供过于求，中档住供给不足，针对低收入群体的保障性住房、经济适用房、廉租房供给严重短缺。尤其一部分中小城市，还出现住房空置率过高与低收入群体住房需求无法满足的矛盾现象。住房质量有待提高。城市中不可避免地存在大量使用时间长、结构不合理、配套设施不足、存在安全隐患的住房，此类质量较差的住房影响了市民生活品质的提高。改革开放以来，虽然各市都进行过不同程度的旧城改造和新住宅区建设，但并没有解决全部住房质量问题。随着社会整体生活水平的提升，多数居民家庭对现有居住状况并不满足，居民的诉求不仅仅是有房子住，而是向往有好房子住，改善城市住房质量潜在和现实需求巨大。

（四）文化建设问题。文化建设的观念相对落后。部分城市过分专注于物质建设，对文化建设重视不足。个别地方还将公益性的文化项目变作商业用途，抹杀了文化建设的积极意义。文化资源开发利用不合理。一些城市由于对文化资源挖掘不够、规划理念盲目跟风、项目建设急于求成以及专业人才比较短缺等原因，导致城市文化千篇一律、缺少特色，城市的文化建设也就失去了本来意义，沦为形象工程。城市文化产业相对薄弱。我国除了北京、上海等几个特大城市的文化产业发展较为成熟以外，大部分城市都缺少同时具备社会效益和经济效益的文化产业，文化企业竞争力不足，文化产业相对薄弱的问题比较突出。

（五）土地资源问题。耕地后备资源不足。过去很长一个时期，由于土地征收不规范、用途不合理、管理和保护制度执行不严格，我国城市尤其是大中型城市的建设扩张过度，导致周边后备耕地资源不足，影响了未来土地开发利用。土地利用不集约。我国人土地资源总量大、人均少，人地矛盾一直比较突出，尤其在城市快速发展的时期，人多地少的矛盾更为集中。然而一些城市在发展过程中由于规划不科学等原因，导致土地利用效率低、潜力挖掘不充分、功能分区不合理，没有做到集约化利用。

3.9 如何解决好全面小康建设中的农村重点问题?

如果不抓住重点，建设小康社会就不可能真正体现“全面进步、全面发展”的原则，从而也不可能建成真正全面的社会主义小康社会。因此，全面建设小康社会，必须重抓农村，解决重点，整体推进。首先，大力推进农村产业结构调整，培育主导产业和优势特色产业，努力增加农民收入。在稳定粮食生产的基础上，进一步推进农业结构调整，积极发展产业化经营，走高产高效、品质优良、绿色有机、加工精细的现代农业发展道路，培育优势特色产业带和产业群，逐步形成具有区域特色的农业主导产品，增强农业生产的市场竞争力，提高农民收入水平。其次，大力推进农业产业化进程，重点扶持龙头企业发展。把壮大龙头企业作为发展农业产业化的突破口。与种养基地和园区建设相配套，发展特色农产品加工业。打造一批年销售收入超亿元的大型生产基地和龙头企业，发挥其引领示范作用，建成具有自主研发、科技推广、教育培训、交流合作、加工物流、辐射带动等多功能为一体的现代农业示范基地与展示窗口，培育打造一批优势特色农产品知名品牌。再次，大力推进农村生态环境保护建设及基础设施建设。大力推动农业循环经济发展，推进人畜粪便、农作物秸秆、蔬菜残体、生活垃圾和污水的综合治理和转化利用，合理开发利用农业资源，推广生态农业技术，发展循环农业、生态农业，保护生态环境。大力改善农村人居环境，推进以“房屋亮化、道路硬化、庭院净化、村寨文化、环境美化”为主要内容的村庄整治工作。加强农村危房改造和能源工程建设，继续实施扶贫生态移民工程。最后，积极推进城镇化建设，加快农村剩余劳动力多渠道转移，扩大农民就业和增收空间。加快推进城镇化进程，以市中心城区、县城和具有发展潜力的中心建制镇为重点，健全小城镇的居住服务、公共服务和社区服务功能，增强小城镇吸纳劳动力就业的能力，正确引导乡镇企业向城镇集聚、农村劳动力向城镇有序流动和到城镇就业，注重发挥小城镇带动经济发展的功能。以农产品加工、储藏、运输等农村服务业为重点，大力发展二、三产业，实现农民就地转移。

3.10 精准扶贫的背景是什么？

我国自1986年扶贫以来，通过近30多年的不懈努力，取得了举世瞩目的成绩。但是，贫困地区人们的生活水平仍然较低，发展水平滞后的现象并没有根本改观。其中一个重要原因是之前的扶贫策略是粗放式的，针对目前扶贫工作中这一突出存在的问题，2014年1月25日中共中央办公厅、国务院办公厅印发的《关于创新机制扎实推行农村扶贫开发工作的意见》（中办发〔2013〕25号）中明确提出建立精准扶贫机制。精准扶贫是指针对不同贫困区域环境，不同贫困农户状况，运用科学有效程序对扶贫对象实施精确识别、帮扶、管理的治贫方式。精准扶贫要做实的三件事：“一是发展生产要实事求是，二是要有基本公共保障，三是下一代要接受教育。”（见图3－1）

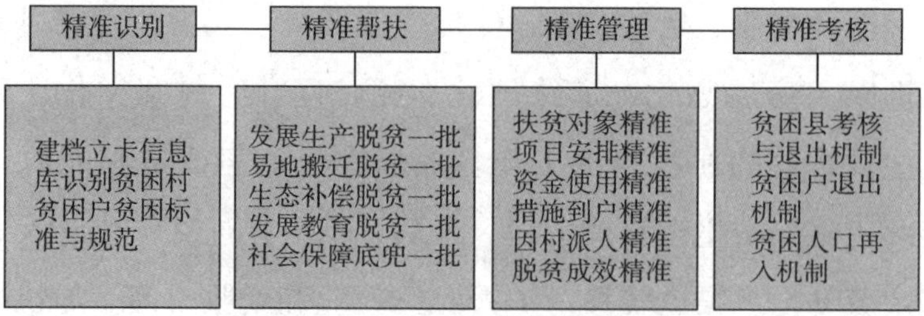

图 3－1　精准扶贫总体框架

3.11　精准扶贫取得哪些成效？

中国创新提出的精准扶贫政策，以每年减贫 1300 万人以上的成就，书写了人类反贫困斗争史上“最伟大的故事”。实施精准扶贫战略以来，我国脱贫攻坚取得明显成效。2016 年年底全国贫困人口数量约为 4500 万人，比 2011 年减少了约 7890 万人。如果按照每年减少 1000 万贫困人口的速度，到 2020 年，人均年纯收入低于 2300 元（2010 年不变价格）的绝对贫困人口将脱离贫困。

3.12　精准扶贫的世界意义体现在哪里？

德国《时代》周报前任总编辑、国际问题专家提奥·索默说：“20 世纪 70 年代中国那些极度贫困地区如今都已不复存在。在短短 30 多年间，中国已转变为一个发展动力十足的国家，这是人类历史上从未有过的先例。”7 亿多人脱离贫困，是新中国取得的巨大成就，也是中国对世界做出的巨大贡献。“外界评价中国政府成就时，这一点绝不容忽视。”澳大利亚商务论坛主席埃文斯说。英国《经济学人》杂志评论指出，在减贫脱贫方面，“中国是个英雄”。“贫困是收入不平等的主要表现形式，古今中外的众多事实证明，市场无法解决不平等问题，所以政府干预是必需的。”亚洲开发银行主任经济学家万广华表示，中国减贫脱贫成就举世瞩目，这在很大程度上归功于各级政府全方位积极参与。脱真贫、真脱贫，这个提法包含两方面含义：一是彻底摆脱贫困，不会返贫；二是不仅仅指收入上升，而且要保证群众生活质量，包括教育、医疗、环境等方面都得到根本性改善，从而真正过上美好生活。他说：“这一要求是对扶贫理论的创造性发展，对全球减贫、实现联合国2030年可持续发展议程具有重大历史和现实意义。”为解决人类问题贡献了中国智慧和中国方案。

3.13 新时期如何完善我国扶贫策略?

一是设立整合资源的扶贫职能机构。需要通过设立中央到地方垂直管理的扶贫与社会救助机构，整合优化扶贫职能，制定科学、长远的扶贫综合治理规划。二是塑造和提升应对致贫风险的能力。应将扶贫关口前移，加快推进城乡均等化服务，清除户籍歧视的制度安排，将更多资源投入到提升农村教育和健康水平方面。应把提高人的素质作为脱贫减贫的治本之策，提高贫困个体自身获取收入、预防和应对贫困风险的能力，而不是在其陷入贫困之后再进行扶持和救助。三是形成贫困综合长效治理方式。由各省（自治区、直辖市）自主确定城乡统一标准，并随经济社会发展适时调整。将贫困识别逐步扩展到能力、发展、文化和环境层面。山区、边远地区、少数民族聚居区仍将是扶贫的重点领域，应继续把贫困自然村落作为消除“贫困死角”的综合治理单元，而针对每一个贫困家庭采取针对性的帮扶措施，将成为未来扶贫工作的重要内容。积极开发减贫“新动能”，通过释放生态红利，增加贫困人口物质、文化、社会、经济等方面的财富存量，同时通过制度创新，推动城乡扶贫体制融合，在城乡间统一分配和使用扶贫资源。

3.14 2020年后扶贫战略转型方向有哪些？

扶贫目标由积累性贫困人口向转型性贫困人口转变。2020年以前，我国扶贫政策以消除“积累性贫困人口”为主。2020年以后，随着贫困格局的变化，扶贫工作的目标群体将转向“转型性贫困人口”，即由于社会经济环境变化或不可预见突发性灾难而导致的过渡性贫困或暂时性贫困人口。由于这部分群体存在向绝对贫困人口转变的可能，因此，防止脆弱群体再次落入贫困陷阱应成为未来扶贫政策的主要导向。

扶贫机制由集中性向常规性转变。自20世纪80年代以来，国家采取了一系列集中式的扶贫举措，在贫困人口比较集中、贫困形势比较突出的背景下，有效降低了贫困人口数量。2020年以后，随着现行标准下农村贫困人口全部实现脱贫，贫困由积累性、多发性向转型性、偶发性转变，需要建立稳定、内嵌的常规性扶贫机制，将扶贫工作纳入政府日常职责序列中，构成政府职责的基本组成部分。

扶贫手段由以提高收入为主转向缓解非收入性贫困。2020年以后，虽然提高收入的扶贫手段仍可以发挥一定功效，但是贫困人口的收入增长尚未达到足以走出贫困陷阱的临界点。教育、医疗等方面的支出将在很大程度上抵消收入增长的部分，而现有农村社会保障基本属于补充性，达不到真正意义上的支付性保障，农村贫困人口更容易因灾、因学、因病致贫。未来扶贫政策需要着眼于缓解非收入性贫困，提高政策的“造血”功能，才能赋予贫困人口长久的脱贫能力。

扶贫路径由以解决农村贫困为主向城乡兼顾减贫转变。由于城乡分割的管理体制，我国在城市和农村采取了不同的扶贫策略。城市扶贫主要依靠社会保障机制，农村扶贫则长期依靠非制度化的扶贫开发项目。2020 年后，城乡二元扶贫格局难以有效瞄准城镇化带来的流动贫困人口，从而无法应对新出现的贫困问题。化解这一难题的关键在于建立城乡一体化的公共服务体系，特别是实现城乡户籍、医疗、教育等社会保障体系的对接，使农村扶贫走上制度化轨道，并在城乡兼顾的扶贫机制中将游离于城市和农村的贫困人口纳入扶贫体系。

3.15 大数据在扶贫领域中的应用有哪些方面?

我国 2013 年 11 月提出的精准扶贫，关键词聚焦在“精准”二字。当前如何做到精准，运用好大数据可以提供一些具体的解决方案。可以用得上的大数据类别包括气候数据、地理数据、人口数据、价格数据、文本数据、图像数据、音频数据、交通数据、互联网搜索数据、生命科学数据等。

合理运用好大数据，能够为精准扶贫带来意想不到的收获。例如，通过科学分析气候和地理数据，我们能精准判断在特定地区、特定地貌、特定环境下的农村适合种植什么作物。采集当地和全国性报章杂志等文本数据和广播电视农技节目的音视频数据，能归纳出近几年公众媒体对于某些经济作物的推广报道偏好，帮助避开种植过度热门的农作物。通过互联网关键词搜索数据进行舆情分析，能精准判断未来市场对于某些农产品的需求走势、市场分布、价格区间、品类标准、包装喜好等市场因素，从而按照市场需求精准生产。将大数据与传统社会经济统计学分析模型相结合，能给农业生产绘出一幅更具慧眼的智能地图，提高精准扶贫的效率和脱贫的质量。

从2015年开始，科学评估助力精准扶贫。要建立脱贫攻坚大数据平台，推进信息共享，取消一切不必要的填表报数和检查评估，切实减轻基层负担。到2016年在“互联网+”时代，应积极搭建贫困农民办事不出门、卖货在网上的“互联网+脱贫”新模式。贫困地区的政府应注重线上线下相结合，充分利用互联网拓展农产品销路。用扶贫数据平台实现扶贫的精准，让扶贫对象与帮扶部门的信息实现精准到人，让扶贫进入、退出机制和第三方评估实现适时动态监测，支持互联网企业在扶贫领域的投入和参与，鼓励地方政府在“互联网+脱贫”领域的尝试和创新。

参考文献

[1]梅燕京，张广昭. 对全面建成小康社会内涵、路径和挑战的思考[J]. 人民论坛，2015(14).

[2]李友梅. 不断提高人民生活质量和水平[N]. 光明日报，2018-06-25.

[3]公衍勇. 关于精准扶贫的研究综述[EB/OL]. http://www.doc88.com/p-1922129170670.html.

[4]吴诗剑. 精准扶贫的历史意义. http://www.qstheory.cn/laigao/2015-10/10/c_1116776019.htm.

[5]中国精准扶贫发展报告(2017)[R]. http://www.zx98.com/beike/yyst/ywst/gzywst/gs/201803/22665.html.

[6]詹琳，王福强. 当前农村扶贫形势与未来策略转向[EB/OL]. http://theory.people.com.cn/n1/2017/0522/c40531-29289950.html.

[7]http://www.lunwendata.com/thesis/2017/94503.html.

[8] https://wenku.baidu.com/view/4f7dc6a526fff705cc170ad6.html?

from = search&from_page = view&from_mod = download.

[9] http://111.30.132.149:443/ftn_doc_abstract/57c3fa5eeb9c44781f83817f9e3ac86971511994/javascript:void(0).

[10] http://111.13.36.177:443/ftn_doc_abstract/52306136e46cbdde1d2f5716d5edea8a1f4214a5/javascript:void(0).

[11] http://theory.people.com.cn/n1/2017/0522/c40531-29289950.html.

[12] http://www.zx98.com/beike/yyst/ywst/gzywst/gs/201803/22665.html.

4　中国已经是上中等收入国家

[案例]

中国人爆买日本

国庆假期首日，大批中国游客涌入日本购物的照片刷屏。据《日本经济新闻》报道，日本各大商场严阵以待，在国庆来临之前就备好货，并推出针对中国游客的微信支付等功能，“喜迎”中国国庆。雨中，中国游客购不停。一些日本百货店负责人表示：“多亏了中国游客的到来，最近的生意越来越好了。”有人在微博上发了一组中国旅游者在日本各大商场抢购的图片，说明有点耸动：新宿已拿下！秋叶原已拿下！涩谷已拿下！池袋已拿下！……11 区基本已被我方人员团控制！这组图片被不少网站以“中国旅游购物者全面‘攻陷’日本”为标题争相转载。其实此类场景已经屡屡出现：中国人“逢节必抢”已成固定议程。放个稍长点的假，有关中国人在世界各地“抢购”的新闻就屡屡出现，远到欧美，近则日韩，似乎各地商场都充满了购买力旺盛的中国人。日本既是近邻，制造业又名声在外，成为很多中国人“爆买”的选择。2015 年春节，中国游客赴日本抢购马桶盖和电饭煲的新闻红遍网络。春节期间有超过 50 万的中国游客赴日旅游。日本观光厅发布的数据显示，中国游客第一季度在日消费 2775 亿日元，人均消费突破

30万日元，把第二名澳大利亚远远甩在后面。4月正是日本赏樱的季节。4月4日至4月6日清明小长假，日本《产经新闻》报道称，2月春节期间，大陆游客大批涌进日本，高额且大量消费之“爆买”举动在日本成为话题，预计赏樱期间大陆游客将达到去年同期的两倍以上，首都圈的旅馆、饭店4月上旬已严重不足。再往后，日本观光局对中国游客的热情已经有了心理准备。5月，日本旅游观光局表示，已预见这个暑假会再有一次中国出游热，接连中国各大城市与日本的航班已敲定在这个夏天增航，穿梭航班或达每周100个班次。本来炎热的8月是日本商场的淡季，这下日本商人都松了一口气，有中国人来，不愁了。坚信海外产品更好，真是一种习惯。当年，日本经济起飞之后，进入鼎盛时候，日本人也是去巴黎、纽约等地收购各式商品。即使是在不久之前，法国电视台也都播放过“日本人占领了巴黎”的报道。不得不承认，日本产品本身的确有其独特吸引力。设计上更符合消费者的使用习惯。价格上，因进口时的高税率，在国内买比在日本贵一些，有一些商品比如某些日系化妆品、部分电子产品日本还真是便宜。咱中国人还是会过日子的，真的便宜的东西为什么不买？还有就是服务上，让人享受到“顾客就是上帝”的感觉，这一点咱得学习。

资料来源：根据《人民日报》评中国人爆买日本整理，2015-10-03.

4.1 什么是人均可支配收入？人均可支配收入包括哪些？人均可支配收入如何计算？有什么作用？

人均可支配收入即城乡居民可支配收入，是指居民家庭可以用来自由支配的收入，是个人收入扣除向政府缴纳的各种直接税以及非商业性费用等以后的余额，其常被用来衡量一个国家生活水平的变化情况。一般来说，人均可支配收入与生活水平成正比，即人均可支配收入越高，生活水平则越高。

人均可支配收入是按家庭全部人口计算的平均每人生活费收入。它包括居民家庭所有成员的工资、奖金、津贴、洗理费、书报费、交通补贴、价格补贴、独生子女费以及离、退休者收入、赡养赠送收入、出售财物收入、利息收入、稿费、讲课费等全部经常和一次性收入，但应扣除赡养、赠送支出、记账补贴、个种税金、个人所得税、车船使用税等等。

目前我国人均可支配收入分为城镇居民可支配收入和农村居民可支配收入，其具体计算公式如下：城镇居民可支配收入 = 城镇居民家庭总收入 - 交纳所得税 - 个人交纳的社会保障支出等等；农村居民可支配收入 = 农村住户总收入 - 家庭经营费用支出 - 税费支出 - 生产性固定资产折旧 - 财产性支出 - 转移性支出 - 调查补贴等等。

可支配收入是一个人、住户或家庭可以花销或储蓄的税后总收入。消费者的收支模式是很有价值的人口统计因素，虽然它与人均 GDP、人均收入、消费物价指数、经济周期等概念混杂一起而难于准确计算，但它对消费力或购买力的影响则是显而易见的。基于城乡居民收入抽样调查的居民可支配收入统计数据是中国国民经济核算体系中重要的基础数据之一，它不仅是衡量国家和各地区居民生活水平的基本指标，而且在宏观经济学理论及实证研究中有着非常重要的地位，对国家宏观经济政策的制定也有着重要的作用。

4.2 中国经济从低收入到高收入会经历哪几个阶段？

第一阶段：低收入阶段（1978—1998 年）

在实行改革开放的前 20 年间，我国人均国民总收入从 190 美元增长到 820 美元，使我国从低收入阶段走出来。在这一过程中，社会主义市场经济体制改革是驱动经济增长的根本动力，从农村包产到户到城镇国企改革，从产权明晰到引入竞争机制，生产力发展潜力在市场机制作用下不断释放。农村居民家庭人均纯收入从 1978 年的 133.6 元增加到 1984 年的 355.3 元，与 1978 年相比增长了 1.7 倍，年均增速达到 17.7%，是迄今为止农民收入增幅最高的时期。城镇居民家庭人均可支配收入在这一时期年均增长 11.3%，到 1984 年增加到 652.1 元。

第二阶段：下中等收入阶段（1999—2009 年）

我国经济增长在这个阶段的典型特征是劳动、资本、土地和其他自然资源等有形要素投入不断加大，增长动力主要来自要素驱动。在这一阶段，以劳动密集型产品出口为主的对外贸易成为重要增长引擎，外汇储备增长了十几倍；投资率保持高位；房地产成为国民经济支柱产业。然而，高投入、高增长也付出了资源环境代价，增长不可持续的矛盾凸显出来。

第三阶段：上中等收入阶段（2010—2023 年左右）

2010 年，我国进入上中等收入阶段。同时，经济增长开始从高速换挡为中高速，步入经济发展新常态。按照中高经济增速来推算，我国走出这一阶段将用约 13 年时间。在上中等收入阶段，传统要素的优势逐步消失，大规模投入受到制约，增长速度减缓，要求尽快提高生产率，从粗放增长转向集约增长，从要素驱动转向创新驱动。为此，党中央及时提出推进供给侧结构性改革，通过去产能、去库存、去杠杆，提高供给侧的质量和效率；通过降成本、补短板，提高企业生产率、投入产出率和竞争力。推进供给侧结构性改革，是确保经济中高增速和跨越“中等收入陷阱”的“生命线”。

第四阶段：高收入阶段（预计从2024年左右开始）

高收入经济体并不必然是发达经济体。成为发达经济体要符合一套综合评价体系，一个突出特征就是必须是技术创新型国家，必须以技术创新作为驱动增长的根本动力源泉。目前，我国技术创新对经济增长的贡献率已上升至55.3%，但仍远低于发达国家水平。创新发展是党中央提出的新发展理念的第一条，提高创新能力是供给侧结构性改革的重要内容。这些新理念和新举措，既着眼于解决我国当前问题，也着眼于实现长期发展。只有认真贯彻这些新理念、新举措，努力提高自主创新能力，实施创新驱动发展战略，加快建设创新型国家，才能顺利实现21世纪中叶达到中等发达国家水平的目标。

中国经济近几十年的快速发展，使我国距离全面建设小康社会收入标准更进一步。党的十八大对中国人民郑重承诺：“综观国际国内大势，我国发展仍处于可以大有作为的重要战略机遇期。我们要准确判断重要战略机遇期内涵和条件的变化，全面把握机遇，沉着应对挑战，赢得主动，赢得优势，赢得未来，确保到2020年实现全面建成小康社会宏伟目标。”党的十八大为中国未来发展描绘了新的发展蓝图，为实现国富民强的中国梦提供了清晰的方向。

4.3 2011—2016 年全国人均可支配收入及实际增长率如何？

国家统计局数据显示，2016 年全年全国居民人均可支配收入 23821 元，比上年名义增长 8.4%，扣除价格因素实际增长 6.3%。2015 年全年全国居民人均可支配收入 21966 元，比上年增长 8.9%，扣除价格因素，实际增长 7.4%。（见图 4－1）

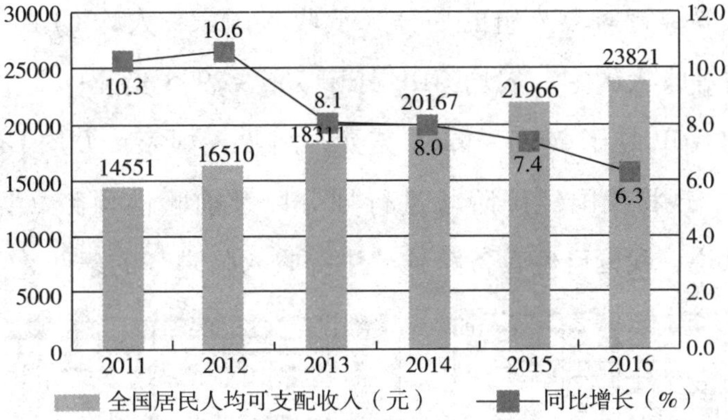

图 4－1 2011—2016 年全国人均可支配收入及实际增长率

改革开放之前，我国实行高度集中的计划经济体制。全民所有制和集体所有制在经济部门占 90% 以上，城镇居民实行统一的八级工资制，农村则实行人民公社制度，根据出工情况拿工资，按劳分配。城乡居民收入差距不大，且在很长时间以内保持稳定状态。自 1978 年以来，我国坚定不移地推进改革开放，社会主义市场经济体制初步建立，但我国由于二元经济结构，城乡居民收入不但没有随着经济的发展有所缩小，反而进一步地扩大。

现阶段，由于 40 年经济快速增长的结果，我国已经正式进入中等收入国家行列。然而，过去的高增长并不意味着未来的高增长，如果陷入中等收入陷阱，我国居民收入将会在未来较长的时间内没有明显的增长，居民减少消费，最终出现停止的状态。虽然从现实情况来看，我国落入“中等收入陷阱”的可能性较小，但仍不能掉以轻心。纵观全球，已经有很多国家跨越“中等收入陷阱”，进入高收入阶段，其发展中的经验以及教训可供我们学习参考。先后发展起来的这些国家经济体，由于历史条件或其他等因素，经验皆各有千秋，但总的来说可归结为以下三点，第一，提高科技能力来促进生产力的发展；第二，坚持改革开放；第三，实行市场经济体制。

参照世界银行对收入组的划分（低收入国家：人均 GDP 少于 756 美元；下中等收入国家：人均 GDP 处于 756 ~ 2995 美元；上中等收入国家：人均 GDP 处于 2996 ~ 9265 美元；高收入国家：人均 GDP 高于 9265 美元），现将我国经济阶段进行划分以及前瞻性预测（见图 4 - 2）。总体来说，我国已经具备跨越“中等收入陷阱”的条件。

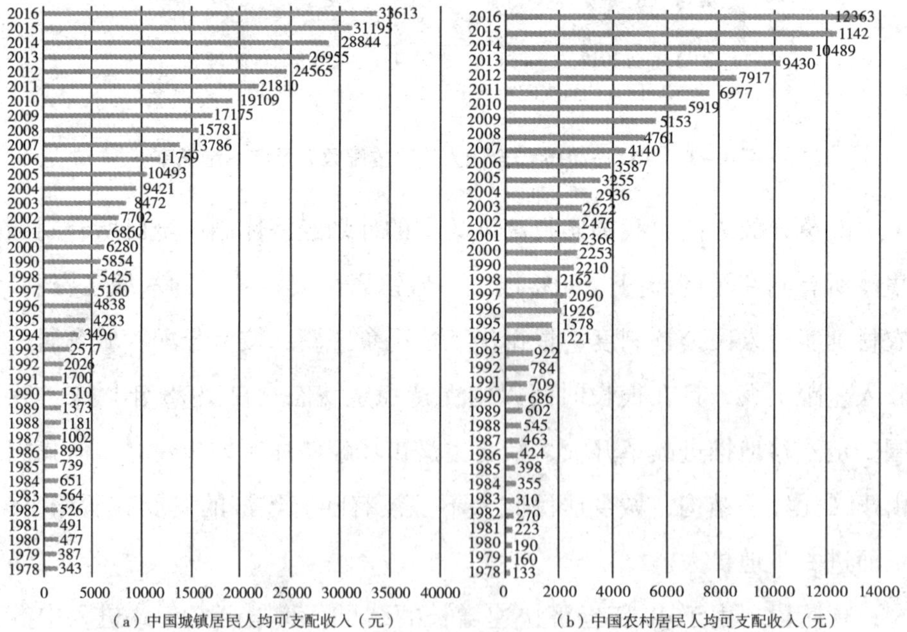

图 4 - 2　1978—2016 年中国城镇与农村居民人均可支配收入变化

4.4 造成我国收入分配不公的原因有哪些?

城乡资源差异和市场化的需求；市场竞争机制和效率优先原则共同作用的结果；工业化进程和经济发展阶段的影响；城乡、区域的发展不平衡；体制机制不合理，如税收体制不完善，社会保障制度不健全、公共服务配置不均等。

4.5 什么是“中等收入陷阱”？它的基本特征有哪些？原因是什么？如何避免？

“中等收入陷阱”（Middle Income Trap）概念是由世界银行在2006年的《东亚经济发展报告》中首先提出。“中等收入陷阱”是指当一个国家的人均收入达到中等水平后，由于不能顺利实现经济发展方式的转变，导致经济增长动力不足，最终出现经济停滞的一种状态。其具体指一个经济体的人均收入达到世界中等水平（人均GDP在3000～10000美元的阶段）后，其赖以从低收入经济体成长为中等收入经济体的战略，在它们向高收入经济体攀升中不再有效，进一步的经济增长被原有的增长机制锁定，导致新的增长动力特别是内生动力不足，人均国民总收入难以突破10000美元的上限，经济很容易长期徘徊或停滞不前，迟迟不能进入高收入国家行列的一种状态。进入这个时期，经济快速发展积累的矛盾集中爆发，原有的增长机制和发展模式无法有效应对由此形成的系统性风险，经济增长容易出现大幅波动或陷入停滞。大部分国家则长期在中等收入阶段徘徊，迟迟不能进入高收入国家行列。在此状态下，“陷阱”中的国家既无法在工资方面与低收入国家竞争，又无法在尖端技术研制方面与富裕国家竞争。同时，快速发展中积聚的问题集中爆发，造成贫富分化加剧、产业升级艰难、城市化进程受阻、社会矛盾凸显等。

“中等收入陷阱”国家的10个方面的特征，包括经济增长回落或停滞、民主乱象、贫富分化、腐败多发、过度城市化、社会公共服务短缺、就业困难、社会动荡、信仰缺失、金融体系脆弱等。像墨西哥、巴西、菲律宾、马来西亚、南非以及东南亚和拉丁美洲的一些发展中国家等，在20世纪70年代均进入了中等收入国家行列，但直到现在，这些国家仍然挣扎在人均国内生产总值4000～12000美元的发展阶段，并且见不到增长的动力和希望。截至2015年7月1日世界银行的归类，中等偏上收入国家的人均GDP在4126～12735美元之间。经济学家认为摆在亚洲国家面前的陷阱是“中等收入陷阱”。亚洲许多国家，近几十年来飞速发展，由低收入国家步入了中等收入国家之列。但随之而来的很可能就是“中等收入陷阱”。

“中等收入陷阱”发生的原因主要就是低端制造业转型失败，低端制造业可以带来中等收入，但是伴随而来的污染、低质低价，都是恶性循环。低端制造改高端制造，是完全靠高科技解决，而高科技不是几十年就能追赶上的。但同时中等收入陷阱的“陷阱”并不仅仅是一个经济概念，也是一个社会概念和政治概念。如果把1978年算为中国改革开放的起点，那么我们的改革就已经走过40年的时间了。我们从20世纪80年代初人均GDP不到300美元的国家，发展到世界第二大经济体；人均GDP，从300美元提升到8000美元左右。珠江三角洲更高，20000美元左右，仅比台湾地区稍微低一点。未来我们要全面实现小康社会。从经济上看，这个目标就是从人均GDP 8000美元提升到12000美元。这就需要在今后五年里，每年有6.5%的增长，并且另外一个任务就是扶贫，这样才能有效避免陷入中等收入陷阱。

4.6 如何缩小我国收入分配不公?

近年来，如何做大居民收入蛋糕，缩小贫富差距，已成为全社会热切关注的焦点。

居民收入是消费的基础，当前内需不足的主要根源是居民收入分配制度不够合理。深化收入分配制度改革，增加城乡居民收入，这不仅是推动经济发展的需要，而且关系到如何体现社会主义基本经济制度的优越性以及如何建设社会主义和谐社会的根本问题。根据中国社会科学院经济研究所收入分配课题组最近完成的调查报告显示，近年来，如果把医疗、教育、失业保障等非货币因素考虑进去，我国的城乡收入差距就在不断拉大。

一是调整收入分配差距。大力营造收入分配的激励机制，在坚持市场化导向驱动的收入分配方向的前提下，进一步完善按劳分配与按要素分配机制，最大限度地体现收入与贡献的对等。

二是构建以积极就业政策为积极手段的收入分配调节机制，应该在一次分配上就予以调节，主要是增加就业。如果不能实现更多的就业，则在二次分配中实行收入差距调节作用。

三是形成有序的城市准入机制。最大化地改变农民的身份，进入城市的非农业产业部门。因此，加大城市化力度（其中有可能包括土地政策调整），打破人口流动壁垒，实现大规模的农业过剩劳动力的转移。推动城乡一体化建设，加快农村城市化进程，形成以工促农，以城代乡，工农互惠，城乡一体化的新型工农城乡关系。

四是完善社会保障体系。建立法制化的社会保障制度。逐步扩大社会保障的覆盖面。加大社会保障的力度，特别要加强对贫困群体的直接救助与扶持力度，切实解决贫困人口的基本生活。积极稳妥地推进医疗保障及教育教师援助。提高贫困地区人民的生活水准，提高劳动力的素质。

五是缩小地区收入差距。调整国家资源分配，加大对中西部地区的政策倾斜，加大中西部优势资源的开发利用。增加就业机会和增收渠道。

收入分配状况不仅仅是对经济增长结果的反映，更是影响经济进一步增长的重要因素。为了未来我国经济健康快速地发展，我们应该尽可能地缩小这种收入不公带来的负面影响，使整个经济社会和谐发展。

4.7 如何扩大中等收入群体？

中等收入群体成员主要包括白领人员、教师、科技人员、管理人员、小微企业主、个体经营户、技术工人、一部分熟练工、农村土地承包经营户或其他类型的专业户，等等。应当承认，中国目前中等收入群体成员在全部在业人员当中的比例相对较小。而扩大中等收入群体的目标就是要让前述人员的人数增多，使中等收入群体成员在全社会当中的比例大幅度提高，建立一个两头小中间大的橄榄型社会结构；让社会成员发展的路径得到保障，让其发展的前景可以预期。

扩大中等收入群体是维护社会和谐稳定、国家长治久安的必然要求。中等收入群体不仅是维护社会稳定的中坚力量，也是释放消费红利的主力军。在中央财经领导小组第十三次会议上，习近平总书记强调，扩大中等收入群体，关系全面建成小康社会目标的实现，是转方式调结构的必然要求，是维护社会和谐稳定、国家长治久安的必然要求。

据媒体报道，在2017年9月的中美企业家投资座谈会上，习近平表示，目前中国的中等收入人群已经接近3亿人，预计在未来十年内还将翻番。在这次会议上，针对扩大中等收入群体，习近平明确提出了六个“必须”。扩大中等收入群体，必须坚持有质量有效益的发展，保持宏观经济稳定，为人民群众生活改善打下更为雄厚的基础；必须弘扬勤劳致富精神，激励人们通过劳动创造美好生活；必须完善收入分配制度，坚持按劳分配为主体、多种分配方式并存的制度，把按劳分配和按生产要素分配结合起来，处理好政府、企业、居民三者分配关系；必须强化人力资本，加大人力资本投入力度，着力把教育质量搞上去，建设现代职业教育体系；必须发挥好企业家作用，帮助企业解决困难、化解困惑，保障各种要素投入获得回报；必须加强产权保护，健全现代产权制度，加强对国有资产所有权、经营权、企业法人财产权保护，加强对非公有制经济产权保护，加强知识产权保护，增强人民群众财产安全感。

习近平表示，要坚持以人民为中心的发展思想，在全社会大力弘扬勤劳致富、艰苦奋斗精神，激励人们通过劳动创造美好生活，不断提高生活水平。

4.8 扩大中等收入群体的四个关键环节是什么?

在现代社会和市场经济条件下，有效扩大中等收入群体的关键环节有四个，即制度、增量、分配和安全。具体如下：

一是要使共享的理念具体化为相应的制度安排。社会经济的发展应当是以人为本的发展，既然以人为本，就要满足全体人民的基本生活需要，就要让全体人民共享改革发展的成果，从而实现真正意义上的发展。

二是要大力拓展民众收入及财富的增量渠道。只有不断拓展民众的收入及财富的增量渠道，方能持续有效地扩大中等收入群体。换言之，扩大中等收入群体的关键，在于习近平总书记所强调的，要“让一切劳动、知识、技术、管理、资本等要素的活力竞相迸发，让一切创造社会财富的源泉充分涌流”。

三是拓展民众收入及财富增量的重要路径是大众创业、万众创新。小微企业主以及个体经营户是中等收入群体的重要组成部分。进一步看，通过大众创业、万众创新，大批新的小微企业主以及个体经营户便能够形成。不但能够创造出大量的就业机会，而且能够使大量社会成员跻身中等收入群体。

四是增加民众的财产性收入，也是有效拓展民众收入及财富增量渠道的重要路径。中央提出，要“健全资本、知识、技术、管理等由要素市场决定的报酬机制”。

五是要公正分配国民收入及财富。对不断增长的国民收入及财富，必须进行公正分配。具体到中国的国民收入及财富的分配来说，必须做好两个方面的事情。一方面，必须解决好政府收入与居民收入两者间的比例问题。另一方面，必须解决好社会各个群体之间的公正分配问题。

六是要保障民众的财富安全。为确保中等收入群体持续、稳定的扩大，不宜忽视的一个必要条件是，民众的财富安全必须得到有效的保证。否则，中等收入群体难免会呈现出一种不确定性的发展前景。这一点，对于曾经有过深厚计划经济体制背景的中国来说，显得尤为重要。

4.9 我国中等收入群体现状如何？

中等收入群体是“橄榄型”社会最重要的组成部分，在一国经济发展中起到“稳定器”和“推进器”的作用，是拉动内需最强有力的力量。我国的中等收入群体接近于发达国家的中产阶级，随着社会经济发展改变而改变。在我国“金字塔形”社会结构中，由于社会收入差距不断变化，中等收入群体规模也在不断改变。

我们采用国际社会学界通常采用的相对标准，并基于2016年全国社会调查数据测算，当前阶段中等收入群体家庭人口占全国家庭总人口的比例为37.4%，其中中上收入群体占18.5%，中下收入群体占18.9%，所以说如果到2020年，想使中等收入群体占多数还需要付出很大努力。当然，现在有利条件是，我国以基尼系数衡量的收入差距，近若干年来呈现缩小的趋势，无论是国家统计局的数据还是学界的全国社会调查数据，都显示了这种趋势，这主要得益于城乡收入差距的缩小。国务院总理李克强在2018年政府工作报告中指出，中国如今形成了世界上人口最多的中等收入群体。国家发改委主任何立峰也在全国两会上透露，中国现在有近14亿人口，迅速成长的中等收入群体，不完全统计有4亿多人口，按国别来算，位居世界第一，而且还在迅速增长中。

中共中央办公厅、国务院办公厅联合印发的《关于实行以增加知识价值为导向分配政策的若干意见》，从四个方面加强了科技成果产权对科研人员的长期激励，包括：强化科研机构、高校履行科技成果转化长期激励的法人责任，完善科研机构、高校领导人员科技成果转化股权奖励管理制度，完善国有企业对科研人员的中长期激励机制，完善股权激励等相关税收政策等，这些都直接为扩大中等收入群体提供了制度保障。

参考文献

[1]岳小乔.习近平谈如何扩大中等收入群体[N].人民日报客户端,2016-05-17.

[2]吴忠民.如何有效扩大中等收入群体[N].光明日报,2017-01-06.

[3]田青.中国居民消费需求变迁及影响因素研究[M].北京:科学出版社,2016.

[4]李刚."中等收入陷阱"与中国现实[J].中国经济问题,2012(5).

[5]郑永年.中等收入陷阱[EB/OL].新浪微博.http://finance.sina.com.cn/stock/jhzx/2017-04-04/doc-ifycwymx3747611.shtml.

[6]我国预计从2024年左右进入高收入阶段[EB/OL].https://xueqiu.com/4060196778/69883613

[7]中国的储蓄率有多高[EB/OL].中国贸易金融网.http://www.sinotf.com/GB/News/1005/2016-12-01/html.

[8]chyxx.com.

[9]http://finance.huanqiu.com/special/cul/.

[10]https://rg.mbd.baidu.com/ip9eu95.

[11]https://wapbaike.baidu.com/item/3376851.

[12]http://3y.uu456.com/bp_3vhpj0xwft0vngk59eot_1.html.

[13]https://zhidao.baidu.com/question/1369755498504837459.html.

[14]https://zhidao.baidu.com/question/278725986.html.

[15]http://finance.qq.com/cross/20160524/O55HW714.html.

5　中国居民储蓄率高

[案例]

《金融之家》2月23日讯，春节过完，回到工作岗位上的朋友们还好吗？是不是有着诸多的不适应呢？众所周知，在金融危机之后的过去十年中，几乎各行各业都属于缺钱状态，谁能够拿到资金估计在各个公司都会将财务总监的职位直接奉上，但是有一个行业基本上是从来不差钱的，这就是商业银行。作为中国金融业的核心与枢纽，商业银行一直是给中国企业进行输血的最主要输血者，再加上中国人长期以来的储蓄习惯，所以商业银行几乎是中国所有行业中最不差钱的了。然而，事情在这新年之际却似乎发生了变化。根据《21世纪经济报道》的数据显示，2018年1月，贷款规模或达2.8万亿元左右，伴随着贷款需求上升的却是储蓄存款的下降，2017年金融机构新增境内人民币存款13.34万亿，同比少增1.8万亿。特别是，2017年12月人民币存款较11月末减少7749.04亿元，其中，政府存款和非银行金融机构存款均出现较大幅度下降。这意味着，吸储困境已经从存款增速下降升级为存款规模负增长。而根据中国人民银行提供的数据显示，2017年全年住户部门存款增加4.6万亿元，全年住户部门贷款增加7.13万亿元。也就是说，两者之间的差额已经高达2.53万亿元，我们再把时间维度进一步放开，以十年为单位进行统计就会发现，在过去的十年时间中，中国的居民储蓄存款其实并没有太大的变化，一直都在4万亿元到5万亿元左右波动，可以说处于一个超稳定的结构中，与此同时，居民的贷款却出现了爆发式增长，从2008年的0.64万亿元在十年的时间内暴涨到了2017年年底的7.13万亿元，十年时间整整上涨了11倍还多，这几乎颠覆了大多数人对中国经济的想象。改革开放40年来，中国就是一直通过高储蓄、高投资的发展模式，实现了中国经济的跨越式增长，这个的大前提就是中国人极为喜欢的储蓄存款。如今，储蓄存款这个大地基被动摇了，居高不下的贷款需求与永远不够用的额度，存贷款之间的严重失衡预示着一个银行都没有余粮的差钱时代的来临。

资料来源：喜欢储蓄的中国人都退出来了，银行迎来大危机？http://www.yuyanjia.com/augur-115455-1.html.

5.1 中国的储蓄存款长期以来保持较快增长势头表现是什么？

改革开放以来，我国城乡居民储蓄余额增长迅速，持续增长阶段（1978—1998年），储蓄存款余额平均每年增长30%以上；高速增长阶段（1989—1996年），储蓄存款余额平均每年增长达31.6%。随着我国从计划经济向市场经济的转变，我国居民储蓄发生了巨大变化。全国居民储蓄存款已经从1978年的210.6亿元上升到2010年的303093.01亿元。存款储蓄是我国居民改革开放初期最主要的投资方式。我国城乡居民储蓄余额迅速增长说明我国经济发展稳定，城乡居民收入不断增加；同时也说明我国居民投资方式单一，消费需求不旺。我国居民储蓄持续快速增长主要表现在两个方面：一方面，储蓄率持续偏高；另一方面，居民储蓄额快速增长，且其增长速度远远超过了国内生产总值的增长速度。我国储蓄存款逐年增长，储蓄增长的原因在于居民收入的增加，而影响收入的根本因素在于国家经济的稳定发展。长期以来，我国居民储蓄增长一直较高，居民储蓄率高增长是中国经济的一个特色，也一度是中国经济具有超强韧性，战胜债务风险的一大靠山。我国改革开放促进国民经济高速发展，国民收入有了显著提高，城乡居民储蓄更是迅速增长，并成为我国经济生活中的一个热点话题。

5.2 什么是储蓄、居民储蓄、企业储蓄、政府储蓄以及中国储蓄?

国民储蓄由家庭储蓄、企业储蓄和政府储蓄组成。一般国家都以居民储蓄为首，然后是企业储蓄、政府储蓄，居民储蓄。居民储蓄（Household Saving），指个人（及家庭）自愿将其部分收入不用于消费，而是积累起来。居民储蓄的原因主要包括为不测事件建立储备金、为自己的老年积累基金、为保护自己的家属，或为了其他某一具体目的等。居民储蓄也为商业资本投资提供了部分资金来源。企业储蓄是指企业未分配的留存收益，与资金流量表相对应的同口径企业储蓄表现为未分配利润扣除分红再加上折旧，用公式表示为：企业储蓄 = 利润总额 - 所得税 - 利润分配 + 固定资产折旧。中国企业储蓄率依然处于较高的水平，1996—2007 年这 12 年的企业平均储蓄率高达 28.7%，近几年仍然在逐渐上升。中国企业储蓄率在绝对水平上始终高于发达国家，但当前企业储蓄率持续增高已经成为一个全球性趋势而非中国特有的现象。民营企业储蓄率整体水平约为 25.3%，低于国有企业和外资企业，但是民营企业储蓄率保持了较高的增长水平，而外资企业和国有企业储蓄率水平则有不同程度的下降。中国企业储蓄率具有明显的行业特征，传统的劳动密集型行业的企业储蓄率相对较低，资金密集型行业的企业储蓄率相对较高。政府储蓄又称公共储蓄，是指政府可支配收入扣除政府消费性支出的余额。政府储蓄是政府部门的财政收入中扣除用于国防、教育、行政、社会救济等经常项目支出后的剩余部分。按照国际惯例，在经济统计中，政府储蓄是指一般政府部门的储蓄。一般政府部门主要包括中央政府、省（州）政府、地方政府以及社会保障基金。所以，国外所说的一般政府财政收支也就相当于我国所说的国家财政收支。政府储蓄是指一般政府部门的经常性收入大于经常性支出的余额：政府储蓄 = 经常性收入 - 经常性支出。

中国政府储蓄率在 20 世纪 90 年代保持在 30%—35% 的水平上，在进入 21 世纪后出现了显著增长趋势：在 2001 年突破 35%，在 2003 年突破 40%。政府储蓄占 GDP 的比率在 20 世纪 90 年代保持在 4%—6% 的水平上，在 2001 年突破 6%，在 2003 年突破 8%。政府储蓄占国民储蓄的比重在 2000 年之前一直低于 15%，在 2001 年突破 19%，在 2003 年突破 21%。当前中国政府储蓄率不仅高于欧美发达国家，在东亚新兴市场国家中也处于较高水平（仅低于韩国和新加坡）。根据世界银行的计算，在 1978 年的中国国民储蓄中，政府储蓄占 73 %，居民储蓄和企业储蓄仅占 15% 和 12%。中国政府储蓄率从 1978—1980 年的 50%，迅速下降到 1981—1985 年的 36%，以及 1986—1990 年的 16%。尽管改革开放以来政府储蓄在中国国民储蓄中的比重不断下降，但当前中国政府储蓄和其他国家相比依然处于较高水平。

近几年来，中国储蓄率在 50% 左右，居世界第一，但居民储蓄率只是 20% 左右。储蓄高主要表现在政府和企业，而非居民。造成这个局面的根本原因在于市场体制存在缺陷。企业储蓄率高暴露出在一次收入分配中，企业回报多，劳动者回报少的痼疾，致使消费不振，加剧了经济结构失衡。因此，将更多政府和企业收入转化为普通居民的“收入”成为当务之急。长期以来，舆论普遍认为高储蓄率源于中国百姓爱存钱的习俗。然而，事实证明这种认识有很大偏差。实际上，中国国民的高储蓄率中，有很大一部分是政府和企业储蓄高导致的。

5.3 为何相对于消费我国居民更倾向于储蓄？

目前我们国家的投资渠道相对比较少，所以储蓄也算是一种投资方式。投资要考虑安全性、流动性和收益性，例如活期存款，安全性和流动性都很好，缺点是收益性较低，但在没有更好的投资渠道的情况下，人们还是会选择储蓄。我国居民的风险意识强。自 1992 年后，我国明确提出了建立社会主义市场经济体制的改革目标，原有的福利制度解体，收入分配体制、教育体制、医疗体制、住房体制以及社会保障体制等方面的改革逐步推进。而制度的改进使得许多人的“铁饭碗”纷纷被打破。据调查，在我国，大部分国人每月自由支配的消费支出占收入的比例仅为 10% ~30%；43.7% 的人储蓄的主要目的是防备突然需要大笔开销的事情；42.8% 的人储蓄的主要目的是防备自己或家人生病；40% 的人储蓄的主要目的是培养、教育子女。这些数据从不同侧面反映了中国人既“不敢消费”也“不能消费”的真实心理。由于市场化的改革，居民的风险意识也在不断加强，于是居民会增加预防性储蓄，降低消费倾向，所以总消费需求便出现不足的现象。

5.4 改革开放初期，我国储蓄、投资与 GDP 增长保持良好关系体现在哪里？

改革开放以来，我国经济有了快速地发展，人们的生活水平也有了大幅度的提高，我国居民的储蓄存款每年都以一定的速度在增加，居民储蓄存款余额逐年上升。居民储蓄存款一直是我国商业银行存款中最稳定的资金来源之一。改革开放以来，我国居民储蓄存款保持了较高的增速，其中，1978—1988 年为持续增长阶段，这一阶段储蓄存款平均每年增长 30% 以上；1989—1996 年为储蓄高速增长阶段，这一阶段在基数已经较大的情况下，储蓄存款余额继续保持旺盛的增长势头，这一时期储蓄存款余额的年平均增长率达到 31.6%；1999—2000 年为储蓄存款减速增长阶段，这一阶段居民储蓄存款余额继续增长，但储蓄存款余额的增长速度开始下滑（见表 5-1）。

表 5-1 1990—2000 年实际国内储蓄总额、实际社会固定资产总额、价格指数与 GDP 情况

单位：亿元

年份	实际国内储蓄总额	实际社会固定资产总额	价格指数	GDP
1990	6954.3	4517	1	18667.82
1991	7906.785	5437.899	1.0288	21781.50
1992	9141.856	7452.592	1.0842	26923.48
1993	11667.7	10651.197	1.2272	35333.92
1994	13320.86	11410.85	1.4935	48197.86
1995	14927.69	12013.5	1.6664	60793.73
1996	15572.57	12596.76	1.819	71176.59
1997	17080.18	13603.74	1.8334	78973.04
1998	18254.69	15907.6	1. 7857	84402.28
1999	18813.37	17234.14	1.7323	89677.05
2000	20359.84	19291.86	1.7063	99214.55

从世界各国经济发展的经验来看，在工业化进程中随着消费结构和产业结构的逐步提升，固定资产投资对经济增长的贡献不断加大，从而引起投资率上升、消费率下降。改革开放初期，我国处于工业化和城市化加快发展的经济发展阶段，积累和资本形成对经济增长具有重要影响，储蓄对经济增长的重要作用明显。改革开放以来，全社会固定资产投资年均增长 20.2%，超过社会消费品零售总额年均 14.5% 的增速，在保证 GDP 年均增长 9.4% 的同时，储蓄率保持较高水平。

5.5 储蓄存款的形式及特点是什么？

储蓄存款，是指个人或公司将属于其所有的人民币或者外币存入储蓄机构，储蓄机构开具存折或者存单作为凭证，个人凭存折或存单可以支取存款的本金和利息，储蓄机构依照规定支付存款本金和利息的活动。

储蓄存款又可分为定期存款和活期存款。定期存款指存款人同银行约定存款期限，到期支取本金和利息的储蓄形式。定期储蓄存款的货币来源于城乡居民货币收入中的结余部分、较长时间积攒以购买大件消费品或设施的部分。这种储蓄形式能够为银行提供稳定的信贷资金来源，其利率高于活期储蓄，但流动性较差。而活期存款则是可以随时存取现金的一种储蓄。活期储蓄流动性强、灵活方便，适合个人日常生活待用资金的存储，但收益低。而选择哪种储蓄形式，则看个人需求的不同，也就是所谓的储蓄行为的自主性。储蓄行为的自主性主要有两个方面的原因：一是储蓄对象是私有的，就是储蓄者所要储蓄的货币资金的所有权归储户所有，储户自己有权支配，这是储蓄具有自主性的根本保证和必要前提；二是储户进行储蓄是自我需要的结果。储蓄的根本目的是为了自己将来的某种需要，这种储蓄的自主性反映了自我服务的需求，不论是保值或增值的储蓄都是对储户有利的，因而货币所有者愿意从事储蓄活动。（见表5－2）

表5－2　储蓄存款的优缺点

优点	缺点
可以随时存取，比较灵活	低风险伴随低收益，银行存款较其他理财产品收益少，即使定期存款利率也比不上一般的基金回报率高
风险小	大额存款取现需提前预约，不预约取现麻烦
收入相对稳定	自动取款机只能整存整取

5.6　影响我国储蓄存款构成的因素有哪些？

（一）从城乡分，我国储蓄存款虽然由城镇及乡村储蓄存款共同构成，但明显城镇储蓄远远大于乡村储蓄，储蓄存款明显向城市集中。根据政府有关调查数据显示，以2002年为例，占全国总人口39.15%的城镇居民，拥有82.3%的储蓄存款，这是城乡收入差距所造成的现象。从农村来看，农民人均收入不仅远低于城市居民，然而农民看病、子女上学的费用却并不是同比例地低于城市居民。收入少而支出多，存款自然就少。从城市居民内部看，城市居民人均收入均高于农村居民，并且医疗费用报销额度大于农村居民，收入高而支出少，则储蓄自然多。

（二）从不同收入阶层分，我国职业阶层可划分为个体经营者、公司职员、现役军人、机关事业单位人员、农户、退休人员。其中，个体经营者存款最高，其次是公司职员，次之是机关事业单位人员，最低是农户。从中明显可以看出储蓄存款向高收入人群集中。而储蓄集中度过高的根本原因则是收入差距。我们知道，储蓄存款是个人收入的结余，所以储蓄存款与个人收入分配有密切关系。收入越高的群体，储蓄存款自然也越多。

（三）从地区分，我国储蓄存款由各个不同地区的储蓄共同构成，但是明显可以看出储蓄存款向经济发达地区集中。储蓄存款排名前五的五个省市分别是北京、上海、江苏、浙江和广东，这些地区由于经济规模总量较大，吸引资金能力强，所以容易吸引储蓄存款。

（四）从年龄分，储蓄存款向中老年人转移。近年来，储蓄增长率相比 20 世纪 90 年代有较大下降。一方面是由于高基数造成的增长率下降，另一方面是由于2000 年以来消费信贷开始快速增长，使得承担这部分负债的年青一代没有更多额外收入用来储蓄。而中老年人由于不可确定性和不可预知生活、医疗费用的支出，储蓄热情不减。

（五）从主体分，我国存款构成的对象有企业单位存款、居民个人存款、机关团体存款等。而明显的，企业存款和机关团体存款占比较高。一方面，企业和机关团体基数大，能够获取的利益大，因而存款多。另一方面，由于银行存款的利率大多低于理财产品的利率，居民更倾向于购买收益较高的理财产品，因而导致居民存款降低。

5.7 凯恩斯理论中储蓄对经济增长的作用体现在哪里？

在凯恩斯理论中，储蓄是收入超过用于消费支出的部分。储蓄数量是单个消费者集体行为的后果，而投资数量则为单个企业家集体行为的后果，经济均衡时，二者的数量必然相等，储蓄等于投资。在西方经济学中，凯恩斯认为，储蓄率的提高会导致消费和投资需求的降低，储蓄率的提高会对经济增长产生负面影响。为此，市场应该鼓励消费和投资，减少储蓄。投资的增加会刺激相关国民经济部门的有效需求的增加，进而拉动国民收入的增加，即投资对国民收入的增长有乘数效应。

同时，国民收入的增加引起消费支出的增加，进而提高社会的有效需求，刺激了新的投资增加。

5.8 美国居民储蓄现状如何?

美国经济发达，但居民储蓄率极低，这与其福利制度、生活方式、文化特点等有关。美国联邦储蓄委员会曾发表一项调查报告显示，多数美国家庭认为其财务状况会有所改善，但仍有很多家庭财务困难，感受不到经济增长带来的红利。

根据2017年11—12月对超过12万人进行调研而形成的这份报告显示，只有74%的成年人报告说他们在2017年的财务状况至少尚可。作为中国储蓄率常年居高不下的一个反向的极端例子，美国人的储蓄率则低得多。从整体来看，从1960开始，美国人的储蓄率水平主要经历了两个阶段：在六七十年代，美国居民储蓄率由7%逐渐上升到10%左右，均值保持在9%左右；而进入20世纪80年代以来，美国居民储蓄率迅速下降，由10%左右下降到了21世纪之初的4%左右。虽然在此期间有些年份略有波动，但要指出的是近50多年来，美国人储蓄率的峰值也不过10%左右。在金融危机的冲击下，美国居民储蓄率扭转了20世纪80年代以来的下降态势，开始显著上升。但是，亚洲金融危机发生后的1998年以及“IT”泡沫破灭后的2002年时的情况类似，美国居民储蓄率的上升势头不会维持，未来会高位缓慢下降，整体呈现倒“U”形，美国未来消费储蓄格局在一定时期内不会发生重大变化。由于在短期内美国居民的储蓄率依然维持在1997年以来的相对高位，消费水平相对较低，对GDP增长的贡献较小，美国经济复苏将主要有赖于投资和出口。

5.9 我国居民存款下降趋势将会对经济运行造成怎样的较大影响?

央行最新发布的金融统计数据显示，2018 年 4 月新增存款 5352 亿元，从存款结构看，当月新增存款主要来自企业部门，住户存款则大降 1.32 万亿元，为历史单月最大降幅。这一变化引起了市场广泛关注，但实际上，这并非居民储蓄存款首次出现负增长。2017 年中国居民第一次出现了储蓄增长率为负，这意味着中国居民很快就会成为一个赤字部门。M2 增长掉下来了，居民储蓄存款掉下来了，企业的定期存款掉下来了。从目前的数据来看，居民存款下降现象的形成有迹可循，或许将成为长期趋势。在储蓄减少的同时，一个值得注意的现象是，居民贷款增量连续超过存款增量，2017 年居民贷款增加 7.1 万亿元，其中短期贷款增加 1.8 万亿元，中长期贷款为 5.3 万亿元。从资金流向来看，储蓄降低、杠杆率上升的现象大概会成为长期趋势。一方面，在房价上涨的惯性预期下，居民购房热情不减，而房地产作为大多数家庭财产的大头，在挤压储蓄的同时大幅增加了居民的杠杆。从消费层面来讲，当前居民的消费逻辑也发生了改变，消费升级与超前消费的接受度越来越高，对储蓄产生了挤压效应。此外，另一个对居民储蓄产生分流作用的因素是投资理财产品的多元化，尤其是互联网金融产品的丰富性和便捷性，对传统的银行储蓄产生了巨大冲击。

若居民存款下降成为长期趋势，将会对经济运行造成较大影响。一方面，作为影响投资的重要因素，储蓄的下降会导致投资的下降，进而可能拉低经济增速；另一方面，在存款竞争压力下，银行可能会提高贷款报价，进而提高融资成本，使居民和企业的杠杆率升高，一定程度上不利于防范金融风险。

5.10 相对于传统的储蓄，银行理财产品的优势表现在哪里？

（一）收益性高。银行理财产品的收益率普遍要高于同期定期存款的利息收益。银行理财产品一般投向具有稳定收益率的国债、金融债和央行票据等，其预期收益率一般能够得到保证。

（二）流动性好。投资者在选择储蓄投资时常常面临这样的困境：若选择活期存款，回报率太低；若选择定期存款，一旦自己需要用钱，惩罚性的手续费又会对自己的收益造成损失。银行理财产品的出现较好地解决了这个难题。

（三）产品丰富风险较低。银行理财产品的特点是风险低，在此基础上，期限灵活，种类丰富，多币种，购买方便。对于普通老百姓来讲，其同时还有投资起来并不复杂的特性。购买银行理财产品，只需要到银行柜台去选择，有合适的期限、相当的收益，类似于办理存款手续，就可以购买一款银行理财产品。

5.11 银行理财产品对储蓄有哪些影响？

近年来，银行理财产品的数量和发行规模都取得了显著的增长。居民的理财观念和理财需求不断提升，高端群体数量不断扩大，为理财产品市场的发展带来了巨大的活力。银行理财产品的预期收益率普遍高于同期限定的存款利率，并且银行可以根据客户的资产状况、风险偏好、收益率等要求设计成多种多样的理财产品。居民收入的增长会引起居民对理财产品的重视程度，居民的投资理财意识逐渐增强，有利于银行理财业务的创新和发展。理财产品销售量增加，资产增长的情况下，导致储蓄存款在个人资产中所占的比重下降，呈现一种储蓄存款向理财产品的转化，两者相互影响、相互变化。但是，也出现了一些问题，比如理财产品的同质化现象也比较严重，风险控制水平也较低。短期来看，理财产品对居民储蓄存款产生负向影响，但是从长期的角度来看，理财产品对居民以正的影响为主。从短期来看，这种负的影响对银行影响不大，因为这没有影响银行整体的存款数量，只是客户将银行的存款用来购买理财产品，存款从银行的表内业务转化为银行的表外业务。从长期来看，正向影响对银行比较利好，因为这种影响在一定程度上丰富了我国金融的投资渠道，而且也扩大了银行的存款量，同时也成为加速银行零售业务转型的基础。

5.12 近年我国银行储蓄增长缓慢的原因有哪些?

现阶段我国居民储蓄存款增长速度缓慢。居民收入、居民消费、利率、金融环境等是影响我国居民储蓄的重要因素。储蓄分流是储蓄存款增长缓慢的主要原因。股票的高回报高收益吸引了人们的眼球。西南财经大学开展的对5000个内地家庭电话采访结果发现，截至2015年第一季度，中国内地家庭的股市参与率为6.1%。内地正在炒股的多为年轻人，约13%的受访者不到30岁。与此同时，理财产品如基金、国债、保险等的兴盛使得储蓄逐渐下降，这些虽没有股票收益高，但是收益也相对不错且风险较低。自2004年年初露锋芒以来，理财产品的样式种类、发行款数与资金规模都开始急剧膨胀。银行理财产品新募集资金规模超过保险理财产品、信托理财产品、公募基金等理财产品，成为推动国内理财市场发展的主要力量。并在此后两年，保持高速度增长态势。

5.13 深化金融体制改革的方向是什么?

金融体制改革依然是今后一段时期银行业机构工作的重点。一是国有商业银行的股份制改革，各商业银行要按照上级行改革的总体要求和部署，积极稳妥地推动改革的进程。二是城市商业银行的改革要进一步完善和规范。下一步改革工作的重点要放在法人治理结构的完善和规范以及切实转换经营机制上来，股份制改革已成必然。三是农村信用机构改革以完善法人治理结构和转换经营机制为重点，以支持“三农”经济发展为核心，逐步走向深入。四是加快农村金融制度改革。创新金融体制，放宽准入政策，加快建立商业性金融、合作性金融、政策性金融相结合的现代农村金融体系。积极引导各银行业金融机构向农村延伸经营网点，在县域内新吸收的存款主要用于当地发放贷款。

5.14 金融创新力度的着力点是什么?

技术和创新是促进金融业发展和竞争力提高的重要手段。金融创新包括金融业务各方面的创新，如金融机构与市场组织方式、金融工具、产品、融资方式、管理技术、金融服务、支付制度等方面的创新。随着计算机通信技术的发展，银行业也因此发生了很大改变，网络已经成为银行业的支柱，传统的银行业已受到网络银行的冲击。可以预见，在不远的将来，网络银行必将会对传统银行业构成威胁。网络的发展使信息跨越国家迅速传递，同时直接促进了金融产品创新，包括期权、期货等大量金融衍生工具的出现和各种银行业务、各种金融中介业务的发展。

积极做好金融产品的推介工作，提高企业融资能力，如打包放款、外汇贷款、保函、信用证、保理业务等；要探索开发信托投资产品，吸纳社会资金，以解企业资金短缺之困。

参考文献

[1]https://xueqiu.com/4060196778/69883613.

[2]田青.中国居民消费需求变迁及影响因素研究[M].北京：科学出版社,2016.

[3]李刚."中等收入陷阱"与中国现实[J].中国经济问题,2012(5).

[4]江静.中国企业储蓄率[J].经济理论与经济管理,2013(10).

[5]张明.中国政府高储蓄的成因分析和中期展望[J].财贸经济,2007(10).

[6]中国储蓄率50%世界第一居民储蓄率仅20%[N].人民日报.http://finance.ifeng.com/a/20140428/12208024_0.shtml

[7]中国的储蓄率有多高？[EB/OL].中国贸易金融网.http://www.sinotf.com/GB/News/1005/2016-12-01/html.

[8]https://rg.mbd.baidu.com/ip9eu95.

[9]https://wapbaike.baidu.com/item/3376851.

[10]郑永年.中等收入陷阱[EB/OL].新浪微博.http://finance.sina.com.cn/stock/jhzx/2017-04-04/doc-ifycwymx3747611.shtml.

[11]http://3y.uu456.com/bp_3vhpj0xwft0vngk59eot_1.html.

[12]https://zhidao.baidu.com/question/1369755498504837459.html.

[13]https://zhidao.baidu.com/question/278725986.html.

[14]http://finance.huanqiu.com/special/cul/.

[15]http://finance. qq. com/cross/20160524/O55HW714. html.

[16]黄礼康. 我国居民储蓄问题研究[D]. 东北财经大学,2016.

[17]https://wenku. baidu. com/view/2810c923ccbff121dd3683b8. html.

[18]田世祥. 中国高储蓄率成因及对策分析[D]. 上海:上海财经大学,2013.

[19]艾春荣,汪伟. 中国居民储蓄率的变化及其原因分析[J]. 湖北经济学院学报,2008,6(6).

[20]郭才. 我国居民储蓄存款来源构成分析[J]. 经济纵横,1997(9).

[21]周歌. 影响我国城乡居民储蓄存款因素的实证分析[J]. 现代商业,2015(9).

[22]易纲. 中国的货币、银行和金融市场:1984—1993[M]. 上海:上海三联出版社,上海人民出版社,1996.

[23]谢平,张怀清. 融资结构、不良资产与中国 M2/GDP[J]经济研究,2007(2).

[24]董克清. 我国理财产品市场的现状、特征及建议[J]. 经济与社会发展研究,2013(3).

[25]谭浩俊. 居民储蓄是否由猛虎变成病猫了?[N]. 保理日报,2018-05-21.

[26]齐天翔. 经济转轨时期的中国居民储蓄研究[J]. 经济研究,2000(9).

6　中国消费需求旺盛

[案例]

2017 年中国消费趋势报告

正如处于转型期的中国经济，中国消费者市场也在经历转型，推动消费增长的动力也将与过去完全不同。未来五年，上层中产及富裕阶层消费者、新世代消费者以及网络购物这三大新兴力量将深刻改变中国的消费市场。

三大动力催生五大新客群。在上层中产阶层及富裕人群、年轻消费新世代，以及线上线下融合这三大消费马车推动下，随着人口结构和社会的不断演变，人们的消费需求、生活方式和行为态度发生了很大变化，在中国社会中催生出越来越多新的细分消费客群。例如，全民消费时代的社会变迁催生出了“都市潮流男士”和“活跃的银发老年”等消费客群；单身潮流的兴起让“都市单身贵族”的新客群呈现出与其他消费者截然不同的独特需求；对体验和感受的注重和紧跟潮流风尚造就了“体验至上主义”和“渴望成为大师者”；高度连接和数字化的浪潮下，诞生了热衷“二次元”和“虚拟社交”客群等等。每种客群都有其独特的差异化需求，希望获得定制化产品和服务。“全民消费”催生年轻潮男和老年消费新客群。网购的扩张和多年消费品品牌的熏陶，意味着各个年龄层和消费群体消费普涨，消费不再只属于个别消费群，中国已经迎来了不分男女老少、打破年龄和性别界限的“全民消费”时代。

中国男性消费群体的崛起源于社会财富的积累，社会进步致使个人的社会身份日益多元化，更丰富的社会生活使得男性对非必需物质的渴求空前强大，成为男性消费在中国快速崛起的原动力。除了“潮男经济”以外，中国人口结构日益成熟，也让“银色经济”大行其道。中国人口老龄化已经成为不争的事实。官方调查显示，中国老年人口总量已超过2亿。过去10年间，中国老年人口的收入增加明显，消费结构已经出现从生存型向文化休闲型转变。46~55岁的中国新一辈老年人，与55岁以上的老一辈相比，出现了明显变化。新一辈老年人普遍更愿意走出家门、追求更丰富多彩的晚年生活，在旅游、培养兴趣爱好、从事返聘/志愿工作和体育锻炼偏好方面尤为明显，比老一辈高出十几到二十多个百分点。

单身族新客群具有完全不同的生活方式和需求。多方数据都表明，中国社会已经迎来了有史以来最大的一波“单身潮”；其他机构的研究结果显示，目前中国单身人口数量已近2亿，独居人口从10年前的6%上升到了16%，35岁以上依然单身的人群比10年前上涨了4倍多，达到21%。36%的单身女性表示，不结婚也很幸福；而高达80%的人表示，宁愿单身也不愿仓促结婚。随着主动选择单身人士的增多，“单身经济”开始大行其道。“单身女性经济”和“一人经济学”催生了一系列商机。企业有针对性地为单身客群定制产品和服务，将成为未来一大营销趋势，比如单人KTV，餐厅单人座位，小型冰箱和提供丰富进口产品的小型高端零售店，以及地产商推出精致的小户型和个性化设计居所等等。

崇尚健康绿色生活与环保并重客群的出现。民以食为天，食以安为先。近年来触目惊心的食品药品安全事件以及雾霾和水污染等问题屡见于媒体，让食品安全和健康成为人们最关心的话题。人们从关心自身健康，延伸到关心环境和可持续性发展的关注。根据 BCG 的消费者调研结果，在包含教育、社会保障等八项社会及环境消费指标中，对食品安全和医疗不满意的消费者占比最高，达到受访者的57%和47%。崇尚健康生活、注重环保和可持续理念的行为方式让“环保型消费者”成了冉冉升起的一大新客群。环保型消费者注意保护环境，购买了超过5类环保产品。他们具有绿色意识，已经或可能将绿色意识转化为绿色消费行为，希望通过自己购买环保产品的行为对他人和社会产生积极影响。阿里研究院的同一份报告也显示，互联网正在成为绿色消费领域新的主战场。尤其是近几年来，“环保型消费者”群体占阿里用户的比例从2011 年的3.4%，跃升至2015 年的16.2%，在数量上提高到6600 万人，4 年内增长了14 倍。绿色环保消费正在形成主流消费习惯，也让环保产品的价格溢价上升了33%。环保消费者新客群的出现对消费品市场具有重要意义，互联网有助于信息透明，绿色消费需求的释放势必将更好地引导企业注重可持续发展和绿色供给，倒逼产业升级与供给侧改革。

紧跟潮流的“体验至上者”和“渴望成为大师者”形成新客群。商品有形，服务无形，独创的个性化体验最令人难忘。不求天长地久，只求曾经拥有的体验至上消费客群，让许多受到互联网冲击的实体商业在逆境中找到了商机和生存之道，来精心设计和销售体验。而体验经济在中国出现了另一大分支，是愿意投资自己的兴趣爱好，并渴望在兴趣上有所建树，甚至达到“大师级”水平的消费者。继美国的橄榄球、日本的动漫、韩国的网游之后，中国的兴趣爱好者们也在逐渐形成产业链，成为拉动经济和消费的一股新兴势力。而近年来专业级甚至大师级照相机在摄影爱好者中的热卖，以及运动健身和烹饪类应用在手机上高达八九百万的活跃用户数量，也说明越来越多的人愿意花费金钱和时间提升自己的爱好水平，而且更愿意使用垂直类媒体和应用来精进自己的兴趣爱好。

数字化时代造就热衷二次元和虚拟社交客群。无论是“60后”“70后”“80后”这样的数字时代移民，还是数字时代的原住民——新世代“90后”消费者，现在都被卷入到数字化和高度连接的移动网络中。曾经将互联网视为洪水猛兽的家长，现在也都手不离微信。无论是学生、白领还是退休老年人，都每人一部联网的智能手机；拥有智能手机、笔记本电脑和平板电脑这“新三大件”，几乎成了数字化时代的标配。热衷二次元和虚拟社交新客群的出现，高度连接和对便捷度的需求，让这一客群面对的二次元世界与三次元现实世界充分融合，对他们而言虚拟和现实场景的边界已经变得十分模糊。例如，以前观看世界杯的球迷们，必须要到酒吧、餐厅等消费场景中，点上一打啤酒和三五朋友高谈阔论，才算过瘾。但在热衷虚拟社交的客群中，很多消费者将“啤酒社交”这一场景搬回家里，用手机应用在网上订购烧烤、啤酒，在网络上边观看现场直播，边用弹幕或者手机，与天南海北的球友互动，带来了新的消费模式和需求。曾经在大多数成年人眼中“不务正业”的网络小说、游戏、动画和漫画作为年轻人的娱乐手段，现在已经让越来越多这一客群的年轻消费者成就了他们的人生价值，带来了一系列新的商业机遇和周边产品。二次元产品终究还是要满足人们在三次元生活中的需求：一起看电影、一起吐槽。

改变带来的消费新趋势。消费行为和生活方式的改变，除了带动了新兴的客户群以外，也带来了新的消费趋势。阿里研究院及天猫率先利用大数据分析中国消费者升级趋势，挖掘出诸多消费行为变化亮点，可以用五大趋势词来概括：人设自由、独乐自在、乐活绿动、玩物立志、无微不智。从这五大趋势中可以看出，随着社会、文化、经济的快速变迁，中国消费者的自我认同、价值观以及生活和消费习惯都呈现出不同于以往的动态，发生了巨大变化。企业如果深刻洞察这些动态和变化，紧跟消费者趋势，能够探索更多新的增长点和潜在商机。

资料来源：BCG 波士顿咨询（ID：BCG_ Greater_ China）.

6.1 改革开放以来我国城镇与农村居民收入和消费总体趋势如何?

改革开放以来，随着我国经济的飞速发展，人民生活水平的不断提高，居民的消费结构也随之发生了很大的变化，居民消费结构的层级不断提高，消费总量不断增加，居民消费结构在优化的过程中不断地变动、调整。改革开放以来，我国物价水平逐年升高，年平均增幅为4.3%。居民消费增长是改革开放以来我国总需求增长最主要、最稳定和最安全的推动力。除个别年份，消费增量占经济增量的比重一般在60%左右波动。总消费中，居民消费的比重一直在80%左右，处于主导地位。消费需求作为最终需求，对经济增长起着直接和最终的决定作用。在市场经济条件下，我国经济增长的主要约束已经由短缺经济时代的供给约束转变为需求约束，决定生产规模和投资规模的主要因素转变为市场需求规模。从社会再生产来看，投资需求不过是中间需求，只有消费才是社会再生产的终点和新的起点。（见图 6-1）

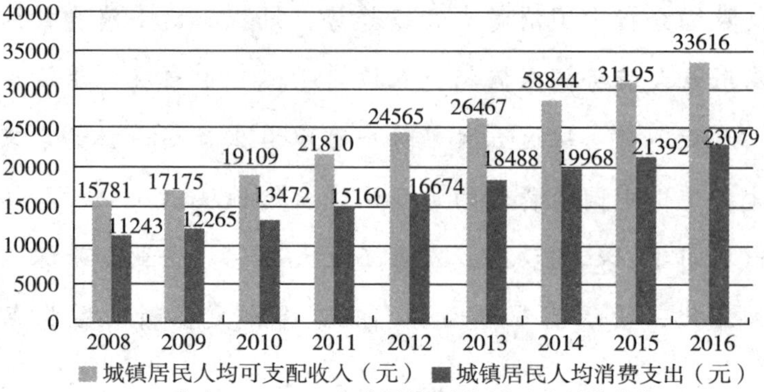

（a）2008—2016年中国城镇居民收入和消费趋势

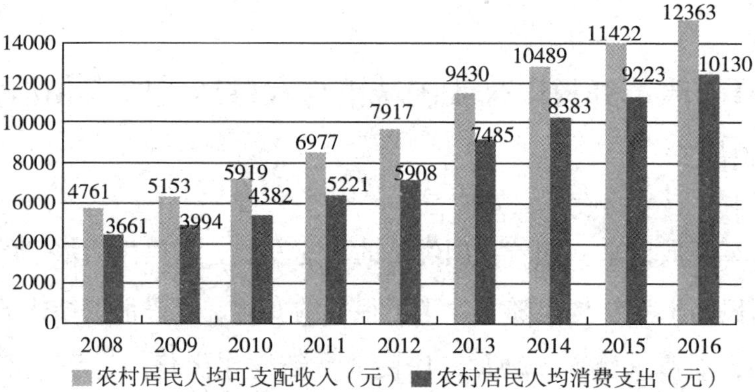

（b）2008—2016年中国农村居民收入和消费趋势

图6－1　中国居民收入和消费总体趋势

6.2　恩格尔系数的来源、含义及作用是什么？

（一）恩格尔系数的来源。19世纪，德国著名统计学家和经济学家恩格尔，依据自己对德国工人阶级社会生活状况的调查，也依据自己对英、法、德、比等国工人阶级家庭收入与支出的研究，发现低收入家庭花费在生活必需品上的支出，占其总收入的比重较大，而高收入家庭花费在生活必需品方面的开支，则占其总收入的比重较小。也就是说，随着人们收入的增加，或伴随人们富裕程度的上升，其家庭用之于购买生活必需品的开支占其总收入的比重，会随收入的增加而下降，而在非必需品方面的开支比重，则可能随富裕程度的增加而上升。

（二）恩格尔系数的含义。恩格尔的这一发现，被后来的研究者称之为恩格尔定律（Engle' s Law）。但在具体数据的应用上，由于较难确定“生活必需品”的概念，就出现了以食物开支代替“生活必需品”的趋向。因为人们在收入增长过程中用之于食物消费开支的增长额较小，故而其食物消费支出占总收入之比（这是一种恩格尔系数的计算法），或食物消费支出占总支出之比（这是另外一种恩格尔系数的计算法），就会随总收入或总支出的增加而逐渐降低。正因为如此，恩格尔系数才能够用来说明人们生活富裕的程度：如果一个家庭的恩格尔系数越高，其用之于购买食物的开支就越大，其用之于其他消费如娱乐、旅游或教育等方面的开支比例就相对较少，其生活的贫困程度就较大；而恩格尔系数越低，则证明一个具体的消费家庭用之于食物方面的开支比例就越低，其用之于其他消费如娱乐、旅游或教育等方面的开支就相对较多，其生活的富裕程度就较高。

（三）恩格尔系数的作用。恩格尔定律所揭示的这一准则，在经济学和社会学领域被广泛利用。美国学者奥珊斯基在研究了美国家庭的食物支出占其总支出的比重之后，绘制了一条使用于美国社会的恩格尔曲线。她在这条曲线上发现了一个转折点，并认为该转折点以下的家庭，就是富裕家庭，这个转折点就是0. 30的恩格尔系数。在奥珊斯基之后，恩格尔系数法被更加广泛地应用于测量一个家庭的贫困或富裕程度。经济学家钱纳里对101个国家的统计资料所做的统计回归分析表明，恩格尔系数随人均国民生产总值（GNP）的提高而下降，二者的相关系数高达0. 82。奥珊斯基与钱纳里的研究，在家庭微观层面和国家宏观层面分别验证了恩格尔系数的普适性。联合国根据恩格尔系数确定了一个划分贫富的标准。恩格尔系数在59%以上为贫困，50%～59%为温饱，40%～50%为小康，30%～40%为富裕，低于30%为最富裕。这个系数的优点是可以忽略社会调查中人们的瞒报和虚报行为。有些人因为种种原因要对调查人员少报自己的收入，还有些人或许要多报自己的收入以满足虚荣心。从消费结构之中估计恩格尔系数，可以在假定人们对各项消费支出项目都具有相等瞒报或多报成分的前提下，比较准确地计算出食品支出——这个最基本消费项目的比重，从而反映出人们的生活质量。一般来说，该项消费支出在总支出之中所占比重越大，则人们的消费水平越低；该项支出在总支出之中所占比重越小，则人们的消费水平越高。因为食品支出在总支出中的小比重，表示着人们在文化、体育、医疗保健、旅游休闲等方面的支出相对较大。

6.3　我国改革开放以来恩格尔系数变化如何?

我国改革开放以来恩格尔系数变化情况见表6－1。

表6－1　1980—2015年中国恩格尔系数变化情况

年份	农村居民家庭恩格尔系数（%）	城镇居民家庭恩格尔系数（%）
1980	61.8	56.9
1985	57.8	53.3
1989	54.8	54.5
1990	58.8	54.2
1991	57.6	53.8
1992	57.6	53
1993	58.1	50.3
1994	58.9	50
1995	58.6	50.1

续表

年份	农村居民家庭恩格尔系数（%）	城镇居民家庭恩格尔系数（%）
1996	56.3	48.8
1997	55.1	46.6
1998	53.4	44.7
1999	52.6	42.1
2000	49.1	39.4
2001	47.7	38.2
2002	46.2	37.7
2003	45.6	37.1
2004	47.2	37.7
2005	45.5	36.7
2006	43.0	35.8
2007	43.1	35.3
2008	43.0	35.8
2009	43.1	36.3
2010	43.7	37.9
2011	43.0	37.0
2012	39.3	36.2
2013	35.0	37.7
2014	35.6	37.9
2015	37.1	38.4

资料来源：相关年份《中国统计年鉴》.

6.4 改革开放以来我国居民收入和消费变化呈现什么样的态势？

2011—2015 年，我国社会消费品零售总额逐年递增，其中 2015 年为 3009310.0 亿元，同比增长 14.69%，消费对社会经济增长的贡献率达到 66.4%，比 2014 年提高了 15.4 个百分点（见图 6－2）。根据国家统计局数据，2015 年全年全国网上零售额 38773 亿元，比上年增长

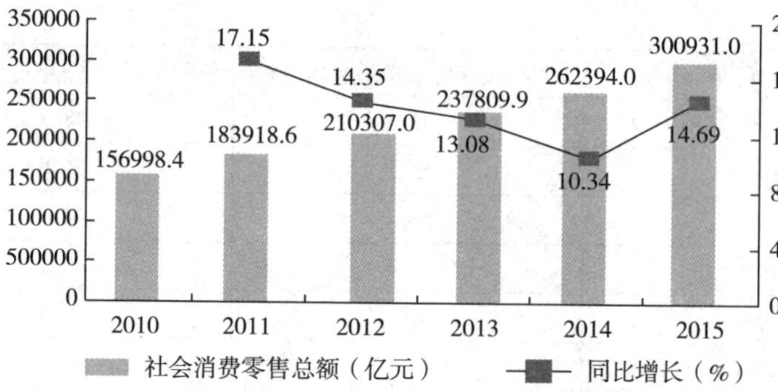

图 6－2　2010—2015 年的中国社会消费品零售总额走势

资料来源：相关年份《中国统计年鉴》.

33.3%。其中，实物商品网上零售额 32424 亿元，增长 31.6%，占社会消费品零售总额的比重为 10.8%；非实物商品网上零售额 6349 亿元，增长 42.4%。

（一）城镇居民的平均消费倾向整体呈现上升趋势；农村居民的平均消费倾向与城镇居民的平均消费倾向相比很稳定，波动不大。大多数年份，农村居民的平均消费倾向低于城镇居民；而城镇居民平均消费倾向的上升幅度大于农村居民平均消费倾向的升幅。

（二）食品消费支出比重变化对城乡居民消费结构变动的贡献是最大的，其次是交通通信。可见，恩格尔系数不断下降、交通通信消费支出在总消费支出中的比重快速上升，对城乡居民消费结构的升级起到了主导作用。

（三）整体而言，属于生活必需品的食品、衣着的消费比重不断下降，而住房消费比重不断上升，这主要是由于部分居民将住房作为保值、增值的投资品进行投资，导致房价快速、大幅上涨。属于享受型和发展型消费品的交通通信、医疗保健、教育文化娱乐用品及服务的消费比重呈现上升趋势，即城乡居民消费结构都在不断升级。在 1995—2000 年间，居民的消费结构已经出现了较大的转折点，当时食品对城乡居民消费结构变动贡献达到峰值，从而使得21世纪伊始，城镇居民的生活水平达到富裕型，而农村居民的生活水平也由温饱型迈进小康型。从中不难发现，现阶段我国城乡居民消费水平都呈现平稳的、快速的变动趋势。

6.5 改革开放以来我国居民消费持续增长的主要原因是什么?

消费函数是指反映消费支出与影响消费支出的因素之间的函数关系式。其中凯恩斯理论假定，在众多影响消费支出的因素中，收入是决定性因素。收入对消费有着决定性影响，而消费又对国民经济的发展有着极大的影响，所以最终通过消费来影响国民经济发展的其实还是居民的收入。改革开放以来，我国经济迅速发展，居民收入迅速上升，同时消费渐渐成为影响国民经济发展的重要因素，其中，根据凯恩斯绝对收入假说中提到的，在短期中，收入对消费支出有着决定性影响，所以努力提高居民的当期收入可以在短期内提高居民的消费需求，从而刺激消费供给，带动国民经济的发展。而收入的构成是由多种收入组成的，常规上来讲，大致分为工资性收入、经营性收入、财产性收入以及转移性收入等四种。这四种收入代表着四种收入来源，也代表着收入的难易程度，从常识上我们不难看出，转移性收入是成本最低的，但这属于政策性补助，门槛比较高，一般是很少以之作为主要收入来源的，是没有或者丧失工作能力，抑或失业的社会人员赖于维持基本生活的收入，是属于社会保障体系的。工资性收入是指通过提供劳务，经由薪酬体系发放的收入，是付出劳动后获得的收入；经营性收入是指商业买卖收入等经营性的收入，这两种收入都是劳动者或者经营者付出一定的劳作成本而获得的。而财产性收入类似于资本收益，是拥有的财富要素获得的收入，相对于工资性收入和经营性收入来说较为轻松一些，所以如果居民的财产性收入增加的话，会更倾向于消费。我国目前工薪收入和转移性收入在全部年收入中占据主导地位，财产性收入自身数额很小且来源渠道广泛。党的十七大报告中指出要“创造条件让更多群众拥有财产性收入”。同时，影响消费的除了收入以外，还有社会保障体系的完善程度。因为预防性储蓄理论认为，受未来收支不确定性的影响，消费者会减少当期消费而增加当期的预防性储蓄。而可支配收入因而受之影响而下降，继而减少消费，抑制国民经济的发展。所以，完善社会保障制度，尤其是完善失业保险制度能最大限度地减少城镇失业人员致贫现象的发生，从而减少居民的预防性储蓄来扩展消费。

6.6 如何推进中国零售业新业态的大发展?

随着消费需求的多元化发展，新型零售业态不断兴起，超级市场、专卖店、便利店等多种零售业态得到了迅速发展。尤其以电子商务（网上销售）为特征的第四次零售变革方兴未艾，给传统的有形零售业态模式冲击较大。加上跨国零售集团携雄厚的资本、技术、先进管理经验快速进入国内扩张，使零售业竞争格局越来越激烈。零售业并购重组活跃，行业加速整合和重构，一些资金实力薄弱，市场竞争力和抗风险能力不强，虚假繁荣的中小超市等零售企业，在进行连锁经营的扩张中可能因资金链断裂而导致企业破产。中国零售业态百花齐放表现在业态形式已突破往昔传统业态（百货店）一统天下的格局，而出现多种新的业态。国家内贸局在《零售业态分类规范意见》中按零售店的经营方式、商品结构、服务功能、目标客户等结构特点，将零售业态分为八类：百货店、超级市场、大型综合超市、便利店、仓储式商场、专业店、专卖店、购物中心。国内目前的零售市场上，百货店等传统业态仍占有一席之地，从一定程度上看，仍然居于主流业态地位。但从发展趋势来看，大型综合超市等新业态将全面赶超百货商店等传统业态，进入重组、扩张、创新的新时期。零售业态在空间上的摆布已一改往昔城市—中心的状态，而出现“边缘崛起”、区域性零售分中心与市中心并存、选购品经营在城市或区域性商业中心、便利品经营在邻近居民集中居住区布点的迹象。

6.7 对于目前中国零售产业的发展现状，该怎样做才能做得更好？

一是小业态将得到更多的发展。这里的小业态是相对于大卖场的大而全而言的，以便利店为代表的更多专卖店、专业店、主题店、折扣店等小业态将不断裂变细分，雨后春笋般出现并如春风化雨一样渗透进人们的生活。小而美，小而精，小而暖切合的恰恰是人们对更好、更精致、更有文化内涵的向往和对慢生活的期待。可以说，社会不断发展，生活水平不断提高，小业态有不可限量的发展空间，值得我们期待。

二是零售店的客群变化将更进一步细分。网络购物动动手指，坐等货到家，实体店购物需要现场提袋，从顾客的数据分析可以发现，网络购物对象更多是偏年轻化的，而实体店里中老年顾客是主流，这就使得我们要针对不同的顾客群体做商品组合。你的商品不可能卖给所有人，零售要思考的生意逻辑一定是：我的顾客是谁？在哪里？怎么来？想要买什么？怎么让他买到？怎么让他买得高兴？因此，无论大店小店，都要更好地去关注客群的变化，做好消费者的调研，确保自己能清晰地回答上述的逻辑问题。只有把顾客搞明白了，才能把生意做好。

三是互联网科技的借鉴与落地。越来越多的实体店接入了支付宝和微信支付，支付手段的互联网化是实体店对互联网技术的一个明确认可，顾客需要，门店就要有，没必要搞什么虚实斗争，抢生意要靠内功不是靠粗暴的敌对，未来可以预见的是，虚实零售在科技手段和工具方面会有更多结合。互联网时代的重要特点就是要“便利”，因此，只要有利于便利、安全、高效，实体店将落地更多科技手段。

6.8 面对网络购物领域问题频发的现象，该如何维护消费者的权益?

随着科技的发展，计算机技术的进步，互联网时代的到来，我们逐渐进入了全民网络购物消费时代。网络购物渗入到我们的生活中，为消费者提供了更多的便利，也为国民经济的发展提供了新的动力。但在网络购物的过程中也出现了一系列问题，如消费者知情权受限、虚假促销、信息泄露以及售后无保障等。根据数据统计，消费者在遇到问题后，选择向卖家协商的人数最多（见表6－2）。

表6－2　网购遇到问题消费者会选择怎样做

方式	忍气吞声	向卖家协商	向电商平台官方客服投诉
比例	16.3%	74.5%	9.2%

资料来源：https://wenku.baidu.com/view/c00f5c3afe00bed5b9f3f90f76c66137ee064fa5.html.

消费者要树立网上消费自我保护意识。在购买商品之前，尽量选择信誉度高的好评较多的店家，寻找规模较大、正规的店铺购买商品。消费者在购买之前，要充分了解商品的信息，选择性价比高的商品，不要贪图小便宜。消费者最好选择大型、正规、信誉度高的网购平台，并保留好与商家的聊天记录、订货单、发货凭证等相关证据，以便发生消费纠纷时方便维权。

商家要规范自己的行为。网上消费平台的商家要提供合格优质的商品。要通过自己的实力提升美誉度，赢得好评。在消费者购买之后，店家要提供及时的售后服务，以保证消费者购买到的商品有完整的服务。

政府要完善法律制度，加强监督力度。政府严格管理网购环境，维护消费者权益。在立法方面，要建立和完善网络交易的监管维权法律。要加强监管力度。不仅需要法律的制约，更需要政府等相关机构的制约。确立网上交易统一的监管部门，由工商部门统一行使网上监管，切实保护消费者的合法权益不受侵害。

随着网络技术的发展，网络购物凭借其丰富的商品以及购买方式的便捷，受到人们的青睐。但因为网络购物处于虚拟环境中，消费者权益极易受到侵害，所以保护消费者权益是现代社会必不可少的任务。维护消费者权益，消费者要强化自我保护意识；商家要规范自己的行为，做良心商家；政府要立法执法，监督网络环境。通过三方的共同努力，营造良好的网络购物环境，切实保护消费者的合法权益。

6.9 关于借钱容易还钱难，消费贷成无底洞的现象，我们该如何树立正确的消费观?

近年来，各种各样的消费贷的出现如雨后春笋一般迅速蔓延开来。尤其是在大学校园中，消费贷的盛行让许多缺乏金融风险意识及社会经验的大学生吃了不少苦头。随着时代的变化，跟以前相比，当下的大学生读大学不再只是纯粹地为学习知识、技能，也将读大学当成一种生活方式。随着消费时代的到来，大学生的消费观念越来越开放。为了购买某些当前财力一时难以购买的物品，或者是想进行创业，一些大学生有了相应的金融借贷需求。但问题在于，很多大学生有借贷需求，却并不具备认清借贷、规避风险的能力。一些不规范的借贷平台，就抓住了大学生的这一弱点，降低贷款门槛、隐瞒资费标准、诱导过度消费，使他们陷入借贷陷阱，拆东墙补西墙，在泥淖中难以自拔。这样的消费行为是不可取的！

过度依赖消费贷，容易引发同学之间相互攀比及过度消费、超前消费的可能，大学生的经济来源更多的是父母给予的每月基本固定的生活费，若形成了不好的消费观念，在无法满足自己需求的基础上，就可能会通过一些贷款渠道进行借款，进而可能引发酗酒、不正当交友、赌博等不良习惯。那我们该如何树立正确的消费观呢？首先，学会先储蓄，后消费。每个月拿到生活费以后，先存下生活费的5%～10%，然后再进行消费。如果还担心控制不住自己买买买的欲望，可以把它们存成定期，或者放在流动性较差的账户中，比如是余额宝的“心愿储蓄”。这样，倘若少了这一点点钱也完全不会让你的生活质量变差，反而会让你逐渐摆脱“我要没钱了”的不安，开始体验存款增长的乐趣。等你习惯少花这部分钱了，可以再慢慢增加比例，存下20%、30%甚至更多。其次，学会记账。记账可以帮我们管理自己的消费记录。记账最重要的是分析账目，知道自己的钱都花到哪里去了，其中哪些地方是原本不需要花的。最后，告别提前消费。你最好关掉蚂蚁花呗、京东白条，还有信用卡。花呗一类借贷服务最可怕的地方在于，当你花掉一笔钱的时候，你看不到自己银行卡里的余额减少了，从而产生一种“我还有很多钱”的错觉，以致在你遇到心动的商品时几乎会不假思索地下单消费。

6.10 消费者个人信息泄露的危害有哪些?

随着互联网技术的发展，消费者个人信息泄露的现象越来越严重，这给消费者带来了不可预估的损失，给很多人增添了不少的麻烦。其中，有许多危害，一是不法分子利用非法渠道获得的信息敲诈勒索，恐吓威胁消费者。二是不法分子利用非法渠道获得的信息跟踪调查，报复要挟当事人。三是不法分子利用非法渠道获得的信息实施电信诈骗等新型的、非接触式的作案方式。四是不法分子非法调查公司，利用非法获取的信息进行非法商业竞争。五是不法分子利用公民个人信息调查婚姻、滋扰民众。那么，我们如何防止个人信息泄露呢？作为消费者我们需要增强隐私意识，不轻易泄露自己的个人信息，不随意填写问卷，更不要贪图小便宜，毕竟天下没有免费的午餐。可能你不经意留下的信息，就会被不法分子利用。政府需要加强立法与监督，树立相关法律严惩非法窃取消费者个人信息的不法分子。

6.11 外卖送餐安全问题该如何保证?

近年来随着百度外卖、美团外卖、饿了么等网络订餐平台的兴起，“网络外卖配送”这个新兴群体的规模与日俱增，整个市场呈现一片欣欣向荣之势。中国消费者协会在京召开情况通报会，通报了2016年网络外卖订餐服务体验式调查结果。第一财经商业数据中心（CBNData）和在线外卖订餐平台饿了么联合发布了《食知有味·2016在线外卖消费大数据洞察》，指出外卖配送存在很多安全问题。一是车辆安全性能缺乏保证。现在外卖配送的车辆绝大多数是由配送员自己提供，部分电动自行车是通过组装、改装甚至于拼装而成的，一些产品质量存在着严重缺陷，再加之部分电动自行车制动不良，车辆稳定性差，速度快，由此带来诸多交通安全隐患，给他人的生命财产安全带来极大危害。二是违法行为普遍存在。抢到订单的送餐员，必须在规定的时间内将食品送到顾客手中。如果出现迟到，会遭到顾客的投诉甚至被扣钱。在上下班高峰时段配送时经常会遇到红灯，甚至堵车，为了更快送单，配送员们不得不加快车速，缩短路上时间。在利益的驱使下，不少配送员盲目追求效率，闯红灯、不按车道行驶、强行超车、逆向行驶等各类交通违法行为层出不穷，严重破坏了正常道路交通秩序。三是企业忽视交通安全教育。外卖配送企业日常管理的重点仅在于外卖能否顺利快速送至客户手中，对于在配送过程中员工是否能做到自觉遵守交通规则、是否能保障自己和他人的交通安全关心很少。四是企业内部对于交通安全方面缺乏相应的考核制度，没有规矩不成方圆，公司重业绩轻管理的理念客观上纵容了员工交通违法行为的频发及交通事故的高发，给交通管理带来巨大压力。五是行业也缺乏有力的监督管理。外卖配送行业的蓬勃发展主要在近几年，相对于传统的客货运输来说属于新兴行业，而且配送车辆绝大多数是群众眼中普遍使用的电动车，相关职能部门未能及时跟上时代的发展，尚未真正意识到其中存在的交通安全隐患，行业缺乏有力的监管。

6.12 为什么说消费正成为中国经济稳定发展的“压舱石”？

中国是一个有着 13 亿多人口的消费市场，从长期来看扩大消费需求必将成为刺激经济增长的主要手段。从 1981—2005 年各要素的平均贡献率来看，居民消费平均贡献率为 48.28%，政府消费平均贡献率为 11.99%，投资平均贡献率为 35.81%，净出口平均贡献率为 4.74%。居民消费和投资需求是拉动 GDP 增长的主要力量。1981—2000 年，居民消费对 GDP 的贡献率高出投资对 GDP 的贡献率；2001—2005 年，居民消费对 GDP 的贡献率急剧下滑，最低下滑至 2003 年的 27.5%，而投资对 GDP 的贡献率迅速上升，最高上升至 2003 年的 66.87%。2013—2017 年，全国居民人均可支配收入年均增长 7.4%，高于同期 GDP 增速 0.3 个百分点，居民消费加快升级，医疗保健和教育文化娱乐等支出保持两位数增长。消费对经济增长的贡献率，自 2012 年以来连续 6 年占比超过 50%。2017 年，最终消费支出对经济增长的贡献率为 58.8%，比 2007 年提高 13.5 个百分点。最终，消费对经济发展的基础性作用不断增强，成为经济稳定运行的“压舱石”。

6.13 中国电子商务市场表现及特点有哪些?

据数据分析，2017 年，中国电子商务市场表现抢眼。比如，全国电子商务交易额达 29.16 万亿元，同比增长 11.7%。其中，商品类电子商务交易额 16.87 万亿元，同比增长 21%，比上年提高 8.7 个百分点；服务类电子商务交易额 4.96 万亿元，同比增长 35.1%，比上年提高 13.2 个百分点。全国网上零售额达 7.18 万亿元，同比增长 32.2%。其中，实物商品网上零售额 5.48 万亿元，同比增长 28%，占社会消费品零售总额的比重达 15%。并且电子商务服务业营收规模达 2.92 万亿元，同比增长 19.3%。其中，平台服务业营收规模达 5027 亿元，同比增长 25.7%。农村网络零售额达 1.24 万亿元，同比增长 39.1%。其中，农村实物类商品网络零售额 7826.6 亿元，同比增长 35.1%。海关验放跨境电子商务进出口商品总额达902.4亿元，同比增长80.6%。其中，出口为336.5亿元，同比增长41.3%，进口为565.9亿元，同比增长120%。电子商务的发展也缓解了就业问题。2017年，中国电子商务就业人员达4250万人，同比增长13%。电子商务仍然是创业创新的重要选择，为农村剩余劳动力、返乡创业青年、退伍军人、城乡残疾人开辟了就业新途径。

2017年，中国电子商务发展呈现四个特点：首先是引领数字经济，壮大发展动能。大数据、云计算、人工智能、虚拟现实等数字技术为电子商务创造了丰富的应用场景，不断催生新营销模式和商业业态。其次是促进全面开放，拓展全球协作。2017年，我国与7个国家建立双边电子商务合作机制，推进十余个自贸协定电子商务议题谈判，积极参与亚太经合组织、上合组织、金砖国家、二十国集团、世贸组织等多边贸易机制和区域贸易安排框架下电子商务议题磋商。再次是推动深化改革，优化规制环境。电商立法取得新进展，电子商务示范体系持续完善，商务部对全国100家国家电子商务示范基地开展综合评估，组织238家电子商务示范企业签署诚信经营承诺书。最后是助力乡村振兴，加快精准扶贫。2014—2017年，累计建设电子商务进农村综合示范县756个，其中，国家级贫困县499个，覆盖率达60%。企业层面，阿里巴巴、京东、苏宁、一亩田、食行生鲜、乐村淘、云田等电子商务企业积极响应商务部号召，在解决部分地区鸡蛋、水果“卖难”上开展了大量工作，取得了积极成效。20多家电商企业开设了“扶贫频道”，贡献出宝贵的流量资源，帮扶贫困地区农产品销售。

6.14　何为共享经济？其前景如何？

共享经济，一般是指以获得一定报酬为主要目的，基于陌生人且存在物品使用权暂时转移的一种新的经济模式。其本质是整合线下的闲散物品、劳动力、教育医疗资源。共享经济的主要特点是，包括一个由第三方创建的、以信息技术为基础的市场平台。这个第三方可以是商业机构、组织或者政府。个体借助这些平台，交换闲置物品，分享自己的知识、经验，或者向企业、某个创新项目筹集资金。共享经济的五个要素分别是：闲置资源、使用权、连接、信息、流动性。共享经济的关键在于如何实现最优匹配，实现零边际成本，要解决技术和制度问题。

2017 年，我国共享经济市场交易额约为 49205 亿元，比上年增长 47.2%。其中，非金融共享领域交易额为 20941 亿元，比上年增长 66.8%。2017 年，非金融共享领域市场交易额占总规模的比重从上年的 37.6% 上升到 42.6%，提高了 5 个百分点。从近两年的数据可以看出，融合发展趋势明显，分享的基因将越来越多地注入实体企业创立、用工、研发、设计、生产、销售、服务等各个环节。制造业领域分享经济刚刚起步，未来几年有望迎来爆发式增长。分享经济将进一步提升就业岗位的创造能力和就业市场的匹配能力，增加大量灵活就业岗位。分享经济的发展将有效对冲经济增速放缓、技术进步带来的就业挤压效应。分享经济将重塑社会组织和分工，“公司 + 员工”将在越来越多的领域被“平台 + 个人”所替代。大国市场优势、网民红利、转型机遇的三重利好叠加，大大加快了中国分享经济企业从模仿到创新、从跟随到引领、从本土到全球的进程。分享型企业加速全球化布局。生态化扩张将成为越来越多的分享型企业的战略选择。综上所述，共享经济具有广阔的前景，发展将越来越好，值得人们提倡、实践。

6.15 如何扩大农村居民的消费，拉动经济增长呢?

总体上看，现阶段我国农村消费市场还处于市场发育的初级阶段，农村居民消费需求不足。与城市消费市场相比，农村消费市场存在着整体购买力弱、消费水平低、消费结构单一、消费环境差等特点。

目前，我国农村居民人均纯收入比较低。2017 年，全国居民人口可支配收入 25974 元，比上年名义增长 9.0%，扣除价格因素，实际增长 7.3%。其中，城镇居民人均可支配收入 36396 元，增长 8.3%，扣除价格因素，实际增长 6.5%；农村居民人均可支配收入 13432 元，增长 8.6%，扣除价格因素，实际增长 7.3%。农村居民家庭恩格尔系数（即居民家庭食品消费支出占家庭消费总支出的比重）为 47.2%，仍属于温饱水平；城镇居民家庭恩格尔系数为 37.7%，属于小康水平。按年人均纯收入低于 25974 元的标准，年末农村绝对贫困人口为 2610 万人；按年人均纯收入 35974 ~ 36396 元的标准，年末农村低收入人口为 4977 万人。农村居民仅占城镇居民家庭人均可支配收入的 31%。农村居民人均纯收入比较低的同时还有相当数量的低收入人口、绝对贫困人口，农村居民整体购买力弱。

如何营造良好的政策环境实行正确的收入分配政策和消费政策，增加城乡居民收入，改善消费环境，不断扩大消费，特别是扩大 9 亿多农民的消费，拉动经济增长呢？要想拉动农民的消费，首先要让其具有消费的能力和消费的信心。因此，伴随着这一发展构想的实施，要有一系列新的利农措施出台，现行的一些不利于形成良好消费环境的公共政策必须改变。只有切实增加农民收入，让他们不再担心看不起病、子女上不起学，免除其后顾之忧，农民才能真正敢于适度消费，进而拉动经济增长。调整一些有失偏颇的农民就业、工资等政策。调整过低的农民工工资标准、建立较完善的农民工劳动权益保障制度。

参考文献

[1]赵红莉. 网购遭遇消费纠纷如何维权市场监管部门支招[N]. 朝

报融媒,2017－12－21

[2]马越.网络购物碰到问题怎么维权[N].法制日报,2017－03－15.

[3](美)迈克尔·R.所罗门.消费者行为学[M].第8版.卢泰宏,杨晓燕,译.北京:中国人民大学出版社,2009.

[4]卢泰宏.消费者行为学——中国消费者透视[M].北京:高等教育出版社,2005.

[5]赵蕾.谈以消费者为中心的市场学战略[J].商业经济研究,2015(28).

[6]刘志月.个人信息泄露成网络消费大痛点[N].法制日报,2018－05－13.

[7]王薇.消费者最担心个人隐私泄露[N].北京青年报,2017－03－16.

[8]刘勇.直复营销企业整合营销管理模式研究——基于顾客关系管理[J].现代商贸工业,2014(23).

[9]石秀珠.整合营销在中国市场的实现途径探讨——从营销终点到营销起点[J].商业经济研究,2015(09).

[10]党俊武.老龄蓝皮书:中国城乡老年人生活状况调查报告(2018)[R].北京:社会科学文献出版社,2018.

[11]班娟娟.老龄人口消费热点不断形成[N].经济参考报,2018－05－16.

[12]王燕.中国居民消费对经济增长贡献的分析[J].财经界,2017(04).

[13]徐肖冰.扩大我国农村消费需求的对策[J].黑龙江金融,2009(02).

[14]唐鸿铃,雷亨顺.居民消费对经济拉动作用分析[J].统计与决策,2005(11).

[15]骞芳莉. 中国电子商务发展报告(2017)[R]. 2018－05－29.

[16]共享经济. 搜狗百科网. https://baike.sogou.com/m/fullLemma?lid=66515637.

[17]国家信息中心分享经济研究中心与中国互联网协会分享经济工作委员会. 中国分享经济发展报告(2017)[R]. 2017－02－28.

[18]王星闽. 我国农村消费的现状及对策思路研究综述[J]. 理论建设,2011(02).

7 中国老龄化社会问题

[案例]

2017 年中国人口老龄化现状：65 岁以上老年人口占总人口 11.4%

中商情报网讯：目前，中国已经成为世界上老年人口最多的国家，据国家统计局最新数据，60 周岁及以上人口 24090 万人，占总人口的 17.3%，其中 65 周岁及以上人口 15831 万人，占总人口的 11.4%。当一个国家或地区 60 岁以上老年人口占人口总数的 10%，或 65 岁以上老年人口占人口总数的 7%，即意味着这个国家或地区的人口处于老龄化社会。中国老年人口比例严重超标。据悉，2000 年时，中国 65 岁以上老年人口占比 7%，此后不断攀升。2005 年中国 65 岁以上老年人口突破 1 亿人，达 10055 万人。2007 年中国 65 岁以上老年人口占比 7%，2016 年中国 65 岁以上老年人口突破 1.5 亿人。2017 年中国老年人口进一步增长，达到 15831 万人，65 岁以上老年人口占比飙升至 11.4%。据悉，近十年，中国 65 岁以上老年人口不断增长，同比增速由 2008 年的 3.0% 增长至 2017 年的 5.5%。

最近几年，上海白领王东发现，他们楼下跳广场舞的队伍里，银发老人的身影正在越来越多。每次去医院，他都发现排队就诊的队伍大多

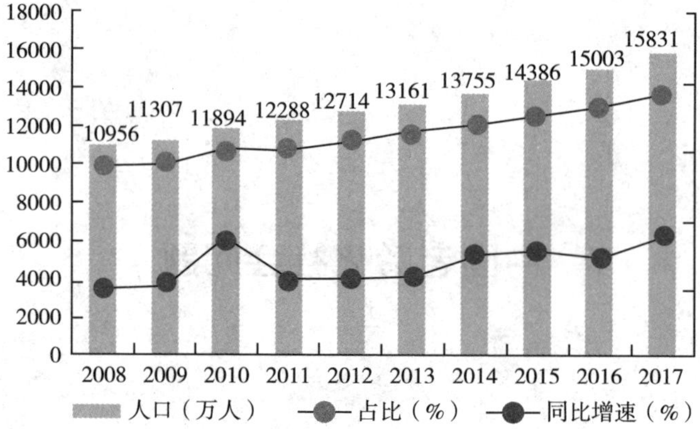

图7-1 2008—2017年中国65岁以上老年人口统计

资料来源：国家统计局中商产业研究院整理.

是老年人；而在非上班高峰期的公交车、地铁上，老年人同样也占大多数。王东得出的结论是：上海的人口老龄化正在加剧。

上海市统计局最新发布的数据验证了王东的直觉：截至2017年12月31日，上海户籍60岁以上老年人口为483.60万人，比上年增加25.81万人；老年人占户籍总人口的比重较上年增加1.6个百分点，达到33.2%。这意味着，上海每三个户籍人口中，就有1个是60岁以上的老年人。上海的人口拐点已过？人口老龄化的背后，是上海人口自然增长率长期处于负增长。1995年，上海人口自然增长率为-2.06‰，在随后二十多年中，仅有的3次正增长分别出现在2012年、2014年和2016年，但即便是增长最快的2016年，上海人口自然增长率也只有0.5‰。与此同时，近年来上海的外来人口也表现出减少趋势，例如在2017年，上海常住人口减少1.37万人，这一数字与新增的25.81万老年人口形成明显反差。

隶属于国务院发展研究中心的刊物《中国经济报告》刊文指出，如果上海的常住人口不再流出，且生育率稳定在1.0，那么2017年到2040年之间，上海出生人口240万人，死亡480万人，到2040年时，上海总人口将会降到2200万人，届时，上海需要吸引300万移民才能让人口达到2500万人。但第六次人口普查数据显示，上海的人口生育率仅有0.7，这一数据和辽宁、吉林、黑龙江处在同一水平线上。

上述文章还指出，1980年上海人均GDP是全国的6.1倍，到2002年，是全国的3.6倍，在当时，湖南、四川、安徽等地的人均GDP分别还不到全国的66%、59%、57%，因此，上海对外地人有强大的吸引力。但到了2016年，上海人均GDP只是全国的2倍，这个数据还将保持下降趋势，而湖南、四川、安徽的人均GDP已分别升至全国的83%、72%、71%，这个数据还将提升，因此，随着收入差距的缩小，上海无力再吸引到300万移民。目前，上海已是中国户籍人口老龄化最严重的地区，33.2%的老龄化比例，远超排名第二的北京（23.40%）和第三的天津（23.35%）。据上海市老龄科学研究中心主任殷志刚预测，到2030年，上海户籍人口中将有40%是老年人，到2040—2050年，上海60岁以上老年人占比将达44.5%，老龄化比例超过日本的42.7%，成为全球老龄化程度最高的城市之一。

资料来源：时代财经．https：//item. btime. com/m_ 9153c19c890c6c23d. 有改动．

7.1 我国人口老龄化的主要特征有哪些？

回顾历史，如果说1982年在音乐之都维也纳举办第一届世界老龄问题大会的当时，主要是一些发达国家经历着人口老龄化所带来的一系列问题，那么到了21世纪，人口老龄化已经是全球化的现象了。根据联合国数据，从现在到2050年，老龄人口将从6亿人增加到近20亿人，60岁以上的人口将超过15岁以下的青少年人数。其中，发展中国家的老龄人口预计将是现在的4倍。这一特殊变化将对全世界各国的每个社区、团体和个人产生影响。在过去30年里，全球人口结构正在经历前所未有的转型过程，但建立一个适合全人类所有男女老少居住的和谐老龄社会依然是我们的根本目标。人口老龄化是不可阻挡的世界性潮流。人口老龄化问题已经成为发达国家和发展中国家共同面对的挑战。

人口老龄化是个全球性问题，我国在2000年时，60岁及以上人口占总人口的比例达到了7%，这标志着我国进入了老龄化社会。到2012年，我国60岁及以上人口占总人口的比例为14.3%，这说明我国处于快速老龄化阶段。（见图7－2）

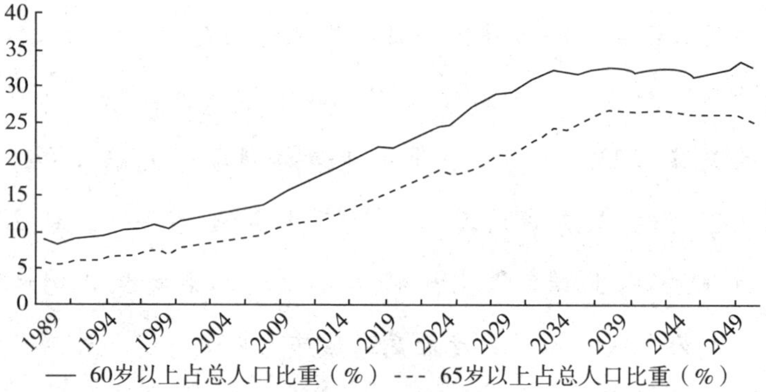

图7－2　中国人口老龄化趋势预测（一）

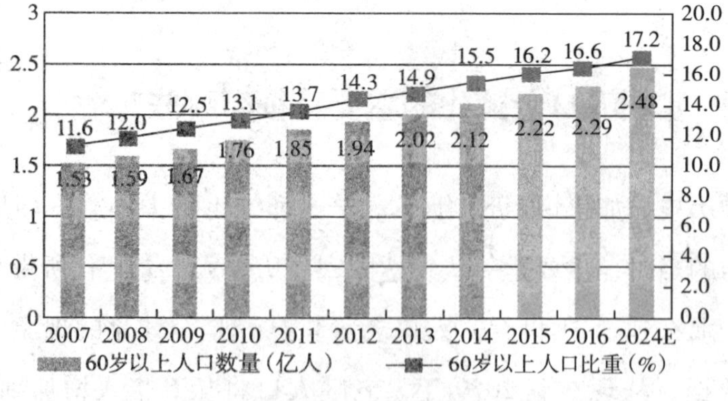

图7－3　中国人口老龄化趋势预测（二）

据统计，我国2015年60岁及以上人口达到2.22亿人，占总人口的16.2%。预计到2020年，老年人口达到2.48亿人，老龄化水平达到17.2%，其中80岁以上老年人口将达到3067万人；2025年，60岁以上人口将达到3亿人，成为超老年型国家。考虑到20世纪70年代末计划生育工作力度的加大，预计到2040年我国人口老龄化进程达到顶峰，之后，老龄化进程进入减速期。（见图7－3）

7.2 人口老龄化的不利后果有哪些？

人口老龄化，意味着老年人口在总人口中所占的比例越来越大，而且达到了一定的规模和程度。一是增加的这部分老年人口，由于机体抵抗力的减弱和城市污染的增加，就会滋生疾病，从而增加城市的医疗消费。而老年人生病一般不敢轻易地自己购药治疗，而会主动求医治疗。所以财政对医院的转移支付机制尚需完善。二是会减少劳动力供给，降低劳动生产率。有效劳动力供给是确保经济发展的基本保障，人口红利是我国保持长期快速发展的重要因素。而人口老龄化尤其是劳动人口的老龄化则会导致适龄劳动力比重下降，使我国丧失劳动力资源的优势。三是会制约经济产业结构调整。我国目前正处于劳动密集型产业向资本、技术密集型产业转变的关键时期，需要大量懂技术、有文化、掌握多重技能的复合型创新人才的支撑。而进入人口老龄化社会，必然伴随着大量劳动力随着年龄增长而出现创新能力、适应能力、知识更新能力的减弱，制约新兴产业的发展和产业结构的调整。四是导致劳动年龄人口负担加重。五是会减少社会储蓄。社会储蓄是经济建设投资的基本保障，随着老年人口的增加及老年人收入的减少，其更倾向于消费，从而导致社会储蓄的减少，并引起社会投资的减少，而影响经济发展。总而言之，我国人口的快速老化和庞大的老年人口群体，必然给我们的社会经济带来严峻挑战。根据我国的情况，这种严峻的挑战主要体现在对社会生产发展和对国民收入分配上的不利影响。一方面，人口老龄化不利于劳动生产率的提高，从而不利于社会生产的发展；另一方面，人口老龄化意味着越来越多的老年人口退出劳动岗位，劳动力人口减少，这会对国民收入分配带来两个影响，一是减少国民收入总额，二是增加国民收入中用于老年人口的扶养费用。

7.3 人口老龄化的机遇在哪里？

但是，在看到人口老龄化带来的消极后果的同时，我们也不能忽视老龄化社会中蕴藏着的机遇。我国的老年人口多，老年人的特殊需求也会多，所以我们必须抓住老龄产业带来的机遇，大力发展“老龄产业”，使之成为新的经济增长点。我们可以大力生产、开发老年用品，促进老年用品市场的发展；提供家庭劳务和医疗保健服务，促进护理服务的产业化；为老年人提供娱乐与学习的条件，促进娱乐、旅游与教育业的发展；提供能满足老年人特殊需求的建筑设施，促进我国建筑业的进一步发展。此外，人口老龄化还对个人和商业咨询、金融产品和金融服务、抗衰老产品等提出了大量的需求，加强这些方面的工作，同样也是大有可为的。

7.4 中国人口老龄化现象产生并越来越严重的原因有哪些？

20 世纪 70 年代初期，中国政府计划生育政策的推进。1978 年以后，计划生育已成为中国的一项基本国策。计划生育有效控制了人口的高速增长，降低了人口的出生率，使我国人口一直维持在较低的增长水平上。到90年代后，中国的出生率和死亡率都明显大幅度下降，自然增长率也下降而后趋于平缓。

死亡率降低，平均预期寿命增加。2000年，第五次全国人口普查结果显示，中国人口预期寿命已达到71.4岁，比1990年增加2.85岁。这是因为，自改革开放以来，经济迅速发展，医疗科技水平快速提高，人们更加关注养生和健康的问题，许多疾病也不再是“不治之症”，人们的生活水平得到了极大的改善，从而使得我国死亡率迅速降低，人口寿命延长。

晚婚晚育思想的普遍接受和提倡。随着教育水平的提高和发展，年轻一代尤其是女性的思想发生了剧烈的转变和进步。女性尤其是在一、二线城市发展的女性的家庭和婚姻观念逐步弱化，而“丁克家庭”的增多，即人们观念的变化让老龄化问题更加突出。人口老龄化从快速到加速再到重度老龄化和高龄化已经势不可挡。同时，育儿费用提高，生产生活节奏加快，生活压力加大，亦造成生育率不断下降。

7.5 我国该如何应对人口老龄化?

提高对老龄化问题的认识。要加强舆论宣传和领导，强调舆论宣传和领导，强调中国人口老龄化趋势加快的严峻性、对社会经济发展影响的紧迫性，增强全社会的老龄意识。

（一）提高法定退休年龄。一是老有所为，于健康有益，延年益寿是社会进步与发展的重要标志。二是能有效合理使用人力资源。根据社会需要和自愿量力的原则，鼓励和引导老年人从事教育传授、社会公益事业、社区服务和自我服务等活动。对于从事教育、科研、医务工作和有其他特殊专长的老年高级专业技术人才，按规定和需要适当延长退休年龄，为他们继续发挥作用创造条件。有条件的老龄工作机构可帮助把退休的专家学者、企业家组织起来，让他们为企业界充当顾问，提供咨询服务。三是变隐性就业为显性就业既不新增就业压力，又能客观反映我国从业人员结构及就业状况，实现提高劳动年龄人口就业率目标向提高总人口就业率目标的过渡，以促成整体国力水平的提高和社会福利的增进。

（二）健全老年人社会保障制度。积极发展老龄产业，开拓老年消费市场。面对老年人口日益增长的问题，我国应建立多层次、全覆盖的老年人保障体系和养老保险制度，为老年人的生活提供保障，同时也能减轻年轻人的养老负担。老龄产业作为老年保障事业的重要组成部分，它的发展标志着一个国家文明和社会进步的程度。有利于完善劳动力市场，根据人力资源合理配置和有效使用原则开拓新的就业渠道，发掘新费源，实现保费的潜在收入水平。

7.6 国家全面放开二孩政策足以应对人口老龄化吗？

2011 年 11 月，中国各地全面实施双独二孩政策；2013 年 12 月，中国实施单独二孩政策；2015 年 10 月，中国共产党第十八届中央委员会第五次全体会议公报指出：坚持计划生育基本国策，积极开展应对人口老龄化行动，实施全面二孩政策。这些政策的实施一定程度上缓解了人口老龄化。

中国共产党第十八届中央委员会第五次全体会议审议通过了《“十三五”规划建议》。全会认为，促进人口均衡发展，坚持计划生育的基本国策，完善人口发展战略，全面实施一对夫妇可生育两个孩子政策，积极开展应对人口老龄化行动。

根据权威数据，中国人口已经进入了老龄化与少子化并存的新常态。而为了更好地应对老龄化社会，我们需要更多的钱来养老，也需要更多的年轻人来投入到这项事业中去。所以，从积极的一方面来看，全面放开二孩政策有利于延缓人口老龄化进程。二孩政策能够鼓励生育，调整家庭组成结构，提高低龄人口比例，延缓人口老龄化进程。同时，能够增加未来的劳动人口，缓解人口老龄化带来的劳动力短缺，从而增强经济发展潜力，助力于经济可持续发展。

但是，中国社会正处于转型阶段，人口老龄化社会问题是十分复杂的，不仅仅是全面放开二孩政策就能解决的。

一方面，虽然国家全面放开二孩政策，但是并不是所有家庭都愿意去生，从2014年的生育意愿调查结果看，育龄妇女的二孩生育意愿是很低的。总体来看，全国20~49岁有1孩的育龄妇女中有再生意愿的妇女占比还不到31%，其中城镇比例只有25%，农村比例为40%。在20~30岁的青年育龄妇女中，每10个已生育1孩的妇女中会有7个妇女想再生第二个孩子，但是其他年龄段的育龄妇女生育二孩的意愿在20%以下。即使全面二孩政策落地，也不会超过3000万人因政策改变而生育二孩。而且长远来看，由于人们的生育意愿已经低于两个孩子，总和生育率能够维持在1.6~1.7之间将是未来最有可能的水平，人口规模最终负增长的趋势不会变。

另一方面，研究者们通过模拟计算的方式，研究了新出台的全面二孩政策是否能够减轻我国老龄化的问题。图7-4（a）显示了我国实施全面二胎政策与独生子女政策两种情形下我国人口变化的对比情况。该图表中假设了全面二孩政策对女性总和生育率的影响分别为0.3、0.5和0.7；其中，0.3与文献中的估计值接近。模拟结果显示，全面二孩政策在一定程度上能够带动人口与劳动力数量的增长。然而不超过2030年，我国的人口很可能开始减少。图7－4（b）模拟了在全面二胎政策与独生子女政策两种情形下我国65岁及以上人口所占比重的变化情况。我们仍然假设全面二胎政策对女性总和生育率的影响分别为0.3、0.5和0.7。模拟结果显示，全面二孩政策仍远不能够将我国带离老龄化的深渊。

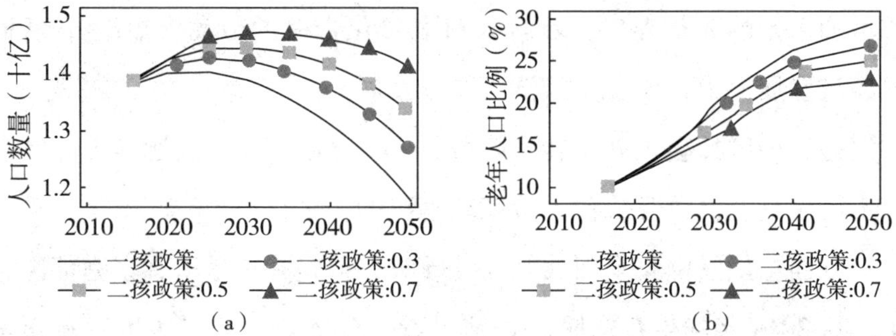

图7－4　独生子女政策与全面二孩政策下模拟结果

7.7　试说明中国人口老龄化的经济学意义。

调查发现，老年消费者具有以下消费心理特点：①购买和使用商品的过程中受习惯势力的影响大。②购买和消费商品要求方便。③消费需求构成发生变化，大部分支出用于购买食品和医疗保健用品，中高档商品；用于穿、用方面的支出则相对减少，受消费流行的影响也甚少。

由上述分析可知，老年人偏爱传统商品与习惯性消费，对新产业、新服务的接受能力较低，这在一定程度上会对新产业、新服务的产生和发展产生阻碍，同时，在需求的拉动下，对传统商品的流通会有所促进；由于老年人的消费主要表现在日常用品、医药与保健上，随着我国人口老龄化程度的不断提高，此类商品及相关产业将会得到长足的发展，从而为年轻人带来新的机遇与挑战；除此之外，老年人口的增加将会带动对老年护工等职业的需求的增长，为如今越来越多的大学毕业生提供新的就业方向。从劳动力来看，一方面，人口老龄化将带来劳动人口的高龄化，相比于年轻人的精力充沛，老年人的身体健康状况逐渐衰败，没有充沛的精力与体力参与大部分的社会劳动，无法满足现代社会对于劳动力的需求，我国的人口老龄化将会造成社会劳动力不足甚至紧缺，进而阻碍社会经济的顺利发展；而另一方面，由于几十年前的社会经济情况与教育情况，老年人接受教育的程度参差不齐，有所不足，思想保守，缺乏进取精神，在竞争日益激烈的现代化社会中显得落后，难以适应瞬息万变的现代社会，不利于劳动力素质的整体提高。

7.8 中国人口老龄化对大学生就业有什么样的影响?

在中国目前的人口发展现状中，人口老龄化成为中国21世纪面临的较严峻的问题，这意味着中国人口红利的优势减弱，将改变中国目前劳动密集型的产业结构和就业趋势。当代大学生在未来的几十年就业期间是中国老龄化问题突显的阶段。

随着我国人口老龄化的发展，将会有更多更高层次的职位需要大学生去填补。就目前的就业形势和国家政策来看，大学生创业是一个很好的出路，国家也是从政策和财政上予以支持的。并且随着我国人口老龄化的发展和老年人口的日益增多，老龄产业愈加成为国民经济的重要组成部分，拥有着举足轻重的地位。从我国老年人口的实际出发，我国老龄产业的发展项目应包括家庭服务业、社区服务业、医疗保健业、日常生活用品业、房地产业、旅游和娱乐业、金融保险业、教育产业、咨询服务业、老年“余热”产业等十个方面，这些产业可以作为大学生就业的首要选择，跟随时代潮流和国家政策，为我国的养老产业做出贡献的同时，以自己的勇气和魄力走出不一样的就业之路。

7.9 在老龄人口消费热点不断形成的新时代我们该如何面对?

2018 年 5 月 15 日，中国老龄科学研究中心与社会科学文献出版社共同发布了《老龄蓝皮书：中国城乡老年人生活状况调查报告(2018)》。蓝皮书显示，中国人口老龄化程度持续加深，但与此同时，老年人的消费热点不断形成。那么在老龄人口消费热点不断形成的新时代，我们该如何面对呢?

首先，我们要知道老龄人口消费热点主要分布在哪些方面，引起这些方面的原因又是什么。

一是照护服务需求规模不断扩大。在生活质量越来越好的当代社会，老年人的儿女包括老年人自己更加注重对自己的照护，这使得消费迅速膨胀，形成老龄人口消费热点的主要方面。其次，老龄人口的数量日益庞大。据有关数据显示，我国当前高龄老人 3000 多万人，失能老人 4000 多万人。空巢、高龄、失能老年人的增加，对照护服务的需求日益凸现。

二是老年旅游消费受到青睐。老年人有更多的休闲时间，而且如今生活质量显著提高，人均可支配收入有了质的飞跃。加之近几年来旅游业发展迅速，旅游方式、旅游路线、各种类型的旅游层出不穷，使得人们可选择的余地更大。旅游消费这一热点自然在老龄人口中风靡起来。据有关数据显示，从未来一年出游的计划来看，我国 13.1% 的老人明确表示未来一年有出游计划，9.1% 的老年人表示有可能在未来一年外出旅游。在老龄人口基数如此大的中国，这样的占比是很庞大的。

三是部分老龄用品的消费持续增长。目前老年人消费规模比较大的主要还是老年保健品和老年医药用品。老年人消费保健品规模持续增加，如果按照2010年的调查数据来测算，我国老年保健品市场产值超过500亿元。从2015年的调查数据来看，我国城市老年人平均医药费支出2341元，占到消费总支出的11.6%；农村老年人平均医药费支出1395元，占到消费总支出的15.7%。随着我国老年人规模的日益庞大，未来老年医药用品的消费会持续增长。

四是网络消费成为新宠。在互联网迅速发展的今日，网络消费对于年轻人早已是司空见惯的小事，此种趋势也在朝着老龄人口不断蔓延，老年人在周围事物的影响下，开始更多地关注网络消费。据2015年的调查数据显示，我国5%的老年人经常上网，其中，城镇老年人这一比例为9.1%，高于农村老年人；低龄老年人网络消费的比例最高，高达12.7%。网络购物的实现，极大地方便了空巢或者独居老人，提高了老年人的生活质量。

而如今，面对这些老龄人口消费热点的出现我们又该怎么做呢？首先要更加完善有关养老措施。好的养老措施，增加老龄人口的可支配收入，是支撑消费热点能够出现乃至发展的一个重要前提。而当今的中国，养老还有很大的缺口，若无法满足正常的养老需求，需求消费不能统一，则很快出现的消费热点会萎靡甚至消失。其次要规范老龄用品市场，市场准入制度应该更加严格规范。当今社会坑蒙老年人的现象层出不穷，我们更应保障好老年人口的权益。在如今的大社会下老年人也属弱势群体，若市场监管不到位导致老龄用品市场出现以次充好甚至假冒伪劣的商品，其后果更是不堪设想的。

参考文献

[1]中国社会科学院老年科学研究中心.构建和谐社会:关注老龄化影响[M].北京:中国社会科学出版社,2007.

[2]王泽英.提高法定退休年龄政策研究[M].北京:中国经济出版社,2013.

[3]李慧杰.中国人口老龄化问题的几点思考[N].学习时报,2007-11-26.

[4]王非,赵丽秋,赵忠.全面二孩政策不足以缓解我国人口老龄化问题[J].经济资料,2015(4).

[5]王金营."全面二孩"能遏制中国的老龄化趋势吗?[EB/OL].腾讯文化网 http://cul.qq.com/a/20160207/005478.htm.

[6]袁敏.人口老龄化的机遇与挑战[J].西南政法大学学报,1999(01).

8 中国投资问题

[案例]

亚洲基础设施投资银行

亚洲基础设施投资银行（Asian Infrastructure Investment Bank，简称亚投行，AIIB）是一个政府间性质的亚洲区域多边开发机构，重点支持基础设施建设，成立宗旨是为了促进亚洲区域的建设互联互通化和经济一体化的进程，并且加强中国及其他亚洲国家和地区的合作。总部设在北京。亚投行法定资本1000亿美元。亚投行的治理结构分理事会、董事会、管理层三层。董事会有12名董事，其中域内9名，域外3名。管理层由行长和5位副行长组成。

2013年10月2日，习近平主席提出筹建倡议，2014年10月24日，包括中国、印度、新加坡等在内21个首批意向创始成员国的财长和授权代表在北京签约。2015年4月15日，亚投行意向创始成员国确定为57个，其中域内国家37个、域外国家20个。6月29日，《亚洲基础设施投资银行协定》签署仪式在北京举行，亚投行57个意向创始成员国财长或授权代表出席了签署仪式。12月25日，亚洲基础设施投资银行正式成立。2017年12月，亚投行成员总数扩围至84个。作为由中国提出创建的区域性金融机构，亚洲基础设施投资银行主要业务是援助亚太地区国家的基础设施建设。在全面投入运营后，亚洲基础设施投资银行将运用一系列支持方式为亚洲各国的基础设施项目提供融资支持——包括贷款、股权投资以及提供担保等，以振兴包括交通、能源、电信、农业和城市发展在内的各个行业投资。亚投行虽然办公楼还未建成，但第一个项目已经有了着落。亚投行成立后的第一个目标就是投入“丝绸之路经济带”的建设，其中一项就是从北京到巴格达的铁路建设。

亚洲基础设施投资银行（AIIB）不仅将夯实经济增长动力引擎的基础设施建设，还将提高亚洲资本的利用效率及对区域发展的贡献水平。基础设施投资是经济增长的基础，在各类商业投资中潜力巨大，增长带动力强。中国提倡筹建亚洲基础设施投资银行（AIIB），一方面能继续推动国际货币基金组织（IMF）和世界银行（WB）的进一步改革，另一方面也是补充当前亚洲开发银行（ADB）在亚太地区的投融资与国际援助职能。亚洲基础设施投资银行（AIIB）的建立，将弥补亚洲发展中国家在基础设施投资领域存在的巨大缺口，减少亚洲区内资金外流，投资于亚洲的“活力与增长”。

亚洲基础设施投资银行（AIIB）是继提出建立金砖国家开发银行（NDB）、上合组织开发银行之后，中国试图入主国际金融体系的又一举措。这也体现出中国尝试在外交战略中发挥资本在国际金融中的力量。更值得期待的是亚洲基础设施投资银行将可能成为人民币国际化的制度保障，方便人民币“出海”。

资料来源：https：//baike. so. com/doc/8386002 - 8703842. html.

8.1 中国投资对经济增长贡献率（1981—2011）如何?

改革开放以来，我国全社会固定资产投资总体上保持了快速增长的态势，经过大规模的投资建设，我国的基础设施整体水平大幅度提高，经济竞争力显著增强，城乡居民住房条件明显改善。全社会固定资产投资的长期快速增长为国民经济发展和人民生活改善做出了巨大贡献。固定资本形成总额对GDP增长的贡献率是指不变价固定资本形成总额增加额占不变价支出法GDP增加额的比重。改革开放以来，我国固定资本形成总额对GDP增长的贡献率波动较大，但总体呈上升态势。1981—2011年固定资本形成总额对GDP增长的年平均贡献率为34.1%，其中2009年最高，为93.7%，1989年最低，为-114.6%。分阶段看，1981—1990年固定资本形成总额对GDP增长的年平均贡献率为11.7%；1991—2000年为40.3%，2001—2011年为48.8%。

8.2 为什么说投资是中国经济的托底力量?

2017年，中国经济增速回升至6.9%，继续位居世界前列。据世界银行估测，2017年世界经济增速为3%左右，按此增速计算，2017年中国经济占世界经济的比重提高到了15.3%左右，对世界经济增长的贡献率为34%左右。中国企业对“一带一路”沿线的59个国家进行了非金融类直接投资143.6亿美元，在“一带一路”沿线的61个国家新签对外承包工程合同额1443.2亿美元，同比增长14.5%，完成营业额855.3亿美元，同比增长12.6%。2017年，中国经济增长对世界经济增长的贡献率仍然达到33.2%，继续位居世界第一位。业内普遍认为，未来一段时间内，中国对世界经济的贡献仍将保持在1/3以上。近些年，我国部署一系列政策扩大投资、促进消费并且保障出口稳定，“三驾马车”一齐发力，确保经济稳中有进，并未受到世界经济低迷过多的拖累，尤其在投资端，基础设施建设热潮有效带动了相当规模的资金流动，成为托底经济的重要力量。

8.3 为什么说过度投资会抑制经济增长?

事实上经济增长的决定因素很多，并非只有投资这一因素。而且投资对经济增长的促进作用也是有条件的：首先，必须有足够的投资资金。经济增长促进社会产品的增加，从而决定投资资金的来源和投资的增长。其次，必须有足够的投资要素。国民经济提供足够的投资要素是实现投资的必要条件。最后，投资资金与投资要素之间应大体平衡。不顾经济增长所决定的投资要素的增长状况，过度的投资增长或受到抑制的投资增长都会导致经济的剧烈波动，破坏国民经济持续、协调、健康的运行和发展态势。此时，投资不仅不能促进经济的增长，反而会阻碍经济的增长，甚至造成经济的衰退，因而我们必须要保持适度的投资规模，形成投资与经济增长的良性循环。在保持合理的投资规模的前提下，实现经济增长方式从粗放型向集约型转变，提高投资效率，调整投资结构，使经济增长在投资的带领下保持快速、稳定、持续的发展。

8.4 政府财政投资是如何促进经济增长的?

政府投资对经济增长具有促进作用，扩大公共投资是政府推动区域经济增长的重要手段，尤其是在“投资拉动型”的我国，政府投资对促进经济增长的作用更加显著。政府投资促进经济增长的机理在于：一是政府投资通过提供基础设施和改善地区的投资环境，促进了民间投资的发展，形成政府投资、民间投资共同促进经济增长的良性互动局面，也即政府投资的引致效应。二是政府投资本身能够创造需求，也即政府投资具有需求效应，直接构成总需求的一部分。政府投资的需求效应，是指政府投资在形成固定资产和流动资产的过程中，政府需要不断地用货币资金购买物资和支付工资，从而使得经济生活中的总需求增加。三是政府投资还具有供给效应，是指政府投资项目建成投产后，形成了新的生产能力，引起经济中总供给增加。政府投资的引致效应、需求效应和供给效应是促进经济增长的主要原动力，这也是西方大多数学者尤其是凯恩斯学派分析政府投资在经济增长中的作用的三条主线。

8.5 我国东部投资为什么会强于西部投资？

之所以东部地区政府投资拉动经济增长最明显，中西部地区依次减弱的原因在于：一方面，制度方面，尤其是投资环境。经过40年的改革开放，东部沿海地区的投资硬环境和软环境建设都较中西部地区领先，而良好的投资环境是促进经济增长的主要原因之一。东部地区良好的投资环境，吸引了大量的FDI并带动了民间投资的发展，进而拉动了经济增长。另一方面，政府财力方面。政府投资需要花费大量的财力，东部地区省份财力相对雄厚，可以支持大规模的政府投资支出，拉动经济增长，经济增长又促进了财力的提高，形成了经济发展的良性局面。

8.6　为什么近几年民营投资出现下降？

2016年1—5月，民营投资只增长了3.9%，比上年全年的10.1%下降了6.2个百分点。

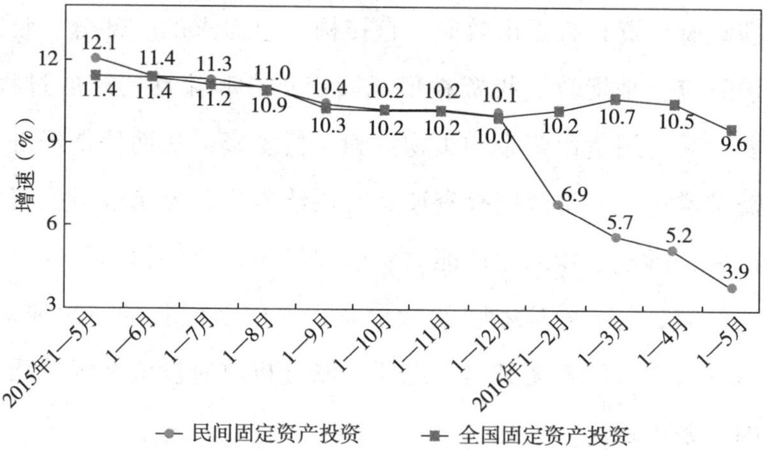

图8-1　民间固定资产投资和全国固定资产投资增速情况

资料来源：国家统计局网站.

许多产业过剩，投资溢满，形成了产业向外的挤出性转移压力。由于中国22~44岁经济主力人口的突然收缩，加上城乡人口老化，以及少子化使未来进入经济主力人口的更替也在收缩，这使得住宅和汽车的消费需求，相对于日本、韩国和我国台湾等国家和地区同阶段提前收缩。这意味着围绕住宅和汽车为主力，上下游关联和横向关联的产业，均受到严重影响，制造业、采掘业和建筑业全面过剩。从需求市场看，国内工业领域几乎所有的产业都过剩，投资就亏损，一些在原有领域赚了钱的民营企业家，许多都看好东南亚、南亚、北非等发展中国家的市场，投资和产业向外进行转移。农民工工资上升过快，社保资金费率较高，使许多企业聘用职工的成本上升，特别是劳动密集出口企业，利润日薄，甚至亏损；国民经济日益高利贷化，银行信贷高利率成本挤压掉了实体经济利润，也使一些民营企业难以为继；而税费、罚款等居高不下，尤其是地方政府在土地出让回落，经济下行税收受到影响的情况下，更加大了对企业收费罚款的力度。

这一系列原因，使得相当一部分民营企业家，收缩业务甚至关门，守住自己所积累的资产，减少企业投资。

8.7 教育投资对经济增长的影响如何？

教育投资是指一国投入教育部门、教育单位的人力、物力、财力的总和。我国的教育投资，通常分为教育经常费用和教育基本建设费用两部分。前者主要包括教职工工资、福利费，人民助学金、奖学金，公务费，设备购置费，修缮费等；后者主要是建设、购置校舍、大型设备的费用。教育投资是开发智力、发展教育事业的物质基础，是经济和社会发展的重要因素，是现代化建设成败的一个关键。从长远看，教育投资是效益最大的一种投资。当今世界各国普遍重视对教育的投资。一个国家在发展的过程中，教育投资一般是递增的。因为，随着国民经济和社会的发展，一方面，对各种专门人才和熟练劳动者的需求越来越多，对国民文化水平的要求越来越高，从而要求教育事业与之相适应；另一方面，国民收入总量和人均国民收入量也不断增加，有可能承担日益增长的教育投资。在现代经济中，教育投资被视为经济增长的“引擎”。早在两百多年以前，经济学界的先驱们就已经对教育在国民经济发展中起到的促进作用开始了研究。当时，亚当·斯密在其《国富论》中就具体阐述了教育的资本价值，并认为受过教育的劳动力具有较高的生产效率。近年来，发展中国家开始注重对教育的投资，因而其经济增长速度也开始明显上升，由此可见，教育投资对经济增长有显著的影响。

具体到我国而言，我国教育投资的来源是多方面的，有中央政府财政拨款，有省、自治区、直辖市以及县（旗）人民政府财政拨款，有全民所有制企业、集体所有制企业和事业单位支出的教育费用，还有人民群众集资办学和受教育者个人或家庭支付的为数不多的教育费用。教育投资是发展教育事业的物质基础，教育作为促进经济增长的主要方式，因此研究教育投资总量是非常有必要的。我国幅员辽阔，不同地区的经济、文化和科技方面差异显著，教育投资的地区差距较大。教育方面的差距不仅体现在教育规模、结构和条件上，也体现在生均教育经费上。经济发展水平比较高的东部地区，生均教育经费也比较高，但在经济条件相对落后的中西部地区，生均教育经费较低。在经济发展促进教育事业发展，教育投资又促进经济增长的良性循环中，我国东部地区和中西部地区的差距也在继续拉大，这样的趋势不利于我国各地区经济、教育和社会的协调可持续发展。因此，为了促进整个国家的经济平衡协调发展，中央政府要充分发挥宏观调控作用，采取切实有力的措施，缩小地区之间经济和教育投资的差距，促进各地区经济和教育事业的良性健康发展。

8.8 中国海外投资现状如何?

改革开放以来，中国已经成为令世人瞩目的国际贸易大国和引进外资大国。

2017 年 7 月 13 日，由国务院参事室主办、全球化智库（CCG）承办的“中国企业走出去 50 人论坛”2017 年会在北京举行。本次年会以

“共商、共建、共享——‘一带一路’背景下中国企业走出去战略”为主题，邀请来自政府部门、专业智库和企业界嘉宾，共同探讨中国企业对外投资与贸易的理论和实践。

在会上，全球化智库（CCG）发布了2016—2017年中国企业海外投资的十大现状如下：

（一）中国企业对外直接投资流量连续10年持续增长。2016年中国企业对外投资再创历史新高，其中，中国对外直接投资金额达到1701.1亿美元，较2015年的1456.7亿美元，同比增长超16%，中国步入资本净输出阶段。

（二）从投资的区域来看，2016年中国企业海外投资主要集中在欧洲、北美和亚太地区。从单个国别来看，中企对美投资依旧热情高涨。2016年中国在美直接投资达460亿美元，是2015年的3倍。

（三）从投资主体来看，投资主体呈多元化发展，中小规模的民营企业海外发展活跃。

（四）从对外投资的领域来看，制造业海外投资势头依然强劲，占总投资比重的1/3以上。信息技术、计算机服务、软件业的投资占比为11%，比上年增长了3%。

（五）从投资的方式来看，跨国并购不断攀升，2012—2016年，中国企业跨国并购案例数有增无减，2016年达到772起，再创新高。相反，中国企业在海外的绿地投资次数和案例金额都有所下降，且集中在欧美等发达区域。

（六）对“一带一路”沿线国的投资主要以能源和基建为主，从2002年至2017年上半年的统计来看，中国企业投资以1亿~10亿美元的大规模投资占比最大。

（七）从企业海外发展战略来看，中国企业“走出去”重视全产业链布局，不断提升国际竞争力。

（八）中国企业海外经营逐步开启“本土化”战略，很多企业将实现经济收益与当地社会发展共赢上升到了企业战略的高度。

（九）中国企业抱团“走出去”，大幅提升了海外经营的风险防范力。

（十）提升品牌成为企业“走出去”的主要驱动力，中国企业海外品牌与影响力有所上升。

8.9 中国对外投资的主要目的有哪些?

当前，全球化进入了一个新的发展阶段，或者说一个历史性的拐点。

一方面，中国目前正在构建经济全面开放新的格局。中国经济规模的扩大，中国的全球生产面临位置的前移，这些都要求中国继续扩大和深入开放，不仅仅像以往那样只向发达国家开放，今后还要更多地向发展中国家开放。投资的目的地也会多元或者做出调整，我们不仅仅要投向发达国家，也要投向发展中国家。中国 2013 年提出的“一带一路”倡议就是在中国新的历史条件下提出来的，为中国对外投资提供了新的平台和框架，中国企业对外投资就是要紧密地跟随国家的发展战略和对外开放新格局的方针。

另一方面，在全球化新的形势下，中国企业对外投资既要走市场化的道路，又要考虑回报，并兼顾全球发展问题。中国毕竟是一个新兴的经济体，是一个社会主义发展中大国，中国的投资与过去西方国家的投资是有所不同的，这也是中华民族优秀的传统和核心价值观的体验。2016 年 9 月，中国在杭州主办了 G20 峰会，其中特别突出了发展问题，也就是说我们特别重视这个世界上还有一大批国家没有发展起来，这恰恰是世界经济发展不平衡的根本原因。我们要走共同富裕共同发展的道路，而且在这次峰会上，中国也推动其他国家为联合国的可持续发展目标做了很高的标准，做出了表率，这就是我们面临的新形势。

8.10 中国企业对外投资面临的主要挑战有哪些?

事实上，近年来伴随中国“走出去”战略的逐步实施，中国已成为受世界瞩目的新兴的对外直接投资来源地。但是我国对外直接投资也存在一些问题，主要是：地区分布不尽合理；投资规模小，经济效益偏低；投资存在一定的盲目性；缺乏高效统一的宏观管理与协调机构；海外企业缺乏高素质人才，经营管理水平不高；我国海外投资风险尚缺乏有效的防范制度和措施。

中国对外直接投资正处于迅速发展时期，这对于中国参与经济全球化具有重要的意义。中国对外直接投资表现出发展中国家对外直接投资初期的典型特征，然而中国的对外直接投资仍然具有比较优势。只要中国企业积极参与经济全球化，发挥并积累竞争优势，中国企业的国际化将会健康、快速发展。因此，中国对外投资面临着很多前所未有的挑战。

第一个挑战，地缘政治因素。地缘政治的考量，导致了美国和一些发达国家对中国的投资，特别是对国有企业的投资有一定的歧视性。美国新当选的总统特朗普所追求的美国优先，也会加大在美国投资的难度。

第二个挑战，逆全球化。全球化已经造成了美国和一些发达国家终端产业的转移，这些产业的工人阶级，其就业和收入都受到了冲击并有了不满的情绪。这在美国大选后在比较明显的，造成了政治精英与社会底层白人工人阶层的对立。特朗普的有一个口号就是让美国的制造业回归，让那些工作机会再回到美国，在逆全球化新的形势下，中美出现贸易摩擦需要寻求新的海外投资重点方向，我们的思维方式也要转变。

第三个挑战，发达国家市场已经饱和。因为现在发达国家的市场其实已经饱和，当然中国还要继续保持合作的态度，但是今后的发展潜力是我们过去所讲的“南南合作”。未来十年，中国在非洲的发展一定会非常快，所以投资也要往这个方面考虑。对发展中国家的投资不能急功近利，投资回收没有那么快，要长远考虑。例如，2015 年习近平主席访问南非，在匹兹堡提出了十点帮助非洲发展的计划，第一条就是根据中国自身发展经验提出来的，帮助非洲国家的工业化，其中有非常大的投资机遇。

第四个挑战，中国需要考虑新的投资模式。中国需要积极地考虑 EPC 模式，也就是工程项目总承包模式。EPC 模式目前在国际上很流行，过去都是别国承包中国分包，其实现在中国已经具备这个条件，而且很重要的一条，EPC 模式需要资金配套，中国完全具备这个条件。所以，我们从国家、企业包括各个省市，都要往这个方面发展，形成强强联合，组织一些公司兼并、合并，成立一些强有力的实施 EPC 模式的企业，提高它们的国际竞争能力。据有关数据，2015—2019 年“一带一路”沿线核心国家基础设施投资需要 3.26 万亿美元，其中工程机械产品价值假设 5% 的话就是 1750 亿美元，因此以 EPC 模式可以考虑。

最后一点是真正的挑战，我国企业对外投资需要加强风险意识。投资是有风险的，风险意识包括政治、经济、安全等各方面。中国企业“走出去”，不论是进行基础设施的建设，还是能源、资源的开发，还是经贸产业合作区的建设等，各种风险越来越大，因为投资的这些国家往往都是法律并不健全的，政府管控能力也不是很强，金融的管理能力也不是很强。这种情况下，我们的风险意识一定要加强，要加强对风险的研究评估，要国家、企业、智库一起来做。

8.11 加强绿色投资的迫切性体现在哪些方面？

20世纪以来，全球工业行业蓬勃发展，推动了社会经济的增长。工业化进程中，消耗了大量的煤炭、石油、天然气等自然资源，化石燃料中含有大量含碳、含硫化合物，燃烧后会产生许多的有害气体，对我们的生活环境带来了极大的破坏。比如，近年来的全球变暖趋势增强，海平面上升，最直接的原因就是大量的含碳化学燃料燃烧后产生了二氧化碳，致使温室气体浓度增加，引发全球的温室效应。为了减缓全球变暖的趋势，控制二氧化碳的排放，降低空气中温室气体的含量，许多国家通过一系列的会议，对于节能减排问题达成了一定的协议，如《京都协议书》认为控制碳排放，发展低碳绿色经济是各个国家共同但是有区别的责任，许多发达国家纷纷制定了产品进出口贸易中的绿色低碳排放要求，在这一背景下，推动我国绿色投资发展，构建可持续社会经济生态体系。

改革开放以来，中国的社会经济发展得到了迅速的提高，工业化与城镇化进程不断加快。然而，中国经济发展存在较强的不可持续性，对于能源以及相关不可再生资源具有较高的依赖性。我国是世界上最大的能源消耗国，近年来，我国的原油消耗量比较稳定，在17%~18%，而天然气作为大力推进的能源之一，消耗比例从2010年的4%上升到2015年的5.9%。原煤作为污染较大的一种燃料，消耗量逐年下降，从2010年的70.5%下降到2015年的63.7%，而核能、水力发电以及其他的可再生能源作为污染较少的清洁能源，消耗比例逐年增加。能源消耗结构的变化也从侧面反映了中国经济社会发展过程中能源使用结构不够合理，尽管各个行业正在加紧整改过程，但是原油、天然气以及煤炭作为基础能源，使用范围与使用量依旧较大。尽管中国国土辽阔，拥有较为丰富的能源资源，但由于人口众多、工业产业众多等原因，人均资源占有量仅为全球平均水平的1/3。2015年，全球二氧化碳总排放量为35.27亿吨，中国的二氧化碳排放量占据了1/3，中国不仅是世界上二氧化碳排放量最多的国家，同时也是近年来二氧化碳排放量增长最快的国家。近年来，中国极端气候出现的频率不断增加，水体污染严重，雾霾天气频现，经济发展与环境保护之间存在较为突出的矛盾，加强绿色投资势在必行。

8.12 地方政府投资对中国经济影响的利弊有哪些?

早在2008年金融危机之前，中国经济发展的一个最重要的特征就是地方政府在地区经济乃至全国经济的发展中一直扮演着重要角色，地方政府投资是影响中国宏观经济运行的重要因素，特别是行政性分权改革使地方政府获得了前所未有的经济权力，成为经济增长的重要主体。改革开放40年来，中国地方政府投资行为绩效显著。既有在既定约束条件下追求利益最大化进行理性选择，从而促进经济高速增长、改善就业等的一面；也有在急于出政绩和局部乃至个人利益驱动下片面追求GDP增长、限制有限资源与大规模劳动力有效结合的一面。地方政府的投资行为对我国经济发展造成了一定的影响，这些影响既有有利的部分也有不利的部分。

（一）有利影响。地方政府投资行为合理，不仅有利于实现该地区经济的全面、协调、可持续发展，而且有利于促进整个国家区域经济发展战略的实现，有效增强国家的综合国力和提高广大人民群众日益增长的物质文化生活水平；地方政府投资作为地方政府驾驭市场的必备工具，对于促进地区经济增长、优化资源配置、改善民生、引导其他投资、扩大就业、保护生态环境等方面具有举足轻重的作用。

（二）不利影响。若地方政府偏离合理投资行为轨道，则会导致地方政府投资过度产生异化。另外，我国经济转型期财政分权体制所产生的“财政激励”和以经济绩效为主要考核标准的“晋升激励”，使地方政府投资职能泛化，产生强烈的过度投资行为倾向。这些种种劣势必会导致有限投资资源配置的浪费和低效，造成投资活动盲目攀比和无序竞争，最终阻碍区域内和整个国家经济发展水平的提高。

8.13 合理改善地方政府投资的路径有哪些？

（一）机制改革，改善我国投资环境。我国须增强对于地方政府投资行为的产权约束，进一步深化转型期中国国有企业的产权制度改革，使之“建立归属清晰、权责明确、保护严格、流转顺畅的现代产权制度”；进一步深化转型期中国国有商业银行的产权改革，改革单一所有制、按现代银行要求进行产权重组、上市以及创建民办商业银行、引进外资银行等诸多方面做出努力。建立和完善有中国特色的以强化社会管理和公共服务为取向的财政分权体制。

（二）地方政府转型，发挥地方优势。对地方政府投资行为的规制，首先要促进地方政府向公共服务型政府转变，明确界定地方政府的投资范围，规范政府与企业的关系，科学设置地方政府的政绩考评体系；其次要理顺中央政府与地方政府财税分配关系。在合理界定中央与地方事权基础上明确地方政府支出范围，严格预算约束。

（三）加强宏观调控。通过宏观经济政策引导地方投资行为。完善政府投融资管理体制，促进经济发展方式转变，等等。研究经济转型期地方政府的投资行为问题，有利于深化理解我国经济转型期的特殊性质，有利于深入认识地方政府投资行为的制度基础，有利于深刻把握经济波动的深层原因，从而推动体制变革，加快转变经济发展方式，真正实现科学发展。

参考文献

[1]张富春.资本与经济增长[M].北京:经济科学出版社,2000.

[2]何盛明.财经大辞典[M].北京:中国财政经济出版社,1990.

[3]罗良清,龚颖安.虚拟经济的本质及影响实体经济的机理[J].江西财经大学学报,2009(02).

[4]薛芳锦.试论虚拟经济与实体经济[J].经济论坛,2004(18).

[5]李晓西,杨琳.虚拟经济、泡沫经济与实体经济[J].财贸经济,2000(06).

[6]隋艳,王子旗.成都市发展绿色经济现状分析[J].青春岁月,2013(10).

[7]王金南,李晓亮,葛察忠.中国绿色经济发展现状与展望[J].环境保护,2009(5).

[8]王雪雁.中国经济转型期地方政府投资行为研究[D].长春:吉林大学,2012.

[9]张宏霞.中国地方政府投资效应研究[D].大连:东北财经大学,2010.

[10]张卫国.转型期中国地方政府投资行为对经济增长与就业的影响[D].上海:复旦大学,2005.

[11]何亚非.中国企业“走出去”面临的新形势和新挑战[EB/OL].http://www.sohu.com/a/123864330_465554.

[12]中国社会主义新农村道路建设市场投资分析及未来五年盈利空间评估报告[R/OL]. http://baogao. chinabaogao. com/luqiaogongcheng/219996219996. html.

[13]周天勇. 民营投资增长为什么断崖式下降?[EB/OL]. 凤凰网. http://finance. ifeng. com/a/20160624/14522958_0. shtml.

[14]我国政府投资与区域经济增长差异研究[EB/OL]. https://m. xzbu. com/2/view-380629. htm.

[15]更好发挥投资对经济增长的关键性作用[EB/OL]. 国家发展和改革委员会门户网站. http://www. ndrc. gov. cn/xwzx/xwfb/201608/t20160803_813883. html.

[16]中国的投资增长及其与财政政策的关系[EB/OL]. 中国知网. http://epub. cnki. net. m. xxsdkc. cn/kns/brief/default_result. aspx,2013-06-15.

[17]2017年中国经济对世界经济增长的贡献率34%左右[EB/OL]. 人民网. http://finance. people. com. cn/GB/n1/2018/0413/c1004-29923340. html,2018-04-30.

[18]中国经济增长的"全球效应":贡献率将达34.6%[EB/OL]. 搜狐网. http://www. sohu. com/a/208998151_100016641,2017-12-07.

[19]论我国投资与经济增长的关系[EB/OL]. 百度文库. https://wenku. baidu. com/view/273642629ec3d5bbfd0a74dd. html.

[20]我国民营企业融资现状及对策分析[EB/OL]. 百度文库. http://wenku. baidu. com/view/ec6561f49e31433239689313. html.

[21]中国企业海外投资的十大现状与特点分析[EB/OL]. 中国投资咨询网. http://www. ocn. com. cn/touzi/chanye/201707/jyhoc14084910. shtml.

9　供给侧结构性改革

[案例]

我国产能过剩现状分析

有效需求不足和产能过剩问题叠加，已经成为影响当前工业经济平稳运行的突出矛盾。工业产能过剩情况到底有多严重？是什么原因导致的？

（一）产能过剩有多严重？

目前，产能过剩问题在大部分工业行业普遍存在。据有关部门调查，今年上半年工业企业产能利用率不足79%，仍处于2008年国际金融危机以来的较低水平。

其中，钢铁、电解铝、水泥、平板玻璃、船舶等行业产能过剩情况尤为突出。2012年年底，钢铁、电解铝、水泥、平板玻璃、船舶行业产能利用率分别仅为72%、71.9%、73.7%、73.1%和75%，明显低于国际通常水平。同时，上述行业还有大量的在建、拟建项目，产能过剩矛盾呈日益加剧之势。

（二）产能过剩的危害已经显现了吧？

工业产品供大于求，价格下行压力不断加大，企业普遍经营困难，亏损面扩大、效益下滑。2012年，钢铁、电解铝、水泥、平板玻璃行业企业亏损面分别为28.2%、34.9%、27.8%、35.7%；主营业务收入利润率分别为1.04%、-0.29%、6.63%、0.14%，同比分别降低1.37、3.64、4.68、3.82个百分点。今年上半年，工业生产者出厂价格同比下降2.2%。其中，1至2月份平均下降1.6%，3、4、5三个月分别下降1.9%、2.6%和2.9%，降幅逐月扩大。6月份工业生产者出厂价格同比下降2.7%，连续第三个月环比下降0.6%。

市场经济条件下，适度的产能过剩有利于发挥竞争机制的作用，然而现阶段我国部分行业的产能过剩已经超出正常的市场竞争范围。这种状态持续发展下去，将严重影响经济健康发展，还会引发系统性风险。

（三）产能过剩有原因何在?

造成目前产能过剩的并非完全是市场因素，还有体制机制、管理方式、发展方式等深层次原因。

一是一些领域的体制机制不完善扭曲了投资行为。由于一些要素市场化改革相对滞后，市场配置资源的基础性作用没能有效发挥。同时，一些地方通过低地价甚至零地价供地、税收减免、财政补贴、信贷扶持等方式招商引资，影响了企业的正常投资决策。此外，由于投资约束和责任追究机制不完善，也助长了部分企业的过度投资行为。这些因素共同作用，在一些行业造成的产能无序扩张，是产能过剩问题多年不能解决的根本原因。

二是以集中审批管控竞争行业发展的方式难以抑制产能过剩。由于缺乏对违规审批项目有效的约束和责任追究制度，产能过剩问题没有得到有效遏制。比如，在电解铝行业近年来新增的1800万吨产能中，由国务院相关部门审批的仅80万吨；在国务院相关部门没有审批的情况下，违规新增水泥产能8亿吨。

三是推动企业公平竞争的市场环境建设滞后。由于对以技术、标准、规范等促进产业自主发展的措施研究不够，规范市场公平竞争的规则、环境、秩序建立滞后，对已有的措施监督执行也不到位，导致一些达不到环保、能耗、安全等标准的企业以不公平的方式进行市场竞争，加剧了产能过剩矛盾。

资料来源：http：//www.chinabgao.com/freereport/56211.html，2017－07－04.

9.1 供给侧结构性改革的背景是什么？

从1998年以来，我国宏观调控主要是需求侧管理，即运用投资、消费与净出口这“三驾马车”的拉动来刺激经济的增长。例如，2009年的4万亿元经济刺激措施以及10万亿元的贷款就是为了增加投资需求，扩大内需，利用投资乘数效应来提升经济增长速度。不能否认的是，需求侧管理确实曾对推动中国经济的发展起了重大的作用，让中国率先走出1998年的亚洲金融危机以及2008年美国次债危机的阴影。但是，随着时间的推移，其弊端也渐渐出现，需求侧管理所产生的副作用日益明显。

2015年以来，我国经济进入了一个新阶段，主要是经济指标之间的联动性出现背离，经济增长持续下行与CPI持续低位运行，居民收入有所增加而企业利润率下降，消费上升而投资下降，等等。整体上看，我国经济出现了“四降一升”的状况，即经济增长速度下降、工业品出厂价格下降、企业利润增幅下降、财政收入下降、经济风险发生的概率上升，特别是金融风险上升。一边是经济下行压力犹在，一边是新的消费需求井喷。于是，我们看到，一边是投资、出口增长乏力，而消费对经济增长的拉动作用却不断增强，排队买苹果手机、抢购各类新兴电子产品、出国大采购就是生动的证明；一边是传统行业产能过剩严重，钢铁、造船、煤炭等行业中的许多企业发展陷入停滞、亏损的困境，其中，钢铁行业由于技术的匮乏导致资源的利用率低，钢材价格持续下跌，从而使钢铁企业面临巨大压力。另一边随着生活水平的不断提高，人民对各类消费需求的质量、安全、性价比等各方面也有着更高的追求。大量的消费者选择出国去买奶粉，化妆品甚至马桶盖。据中国旅游研究院和携程旅行网2015年发布的报告显示，中国大陆出境游人数和购买力已连续3年居世界第一。结构性的有效供给不足。我国每年生产380亿支圆珠笔，但圆珠笔头上的圆珠目前仍要用每吨十几万的价格向日本等国进口一千多吨。

“供需错位”已成为阻挡中国经济持续增长的最大路障，过剩产能已成为制约中国经济转型的一大包袱，中国的供给体系与需求侧严重不配套，总体上是中低端产品过剩，高端产品供给不足。因此，为适应这种变化，在正视传统的需求管理还有一定优化提升空间的同时，迫切需要改善供给侧环境、优化供给侧机制，通过改革制度供给，大力激发微观经济主体活力，增强我国经济长期稳定发展的新动力。中国的结构性问题主要包括产业结构、区域结构、要素投入结构、排放结构、经济增长动力结构和收入分配结构等六个方面的问题。强调供给侧改革，就是要从生产、供给端入手，调整供给结构，为真正启动内需，打造经济发展新动力寻求路径。翻开中国经济这幅大图谱，我们看到，这样的场景对你我来说并不陌生：一边是传统行业产能过剩严重，一边是新兴产业和高端制造业热火朝天、蒸蒸日上。于是，我们发现，2017年以来，钢铁、造船、煤炭等行业中的许多企业发展陷入停滞、亏损的困境，高铁等高端装备却热销海内外，互联网掀起一轮波澜壮阔创业创新的热潮；一边是民众对公共事业和服务业的迫切需要得不到满足……于是，我们听到，民众对民生类基础设施建设的期待，对教育、医疗、金融服务等资源急剧短缺的无奈和叹息。

实事求是地看，中国经济的主要矛盾就是供给结构老化，供给侧结构性改革真正抓住了中国经济运行的主要矛盾。因此，供给侧结构性改革是根据国内情况和国际形势做出的战略性选择和主动选择，说这是一场“输不起的战争”，G20 峰会上国际社会也关注了中国供给侧结构性改革。

9.2 供给侧结构性改革的内涵是什么？

供给侧结构性改革旨在调整经济结构，使要素实现最优配置，提升经济增长的质量和数量。其核心在于提高全要素生产率。供给侧结构性改革，顾名思义：供给侧 + 结构性 + 改革。也就是说，用改革的办法推进结构调整，减少无效和低端供给，扩大有效和中高端供给，增强供给结构对需求变化的适应性和灵活性，提高全要素生产率，使供给体系更好适应需求结构变化。通俗来讲，供给侧结构性改革是寻求应对需求侧显著下滑，供给总量过剩和有效供给不足并存的国民经济不良形势，所实施的一系列政策、经济、市场等渠道的改革。

习近平总书记于 2015 年首次提出供给侧结构性改革问题，旨在调整经济结构，优化供求关系使要素实现最优配置，提升经济增长的质量和数量。从提高供给质量出发，用改革的办法推进结构调整。在增加投资过程中优化投资结构、在经济可持续高速增长的基础上实现经济可持续发展与人民生活水平不断提高。2016 年 1 月 26 日，在中央财经领导小组第十二次会议上习近平总书记强调，供给侧结构性改革的根本目的是提高社会生产力水平，落实好以人民为中心的发展思想。2017 年 10

月18日，习近平同志在党的十九大报告中指出，深化供给侧结构性改革。建设现代化经济体系，必须把发展经济的着力点放在实体经济上，把提高供给体系质量作为主攻方向，显著增强我国经济质量优势。要在适度扩大总需求的同时，去产能、去库存、去杠杆、降成本、补短板，从生产领域加强优质供给，减少无效供给，扩大有效供给，提高供给结构适应性和灵活性，提高全要素生产率，使供给体系更好适应需求结构变化。

9.3 我国供给侧结构性改革的重大意义有哪些？

这不仅是适应国际金融危机发生后综合国力竞争新形势的主动选择，也是适应我国经济发展新常态的必然要求。

（一）供给侧结构性改革，是促进经济持续增长的新动力。面对中国经济当下的困局，仅从需求侧着手已经很难有所突破，供给侧与需求侧双侧入手改革，增加有效供给的中长期视野的宏观调控，才是结构性改革。只有供给、需求两端协同，依靠提高有效供给能力，创新供给，提高供给质量，扩大消费需求，才能带动经济的繁荣增长。深化供给侧结构性改革，是用改革的办法从供给端入手，解决一系列国民经济发展中的结构性矛盾。中国人民大学校长刘伟认为，世界金融危机之后，主要发达国家主要运用扩张需求的办法争夺市场份额以稳定经济增长，而我国提出从供给端入手，深化供给侧结构性改革，来保证经济增长，这表明中国作为大国对世界负责的态度，同时也是一个具有创造性的举措。

（二）供给侧结构性改革，是中国跨越“中等收入陷阱”的重要保证。2017年，我国GDP初步核算为82.7万亿元，稳居世界第二位。东部沿海一些省市的经济总量或人均 GDP 已接近或超过世界上一些中等发达国家的水平。中国制造业大国的地位基本确立，创造了世界经济史上的“增长奇迹”，但同时也面临着更多风险与问题。中国进入中等收入国家行列，面临“中等收入陷阱”风险。“中等收入陷阱”的概念是世界银行在 2006 年《东亚经济发展报告》中最早提出的，其内涵主要是指：某些国家在人均国民收入达到 3000 美元以后便陷入经济增长停滞期，在相当长时间内无法成功跻身高收入国家行列。21 世纪以来，中国人均国民收入快速增长，由 2000 年的 930 美元跃升到 2014 年的 7575 美元。按照世界银行的标准，目前中国已处在中高等收入发展阶段，既面临前所未有的向高收入国家行列跃升的机遇，也面临落入“中高收入陷阱”的危险。

（三）供给侧结构性改革，是中国应对“人口红利”减少的有效途径。劳动力人口供给充分，社会负担轻，劳动力价格便宜，储蓄率高，使经济有格外的增长，这种情况下的高增长被称为“人口红利”。中国经济的高速增长很大程度上得益于劳动人口占总人口的比例不断上升的“人口红利”。由于生产成本和国内劳动力工资低，制造业企业纷纷离岸外包到中国。然而，随着时间的推移，这一比较优势随我国人口结构的变化而不断地衰减，出现了三大后果：一是劳动力成本上升，劳动力成本比较优势逐步减弱；二是由于老龄人口增加，人口抚养比提高，储蓄率将会下降，推高资金成本；三是劳动力人口总量减少，带来“民工荒”等用工短缺现象。这三大后果使我国传统意义上的“人口红利”逐渐消失。

（四）供给侧结构性改革，是适应经济发展面临新常态，经济增速换挡的现实需要。所谓经济新常态，是指经济增长速度从过去 10% 左右的高速增长转变为 7% ~8% 的中高速增长。我国从 1978 年改革开放以来，连续40年实现了年均两位数的中高速增长，之后再要保持这样的高速增长，不仅不符合三次产业运行的规定，而且也是我国资源和环境不能承受的。见表9－1，当一个国家或地区经历了一段时间的高速增长后都会出现增速“换挡”现象。

表9－1　日本、韩国及中国台湾地区的高速增长率与低速增长率

国家或地区	高速增长的时间段	高速时期增长率	稳定增长的时间段	低速时期增长率
日本	1950—1972年	9.7%	1973—1990年	4.26%
韩国	1961—1996年	8.02%	1997—2012年	4.07%
中国台湾地区	1952—1994年	8.62%	1195—2013年	4.15%

中国经济并非缺乏后劲。我国经济发展基本面是好的，潜力大，韧性强，回旋余地大。现在，决策层要从供给侧改革入手，推进结构性改革，来升级现有中国经济发展格局，激发未来增长的新活力。中共中央总书记、国家主席习近平在2016年1月26日召开的中央财经领导小组第十二次会议上强调，供给侧结构性改革的根本目的是提高社会生产力水平，落实好以人民为中心的发展思想。要在适度扩大总需求的同时，去产能、去库存、去杠杆、降成本、补短板，从生产领域加强优质供给，减少无效供给，扩大有效供给，提高供给结构适应性和灵活性，提高全要素生产率，使供给体系更好适应需求结构变化。在“认识新常态、适应新常态、引领新常态，是当前和今后一个时期我国经济发展的大逻辑”的背景下，供给侧结构性改革被描述为“适应和引领经济发展新常态的重大创新”。

9.4　供给侧结构性改革的主要措施有哪些？

（一）劳动力要素：调整完善人口政策，夯实供给基础。人口增长与经济发展之间的关系，一直以来是经济学的核心问题。“劳动是财富之父，土地是财富之母。”威廉·配第的这一论述，第一次从经济的角度，概括了人口与经济的关系。人口既是需求基础，也是供给基础。就当下中国供给侧改革的经济决策而言，调整和完善人口政策，是夯实供给基础的关键，是奠定中国经济调整转型和发展进步基础的关键。

（二）土地要素：推进土地制度改革，释放供给活力。2015 年以来，我国城镇面临着日益严峻的去库存化和“后土地财政”的压力和挑战，农村则开始进入三权分置改革和集体建设用地、宅基地的试点阶段，推动城乡土地制度改革的合力基本形成，长期滞后的土地制度改革有望加速推进。

（三）资本要素：加快金融体制改革，解除金融抑制。金融是现代经济的核心。改革开放以来，我国金融市场由小到大、由弱到强、由单一到多元，不断发展壮大。当前，我国金融正处于市场化、国际化和多元化的阶段，面临着比以往更加复杂的局面。从国内来看，金融作为最重要的要素市场之一，由于改革不到位，存在着比较明显的金融抑制，需要加以改革。

（四）技术要素：实施创新驱动战略，开辟供给空间。中国经济多年来的高速增长很大程度上得益于要素驱动和投资驱动，但是，经济进入新常态后，要素红利渐行渐远，投资驱动风光不再。“十三五”时期，中国要继续发挥经济巨大潜能和强大优势，必须加快转变经济发展方式，着力推进供给侧结构性改革，坚定不移实施创新驱动发展战略，提高发展质量和效益，加快培育形成新的增长动力。

（五）制度要素：深化简政放权改革，促进供给质量。新制度经济学认为，制度与劳动力、土地、资本、科技创新一样，是经济增长的要素之一。对世界历史横、纵两个方面的考察也表明，制度的内涵与制度质量是影响甚至决定一国经济长期绩效最重要的因素。当前，我国经济发展中遇到的诸多问题都可深入到体制机制层面上找原因，制度变革与制度创新刻不容缓。

（六）配套改革：构建社会服务体系，推进配套改革。供给侧改革的最终目的是要增进供给体系的质量和效益，提高区域、产业、制度、产品等多个方面的竞争力。因此，要实现这个目标，以上五点措施还不够，配套实施的一系列措施必然不可或缺。

当然，从另一个方面讲，既然供给与需求是对称的范畴，供给与需求的结构关系是基本的经济结构关系，供给侧结构性改革自然不能片面地只针对供给侧进行改革。供给侧结构性改革与需求侧结构性改革必须同步进行，相辅相成，需求侧结构性改革决定供给侧结构性改革，供给侧结构性改革离不开需求侧结构性改革。

9.5 供给侧结构性改革的主要成效有哪些?

2018 年的前四个月，我国供给侧改革继续深化，经济结构持续优化，供需关系不断改善。主要表现在：第一，产能利用率提升；第二，商品房库存减少；第三，企业成本降低；第四，短板领域投资增加。供给侧改革使企业效益提升，企业和政府收入均保持较快增长，工业企业盈利能力增强。此外，在供给侧结构性改革和创新发展战略的推动下，新动能支撑作用不断增强，经济更具活力。在供给侧改革与扩大开放系列措施影响下，我国外贸总量也进一步增长，结构进一步优化。供给侧结构性改革的核心是提高全要素生产率，表现在经济运行领域，最主要的就是作为市场主体的企业盈利能力增强，推动就业增加和居民收入持续增长。这一点，2018 年 5 月的经济数据也有很好的表现。数据显示，

2018 年 1—4 月全国规模以上工业企业实现利润总额 21272 亿元，同比增长 15.0%，增速比 1—3 月提高 3.4 个百分点；主营业务收入利润率为 6.24%，比上年同期提高 0.24 个百分点。5 月，全国城镇调查失业率为 4.8%，比上月下降 0.1 个百分点，比上年同月下降 0.1 个百分点。2018 年一季度，全国居民人均可支配收入 7815 元，比上年同期名义增长 8.8%，扣除价格因素，实际增长 6.6%，增幅略高于 GDP 增幅。

9.6 近期为什么要推进以减税为基本特征的供给侧结构性改革？

2016 年以来，在党中央、国务院的正确领导下，我国经济社会保持平稳健康发展，取得了“十三五”良好开局，经济形势缓中趋稳、稳中向好，经济运行保持在合理区间。但要看到，要解决这些矛盾和问题，周期性总量性的宏观调控政策显然难以奏效，必须依靠供给侧结构性改革。只有深化改革，提高供给质量，才能实现供求关系新的动态均衡。在经济下行压力不容忽视和结构性矛盾近期难以根本解决的前提下，就必须通过减税的政策实现“稳中求进”的政策目标——既推进结构改革，又保持经济健康稳定发展。因此，中央明确提出 2017 年的财政政策要更加积极有效，预算安排要适应推进供给侧结构性改革、降低企业税费负担、保障民生兜底的需要。

在 2017 年全面深化改革过程中，我国推进以减税为基本特征的税收政策，是基于多方面的考虑的：首先，对企业而言，税收负担是一种供给约束。减税直接减少企业的负担，降低市场运行成本，有利于改善企业的预期，稳定企业家的信心，从微观上激发企业的生产积极性和创新热情，增强经济的供给能力。其次，虽然就国际比较而言，中国的宏观税负并不高。但是，中国的税收结构性特点使得企业，尤其是制造业企业承担了较重的税收负担，而家庭和个人承担的税收负担较轻。在经济下行期，企业面临产能过剩、附加值降低、利润变薄等诸多困难，承受税负的能力下降。减税能够从边际上改善制造业企业的税收负担，企业的境况改善效果显著。最后，在供给侧结构性改革的政策组合中，税收政策的重要程度取决于其调整空间。中国的税收结构以流转税和所得税为双主体税种，2016 年 5 月全面推开营改增试点后，增值税在优化税率、简并税制、清理税收优惠和提高征管水平等方面还有进一步改革的空间。

9.7 如何准确定位产业结构性改革方向?

近年来，中国整体经济结构不断优化，经济发展正加快向第三产业主导的形态转变。然而，在产业结构表现出显著改善的同时，结构性矛盾依然突出。一方面，第三产业的提升潜力仍然十分大。与欧美等发达国家 70% 以上的第三产业比重相比，中国第三产业在经济总量中的份额仍然较低，还不到 50% 。另一方面，中国工业体系中传统工业较多，新兴产业的增长难以弥补传统工业的萎靡，内部结构矛盾十分明显。2016 年中央经济工作会议提出，着力加强供给侧结构性改革，着力提高供给体系质量和效率，增强经济持续增长动力。这为中国未来的产业结构调整政策指明了方向。第三产业内部结构明显改善，整体水平提升明显，服务领域不断拓展，逐渐成为推动我国经济增长的主要动力之一。金融业与房地产业成为拉动第三产业发展的主要力量；传统服务业占第三产业比例下降，金融保险、计算机服务、物流配送等现代服务业发展迅速；社会化养老、休闲旅游、社区服务等新型服务业越来越受到关注。

微观市场主体是社会财富的创造者，是经济发展内生动力的不竭源泉。从我国目前的实际情况看，市场活力没有得到充分激发的关键因素之一，就是政府对市场主体干预得太多。因此，实现“微观政策要活”政策目标的重要途径就是要加快简政放权，推动政府职能转变。按照党中央、国务院的部署要求，转变政府职能要以“简政放权、放管结合、优化服务”为基本思路，将该放的权放下去，将该管的事管好，将该服务的服务到位，真正做到“放水养鱼”，激活微观经济。政府应该从两个方面加强对小微企业的扶持。一是降门槛，加快清理不必要的证照和资质、资格审批，给小微企业更多的“出生证”；二是优服务，在财政、金融、人员培训、信息化建设等方面对小微企业倾斜，给小微企业适当地“喂点奶粉”，切实让新注册的800万小微企业尽可能地活下来，并以此带动“大众创业”“草根创业”的新浪潮。社会领域的简政放权也不能裹足不前，而要齐头并进。一是要进一步放宽民间资本的准入限制，鼓励民间资本为政府“补位”，加大教育、养老等社会领域的投入力度；二是要对社会领域的各种评比、达标、认证、收费事项进行全面评估，该保留或下放的进行保留或下放，其余的则应尽可能取消，最大限度为企业“松绑”，切实降低市场门槛；三是转移支付制度改革要跟上，使地方政府有能力也有积极性跟随中央步伐进行简政放权，为避免社会领域的“中梗阻”、打通“最后一公里”提供有力的支撑。

9.8 如何实施供给侧结构性改革的社会保障政策?

供给侧结构性改革，特别是化解过剩产能等，必然会影响部分群体的就业和收入，但这是必须要过的坎，必须要经历的阵痛。所以要更好发挥社会政策稳定器的作用，守住民生底线。特别是要把重点放在兜底上，要保障好人民群众的基本生活和基本公共服务，为结构性改革创造好稳定良好的社会环境。

（一）要实施更加积极的就业政策。实行有利于促进就业的财政保障政策。公共财政应向符合国家产业政策导向的小型微型企业和劳动密集型产业倾斜，财政支出逐步向民生倾斜，加大对困难群体的扶持力度；实行支持和促进就业的税收优惠政策。促进实体经济尤其是小型微型企业发展，减轻企业税收负担，充分发挥其在吸纳城乡劳动力就业中的作用。完善和落实促进大学生、农民工、就业困难人员等重点群体就业的优惠政策；实行更加有利于促进就业的金融支持政策。要鼓励和引导金融机构支持符合国家产业政策导向的劳动密集型产业、服务业、小型微型企业发展，加大支持自主创业力度；实施鼓励劳动者多渠道、多形式就业的扶持政策。通过优惠政策和就业服务，扶持劳动者自谋职业、自主就业。

（二）要努力推进重点、困难群体就业。切实做好以高校毕业生为重点的青年群体就业工作。继续把高校毕业生就业放在就业工作的首位。鼓励支持高校毕业生通过多种形式灵活就业。继续做好退役军人就业工作；推进农村富余劳动力转移就业。加快推进新型城镇化发展，为农村劳动力创造更多的就业机会。要加紧消除流动就业的制度壁垒，进一步完善职业培训、就业服务、劳动维权“三位一体”的工作机制。同时，要积极支持农民工返乡创业；加强对困难群体的就业援助。建立健全就业援助制度和工作保障制度，确保就业困难群体随出现随援助随就业。推进各类用人单位按比例安排残疾人就业，扶持残疾人自主创业和灵活就业。做好妇女就业工作。

（三）要加强配套措施改革。一要全面提高就业能力。要加强职业技术人才的培养。加强职业技术教育和技工院校示范校建设，构建具有中国特色的现代职业教育和现代技工教育培养体系。重点支持急需紧缺行业技师培训，加强高技能人才培训基地建设。健全面向全体劳动者的职业技能培训制度。加强就业培训，加快构建劳动者终身职业培训体系，健全完善社会化职业培训网络。二要提升就业服务能力。要加强公共就业和人才服务，形成覆盖城乡的公共就业和人才服务体系。全面实行就业失业登记身份证识别系统，建设城乡人力资源基本数据库。要加快形成统一规范灵活的人力资源市场，充分发挥市场机制在促进就业和配置人力资源中的基础性作用。加强人力资源市场信息网络建设，促进信息资源共享。三要加强劳动者的保护措施建设。健全劳动标准体系和劳动关系协调机制，推进企业改善劳动条件。全面推行劳动合同制度，提高小微企业与农民工劳动合同签订率和履约质量。扩大集体合同制度覆盖面，提高集体协商的实效性。加强劳动保障监察工作，加大对用人单位和人力资源市场的监管力度，全面推进“网格化、网络化”管理。健全违法行为预防预警和多部门综合治理机制，有效处置劳动保障违法行为引发的群体性事件。特别是要努力实现企业职工特别是农民工工资基本无拖欠。

参考文献

[1]陈凤香.浅析供给侧结构性改革的背景和内容[J].经济师,2016(10).

[2]冯俏彬,贾康.我国供给侧改革的背景、理论模型与实施路径[J].经济学动态,2017(7).

[3]李宁.供给侧结构性改革成效如何?[N].经济日报,2018-06-15.

[4] 马汉青. 消失的“人口红利”[EB/OL]. https://wenku.baidu.com/view/e1aeb994910ef12d2af9e792? pcf=2.

[5] 马化腾,张笑荣,孙怡,蔡雄山. 分享经济:供给侧改革的新经济方案[M]. 北京:中信出版社,2016.

[6]吴敬琏,厉以宁,郑永年. 读懂供给侧改革[M]. 北京:中信出版社,2016.

[7]高鸿业. 西方经济学(宏观部分)[M]. 北京:中国人民大学出版社,2015.

[8]廖佳. 重塑与升级:供给侧改革激发中国经济增长新活力[EB/OL]. http://finance.ifeng.com/a/20151231/14143531_0.shtml,2015-12-31.

[9]滕泰. 供给侧改革:下一步怎么办[M]. 北京:东方出版社,2016.

[10]陈少强,唐仲. 供给侧结构性改革背景下的税收政策[J]. 中国发展观察,2017(01).

[11]周跃辉. 以灵活的微观政策激发企业活力和消费潜力[EB/OL]. 中国改革论坛网. http://www.chinareform.org.cn/Economy/consume/Practice/201605/t20160531_250068.htm

[12]马继红. 供给侧结构性改革与公共政策 [J]. 人民周刊,2016(18).

10　社会总需求的变化

［案例］

《人民日报》海外版：网络零售已成为消费转型加速器

“6·18”来临，各大电商平台的购物大战烽烟再起。每年的“网络购物节”，都是一场展示国人消费能力的舞台，从“双11”到“6·18”，各种行业纪录频频刷新，既是电商平台快速成长的体现，也是中国经济形势向好、消费转型升级加速的写照。

网售额约占全球一半

在日前举行的发布会上，商务部新闻发言人高峰表示，当前中国网络零售市场发展快速，实物商品网上零售额对社会消费品零售总额增长的贡献率超过37%，对消费增长形成了强有力的拉动作用，在当前我国消费转型升级中扮演着引领者和加速器的角色。专家指出，中国零售20年的发展实现了两个10倍的增长：前一个10年是专业的实体零售店实现了10倍的增长；另一个10年是电子商务高速发展的阶段，也呈现了10倍的增长。在电子商务的助推下，中国已成为引领全球零售业变革的先锋。2017年，全国网上零售额已经占到全球近一半。根据商务部发布的《中国电子商务报告（2017）》显示，去年全国网上零售额同比增长32.2%，达7.18万亿元。

在零售额高速增长的同时，消费升级类商品增速同样迅速增加。近年来，化妆品、通信器材、中西药品等类型的商品零售额增速持续领跑。业内认为，消费者在美妆、电子设备、医药保健等产品上的开销，反映了在消费升级的大背景下，居民消费需求的转变。与此同时，旅游消费、电影票房收入、移动支付等非实物商品网上零售额的增长，也反映出消费升级的新趋势。不仅是线下，线上零售也适应了居民消费从商品消费为主到商品与服务并重的转变趋势。

“新零售”模式抢眼

商务部副部长王炳南在日前举行的2018中国电子商务大会上表示，电子商务是信息技术与商务活动融合的产物，具有开放、低成本和高效率等优势，代表着新的生产力和发展方向，带动了我国经济供给侧结构性改革和消费升级，也为世界贸易注入了新动能。高峰也指出，目前中国网络零售市场呈现出业态多元化、供给全球化、区域协调化、服务高质化等趋势。

火热的“新零售”，已成为中国零售业态多元的写照。不出1小时就能把生鲜送到家、在超市里可以吃海鲜大餐、没有售货员的无人便利店……在人工智能和大数据的带动下，社交电商、无人零售等新业态层出不穷，不断形成新的消费热点。“新零售”正在改造着消费终端，成为消费升级的主力军。线上线下的相融共赢，催生着消费的新模式，提升着零售行业效率和用户体验。业内专家认为，在新零售时代，传统品牌利用网络渠道在年轻用户群体中打开市场，新技术也推动网购服务升级、模式创新。同时，网上零售从供应链发力，促进了制造业去库存、降成本。

而在供给方面，网络零售不仅使工业品下乡和农产品进城快捷高效，而且促进了全球商品流动。随着跨境电商的蓬勃发展，全球优质的商品已经成为中国消费者的重要选择，跨境电商也成为中国扩大进口的一个重要渠道。2017年，海关验放跨境电商进出口商品总额为902.4亿元，同比增长80.6%。农村网络零售额虽然只有1.24万亿元的规模，但同比增长速度高达39.1%。

与此同时，网络零售带动城乡消费、东部与中西部市场消费协调发展。2017年，中西部和农村地区网络零售增速分别高于全国平均水平8.5和6.9个百分点，有效激发了国内市场的消费潜力，扩大了消费总需求。当前网络零售市场在高速发展的过程中也存在一些问题。高峰表示，刷单、侵权假冒等行为虽然已有改观，但仍然存在。中国将加快完善网络零售的相关法律法规，优化网络消费环境，使消费者愿意网购、放心网购，不断提升消费的新体验。

商务部电子商务和信息化司司长骞芳莉认为，我国电子商务发展仍存在发展不平衡、不充分的问题。从区域看，东强西弱地区失衡；从城乡看，工强农弱品类失衡。传统监管方式难以适应新业态新模式发展，公平竞争秩序和信息安全保护亟待加强。

资料来源：http：//tech.hexun.com/2018-06-18/193223213.html.

10.1 从社会消费总需求变化看供给侧改革有何重要意义？

供给和需求是市场经济内在关系的两个基本方面，是既对立又统一的辩证关系，二者你离不开我、我离不开你，相互依存、互为条件。习近平指出："没有需求，供给就无从实现，新的需求可以催生新的供给；没有供给，需求就无法满足，新的供给可以创造新的需求。"供给侧和需求侧是管理和调控宏观经济的两个基本面，放弃需求侧谈供给侧或放弃供给侧谈需求侧都是片面的。平衡地看，供给和需求都需要改革，因此要从这两方面来推进结构性改革。习近平指出：“经济政策是以供给侧为重点还是以需求侧为重点，要依据宏观经济形势做出抉择，二者不是非此即彼、一去一存的替代关系，而是要相互配合、协调推进。”

总需求是经济社会对产品和劳务需求的总量，由消费需求、投资需求、政府需求和国外需求构成。总需求是拉动经济发展的重要动力。应发挥需求拉动经济增长的强大作用，积极推进供给侧和需求侧的改革。习近平指出：“推进供给侧结构性改革，要用好需求侧管理这个重要工具，使供给侧改革和需求侧管理相辅相成、相得益彰，为供给侧结构性改革提供良好环境和条件。”

需求侧导向为供给侧改革提供良好的基础。有效需求的适度扩张，能有效拉动我国经济的增长。社会需求的不断扩大，为供给侧改革的实施提供一定的基础保障。供给体系的打造，也要协调好需求侧，不断适应需求体系的变化。就目前而言，我国有部分产业已步入供给“老化”的阶段，再通过产业激发潜在需求相对乏力。因此，要推动供给侧改革，就必须在适应消费新需求的前提之下。

进入2000年之后，我们发展最快的产业是什么呢？其实我们看一看富豪榜就知道，过去十几年发展最快的是房地产、汽车产业。我们进行宏观调控，想刺激需求的时候，首先想到的都是房地产和汽车产业，因为我们过去十几年都是围绕这两大产业展开的。与之相关的周期性行业，包括煤炭、有色、建材等所有的这些，都是围绕着汽车和房地产展开的。而这两大产业为什么在这个时候得到迅猛的发展，原因就是老百姓有吃和有穿，突然发现自己还住在筒子楼里，自己还是骑着自行车，对住和行的升级需求急剧上升，与之相关的产业也就迅猛发展，去满足老百姓的需求。过去40年，中国经济的高速发展其实就是满足老百姓的“衣食住行”。这40年城镇居民也得到了基本的满足。未来什么产业将发展迅速？老年人天天想的问题是什么？想的是健康养老的事。中年人天天想的是什么？想的是孩子的教育，有时候想的是健康锻炼。很多“90后”思考的是什么？天天想着旅游、娱乐，他们是VR的消费主力，网上的游戏也是他们的需求所在。这些需求的存在必然导致未来的供给也会发生变化。所谓供给侧改革，其实就是通过供给端的改革来满足老百姓的需求。

10.2　房价过热的需求侧原因有哪些？有何对策？

房地产需求是指消费者在某一特定时期内，在一定价格水平上愿意而且能够购买的房地产商品量。房价过热的需求侧原因主要包括：一是消费习惯因素。我国房地产消费人群以25～40岁为主，而且以年轻人为主，多数年轻人由于消费习惯会过早地加入购房行列，进入购房市场。房地产买方需求较大，进而极易造成房地产供需不平衡问题，使得房地产经济始终处于卖方市场。房地产建设周期长，市场补给速度较慢，进而使得房价持续上涨。二是住房需求因素。城镇化进程的不断加深，城镇化人口数量的激增，加之居民户数规模的减少，使得住房需求不断增加，故拉动房价的不断上涨。三是投资观念因素。由于“买涨不买跌”的国民投资观念，房价越是上涨，购房者的投资意愿更为强烈，这种循环效应必然使得房价不断上涨。

基于需求角度控制房价上涨的对策主要包括：

一是引导购房者理性消费。向消费者进行房产消费相关知识的宣传与教育，使其能够意识到商品房市场的消费风险；加强管控投机性购房行为以及炒房行为；积极培育住房梯度消费。

二是控制房地产投资。随着我国农村人口向城市的不断转移，对房地产的需求将会不断增加，基于需求角度，则需要遏制房地产投资与投机性消费，避免房地产投资需求过大。采取信贷措施，减少资金支持，进而控制房地产投资；采取行政措施与税收措施来控制投机性消费与投资消费。

三是扩大市场供给。造成房价上涨的主要原因是供需不平衡，对此则需要加强市场供给。政府加强行政控制，调整住房供应量，扩大市场供给，进而有效地调整房价。政府需要加大廉租房与限价房等的建设，将更多的保障性住房投放到市场中，以满足房地产市场的住房需求量，满足中低收入者对住房的需求。政府部门需要加强对房地产市场的监督与管理，控制房地产开发企业对银行贷款的依赖。除此之外，政府还需做好房地产市场相关信息披露，及时公布住房建设计划以及住房用地年度供应计划。

房价上涨受供需关系的影响较大，房地产市场需求大，而市场供给小，房价难以控制，基于未来我国房地产需求，则需要我们做出正确的应对措施，加强房地产市场供给，加强政策调整，科学地调控房地产市场。

10.3 为什么说消费已经成为拉动经济增长的主导力量?

消费需求是生产的目的，可以创造出生产力，并刺激投资需求，是经济增长的主要动力。目前我国经济增长由消费、投资、出口“三驾马车”协同拉动，但消费已经成为拉动经济增长的主导力量。总需求是指整个经济社会在每一个价格水平下对产品和劳务的需求总量，它由消费需求、投资需求、政府支出和国外需求构成。早在2013年政府工作报告中就提出，要坚定不移地把扩大内需作为经济发展的长期战略方针，充分发挥消费的基础作用和投资的关键作用。五年以来，消费对我国经济增长贡献率稳步提升，充分发挥了“稳定器”和“压舱石”的作用。2018年4月8日，经济学家迟福林在海口“2018网易经济学家年会·中改院论坛”中提出，2017年，中国消费对经济增长的贡献率是58.8%，比2012年提高13.9个百分点，估计到2020年，将超过65%。消费在经济中已经成为中国进入新阶段或者新时代拉动经济增长的主要推动力、主导力量。当前，我国正引导消费朝着智能、绿色、健康、安全的方向转变，消费热点主要集中在住房、汽车、信息、教育、保险、健康、旅游等方面。随着人们收入水平的提高，生活条件的改善，扩大内需已成为经济增长助推器。而消费需求增长扩大了市场空间，诱发厂商追加投资，拉动投资增长，投资增长又拉动经济增长。另外，消费是生产的推动力也是社会生产的最终目的。马克思早就指出，“没有需要，就没有生产。消费则把需要再生产出来。”消费促进了资金的流动，推动生产的发展，拉动经济增长。

党的十九大报告中多次提到消费，并指出中高端消费将着力培育新增长点，具体包括品牌、服务、信息等。网上购物、订餐以及在线医疗、教育迅速兴起，我国网络零售额从1.3万亿元猛增到5.2万亿元，一跃成为全球第一大网络零售国。随着我国科技的不断进步，发达的网络、智能化设备的使用，让人们享受到了科技带来的便捷。

10.4　网络代购如何兴起？其原因与趋势是什么？

（一）网络代购的兴起。随着当今时代人们消费水平的不断提高和互联网技术的飞速发展，国内商品已不能满足国民日益增长的需求，人们从而将目光转向国际市场。因此，基于电子商务平台的海外采购模式应运而生。代购方式包括卖方在国外购买的货物和买方指定的货物两种形式。从日常生活必需品到奢侈品，代购现象已经渗透到人们生活的各个方面。2015 年全年，我国的电子商务成交额高达 18.3 万亿元，跨境电子商务占据了 5.4 万亿元的份额，与 2014 年相比增长 28.6%，跨境进口方面交易额达到了 9072 亿元。2016 年，我国的跨境电商交易额达到了 6.5 万亿元，相较 2015 年增长 23.5%。2016 年，我国参与网络代购的人数也大幅增加，较之 2015 年增加了 78.3%，达到了 0.41 亿人。

（二）网络代购发展原因。第一，由于国民收入不断增加，总需求上升，国外商品的种类众多且性价比高，能够满足他们的消费需求，因此更多的人会选择海外代购的方式获得商品。第二，境外商品运输到国内售卖会交付一定额的关税和物流运输费用，在商品价格水平既定的条件下，税收会使消费者比代购支出一倍甚至几倍更多的费用。此情况下，受到需求关系的影响，人们对从境外运输到国内销售的商品的需求量减少，消费者对这些已进入国内销售商品的支出减少。第三，互联网技术的迅猛发展，使得人们有更方便快捷的途径去购得海外所需商品。

（三）网络代购趋势。网络代购对于国内而言是近些年才快速发展起来的，属于一种新兴购物模式，这种“新”的特征不仅体现在购买者方面，同时也体现在销售者方面，供需市场还没有发展成熟。近几年来，基于网络代购的优势，网络代购的发展势如破竹，与此同时，我们不能忽略其劣势。由于网络代购是一种起步较晚，发展时间也较短的新型购物模式，其在发展上还存在着一些漏洞。举例而言，目前在代购平台中，还存在将“A 货”当作正品销售给消费者的情况，这些问题直接导致了消费者的权益无法被有效地保护。首先，在国内开设网络代购的店铺，不必通过工商登记，这样一来，虽然开店便捷，却也导致了监管的缺失，导致当前的代购市场商品与商家都良莠不齐。其次，在代购销售的过程中，商家与消费者相隔甚远，对彼此也不够了解，如果有纠纷产生，消费者往往无法通过有效的法律途径来进行维权。目前国内的代购网站通常都只是提供平台，对于商品的质量不负相应责任。最后，物流体系也是当前网络代购的劣势。

上海自贸区的成立，是国家发展战略的重大举措，意义重大。一是免税和自由港将有助于吸引高端制造业，而贸易区将有助于吸引更多的加工、制造、贸易、仓储和物流公司，这将与中国的产业升级重叠。因此，自由贸易区对物流的集聚效应将更加显著。海外卖家可以向中国出口大量产品，降低物流、清关等交易成本，提高商品竞争力，通过网上零售开拓中国巨大的市场。二是风险相对较低。此时，总供应量上升。同时由于国民收入增长，总体对海外商品需求会上涨，从而达到总量平衡。这时物价会比较稳定，也能够使经济得以平稳增长。在此以前，国内零售渠道模式已经固化，海外中小企业无法通过自身产品及价格优势进入中国市场，这使得海外代购现象愈演愈烈。当资本掌握在少数几家垄断企业手中，中国跨境电商会很艰难。但此时电商可直接进入中国市场，这对于越来越庞大的“海淘”中国消费者来说，是一个福音。如果原来的商品单价不是很贵，加上邮购费和税费，有些商品的价格比在国内购买还贵，则交易是不合适的，而自由贸易区的税收优惠和海淘贸易平台，则使中国日益壮大的跨境电子商务业务更加强大。

10.5 我国理财产品爆发式增长的原因是什么?

改革开放40年，随着中国经济的发展，人均收入持续增长，我国居民家庭财产以及货币积蓄随之增加，可供居民家庭支配的财产份额也逐步增长，理财已经走进了中国人民的家庭生活。国际闻名的投资大师彼得·林奇说:“长期而言，你将来的财富不只取决于你目前赚了多少钱，而是你能拿到多少钱投资。”这句话意味深长，应该认真思考。俗话说:你不理财，财不理你。如何有效地利用每一分钱?如何及时地把握每一个投资机会?理财的要诀就是开源和节流。所谓开源，便是争取资金收进;所谓节流，便是计划消费，预算开支。理财的目的是为了增加财富。成功的理财必须具备两个条件，一是回报高，二是风险低。生财轻易守财难，经过生财的艰苦创业的人，一般都知道守财的重要。因为财还能生财，无形的财和有形的财还能相互转化。没有经过生财的艰苦创业的人，往往不重财，守不好财。这是社会现实中存在的一种较为普通的现象。

我国个人理财产品需求的影响因素有个人财富的增长、金融市场不断完善、实际利率过低等，供给的影响因素有产品设计理念、专业的高素质人才、创新力度等。但我国个人理财供求方面存在矛盾。目前个人理财产品的需求非常旺盛，但是这种需求并没有被很好的满足，首先，个人理财产品的种类还比较单一，仍然以传统的个人理财产品为主。其次，个人理财产品的数量不足，与世界各大银行两万多种理财产品相比简直是沧海一粟。最后，我国个人理财产品领域面临结构性短缺，即我国推出的理财产品与客户需求脱轨，不能满足客户的需求。我国要缓解个人理财产品供求失衡的问题，就要不断提高个人理财产品的供给能力，加强创新意识，为客户提供量身定制的个人理财产品，满足客户日益增长的个人理财需求。

个人投资理财的必要性主要表现在以下两个方面：一是个人投资理财可以使个人以及家庭的财务状况处于最佳状态，从而提高生活品质。对于我们每个人来说，若能科学地投资理财，就能事半功倍，轻松享受人生。我们大多数人处于工薪阶层，资金不富余，财产不殷实，实际上我们比富人更需要投资理财，因为资金的减少对富人来说影响不大，而对穷人则关系重大。成功的投资理财可以增加收入，可以减少不必要的支出，可以改善个人或家庭的生活水平，享有宽裕的经济能力，可以储备未来的养老所需。二是个人投资行为是保证社会资金循环，实现社会再生产的关键环节。社会资金以工资等收入形式由企业部门流向居民部门，而居民部门通过购买产品与消费的行为，消费了产品，同理又使资金回流到企业部门用于再生产。追求个人利益的投资理财活动，不仅使自己得到物质与精神上的满足，而且个人投资理财的结果是使社会财富结构不断优化，效率不断提高，从而推动社会不断进步。显然，个人投资理财活动也是对社会的一种贡献。

10.6 中国汽车需求的升级方向如何?

近年来，随着经济的稳定发展和人民生活水平的提高，我国汽车销量每年保持稳定增速，汽车保有量不断攀升。2017 年，我国汽车销量达到 2888 万辆，同比增长 3%，其中乘用车销量为 2472 万辆，同比增长 1.4%。我国汽车保有量也节节攀升，截至 2016 年年底，全国汽车保有量为 1.94 亿辆，同比增长 13%，其中私家车保有量达到 1.46 亿辆，同比增长 18%，占全部汽车保有量的 75%。(见图 10－1)

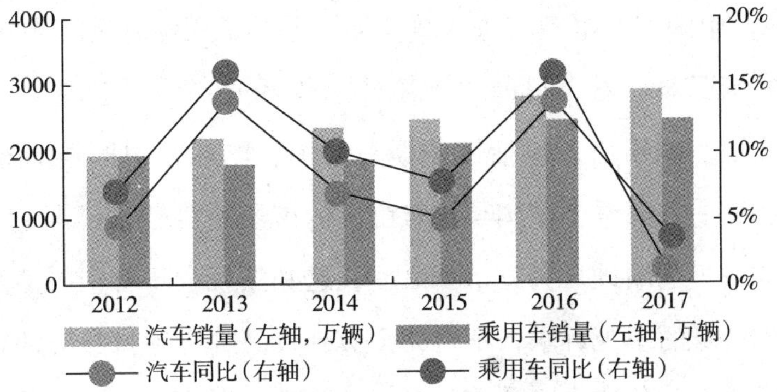

图 10－1 中国乘用车销量保持较高增速

资料来源:前瞻产业研究院整理.

得益于经济快速发展、居民可支配收入的提升、国家政策推动等影响，我国居民的汽车产品需求持续旺盛，过去几年汽车市场经历了快速扩张和发展，其中我国乘用车市场规模持续高于行业水平，同时我国私家车保有量持续稳步高速增长。据前瞻产业研究院发布的《汽车销售行业发展模式与投资战略规划分析报告》预计，随着汽车销量的基数持续攀升，我国乘用车新车市场2018—2020年增速约3%，总体处于低增速状态，到2020年，国内乘用车销量将达到2700万辆。但汽车保有量的增速高于汽车销量的增速。

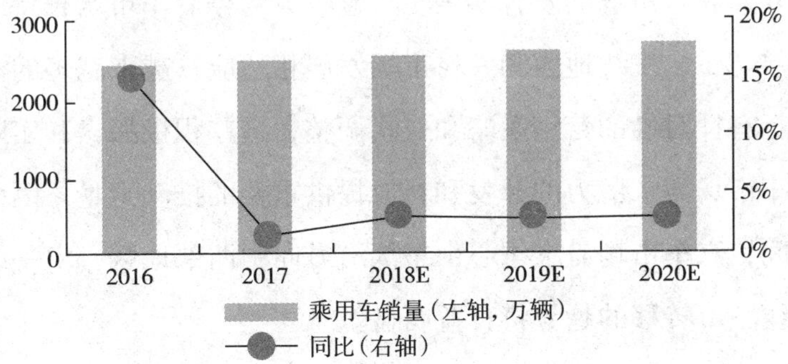

图 10－2 中国乘用车销量增速将逐步放缓

资料来源:前瞻产业研究院整理.

（一）中国汽车消费将进入普及期。通过千人保有量和人均 GDP 在国际上的情况对比看，目前中国还处于较低的（汽车消费）水平。和新兴的经济实体相比，包括俄罗斯、泰国、巴西，中国还有很大的差别。而从另一方面看，中国孕育着巨大的市场消费潜力。

中国汽车逐渐进入买方市场之后，这必然就意味着中国消费者已经逐渐形成自身的主观诉求，不再完全被外资品牌主导自身的消费，尤其是产品的过度竞争和本土化车型的壮大，在未来的 10 年，中国汽车消费趋势将会面临新一轮的变化与选择。

（二）中国汽车市场需求重心将向二、三线地区延伸。部分东部沿海发达城市尤其是最先发展起来的京广沪深等一线市场，在经过近几年各大厂商的深度耕耘后，开始逐渐进入成熟期，未来几年，控制总量基调日益明显，控制范围也将不断扩大，高速增长态势必将受到较大程度的抑制。而同时，汽车行业二、三线市场的增长依然值得期待，尤其是中西部各省市区域，伴随着区域经济发展和人均收入的增加，对汽车的需求将逐步进入新的膨胀期，在接下来的几年存在着极大的增长潜力，增速高于传统的一线市场将成常态。

此外，农村市场的发育和增长，也将成为今后车市增长持续不断的推动力。与二、三线地区和农村市场发展相适应，越来越多的汽车企业正在进行有针对性的营销策略和模式调整，这些积极探索和实践也将为中国汽车市场需求潜力的开发和释放提供重要的推动力量。因而，未来一段时间，汽车市场需求重心由东部沿海向中西部地区，由一线城市向二、三线城市转移的趋势将日益明显。

（三）中国汽车市场需求结构将产生新的变化。

1. 自主品牌汽车面临挑战。一方面，自主品牌一直集中在中低端市场竞争，并且近两年自主品牌大肆扩充产能，而随着市场整体发展节奏放缓和刺激政策的退出，产能闲置、库存超标以及价格战将对自主品牌带来较大的压力。同时，合资企业中低端产品定位继续下探的趋势仍在加强，由于在品牌号召力方面具备更强的引导力，如果合资企业产品群体性向低端铺开，自主品牌的市场份额将遭遇严重威胁。另一方面，在近几年的品牌培育中，自主品牌的知名度也有了很大的提升，并且由于二、三线市场消费者对品牌的认知度不如一线市场强烈，其跨越式发展也将给自主品牌提供更大的发展空间。

2. 节能与新能源汽车加快发展。随着制约新能源汽车的政策因素得到解决，在基础建设不断完善的情况下，未来几年将有更多的电动汽车和插电式混合动力汽车进入普通老百姓的家庭。虽然短期内新能源汽车产业化还存在诸多困难，但在政府相关政策的支持和引导下，新能源汽车销量比重将逐步提升。

10.7 大健康产业的提出背景是什么?

随着人民生活水平的日益提高，人们越来越追求高质量的生活，大健康产业由此衍生出来。大健康即围绕人的衣食住行、生老病死，对生命实施全程、全面、全要素的呵护，既追求个体生理、身体健康，也追求心理、精神等各方面健康。而发展大健康产业的重要前提，就是转变传统医疗产业发展模式，即从单一救治模式转向“防—治—养”一体化防治模式。为此，除了应继续发展以医疗器械为主、以药品为主的医疗医药工业，还应加快发展以保健食品、药妆、功能性日用品等为主的保健品产业，以个性化健康检测评估、咨询服务、疾病康复等为主的健康管理服务产业。没有全民健康，就没有全面小康。党的十八届五中全会从协调推进“四个全面”战略布局出发，提出“推进健康中国建设”

的宏伟目标，凸显了国家对维护国民健康的高度重视和坚定决心。近年来，各级政府在这方面做了大量工作，如建立了覆盖城乡的居民医保体系、逐年提高医保补助标准、推进县级公立医院改革、破除以药养医等，都使医疗卫生服务水平有了很大提高。但我国基本医疗卫生服务仍存在诸多问题。许多家庭因病返贫，医患纠纷时现报端，城市医院人满为患，乡村医疗卫生机构举步维艰。

同时，食品药品安全、饮水安全、职业安全和环境问题等也成为重大健康隐患，对保障国民健康带来新的压力。慢性病、老年病、肥胖症以及亚健康等趋于增多。解决这些问题，迫切需要树立大健康理念，发展大健康产业。我国处于大健康产业的黄金时期，我国的经济总量排名世界第二，为发展产业提供了经济保障。但与此同时也存在一些问题，老龄化愈发严重，因此健康产业更是迫在眉睫，此外我国还陷入了一种慢病的现状，造成了很大的负担。第四次国家卫生服务调查结果显示：2008 年，慢性病患病率就已达 20%，死亡数已占总死亡数的 83%。过去 10 年，平均每年新增慢性病例接近了 2 倍。心脏病和恶性肿瘤病例增加了近 1 倍！美国《保健事物》杂志报告，中国人的腰围增长速度将成为世界之最。肥胖人口将达到 3.25 亿人，未来 20 年将会增长 1 倍，腰围只要增长 1 英寸（2.54 厘米），血管就会增长 4 英寸，患癌风险高 8 倍！2020 年，我国进入严重老龄化社会。

随着国内公众自我保健意识的不断提高，众多药企纷纷“押宝”大健康产业。在医药领域内，所谓的“大健康”产业通常包含两个层面：一个是指与人体健康相关的产品，比如保健食品、药妆等；另一个是包括体检、疾病康复等的医疗服务，即疾病预防、养生保健、护肤美容等“大健康”领域。据广发证券研究报告显示，未来 10 年将是中国保健品行业的黄金期，2020 年行业规模将突破 4500 亿元。保健品业是全球性的朝阳产业，全球市场容量为2000亿美元。1980—2000年间，美国的保健品销售额增长了36倍，日本增长了32倍，欧盟年复合增速17%。2010年，我国保健品行业市场规模达1000亿元。随着生活水平的提升，人们将回归到“治未病”的传统健康文化的核心理念上，保健品消费增速提速，预计到2020年市场容量可达4500亿元。

10.8 休闲观光农业的现状如何?

作为一种新兴的生态旅游业，休闲观光农业把休闲观光旅游与农业结合在一起，在给人们带来了欢乐的同时也获寻了一定的经济效益。这样不仅满足了人们的精神需求，满足了人们的物质需求，还充分地提高了环境的质量，提高了土地的利用率，推动了农业的发展。

休闲观光业是为满足人们对精神和物质需求而开展的、可吸引游客前来游玩、观赏、休闲、度假的现代农业形态，采用了生产、生活与生态三位一体的农业经营模式，将区域农业与休闲旅游业有机融合在一起，既给人们提供了休闲娱乐的场所，又获得了一定的经济效益。它是旅游业与农业之间交叉性的新兴产业。建设观光农业游览基地及项目，可以成为人们观光旅游、丰富农业知识、交流农业经验、体验农业生产劳动与农民生活、享用农业成果、利用田园休憩健身的场所和农业深层次开发的样板，从而促进当地绿色产业的发展。

近几年来，随着休闲观光农业的发展，各地区也在不断地因地制宜发展自己的特色休闲观光农业，而且已经初具规模。到现在，各地区的休闲观光农业已经逐渐形成了功能类型多样化、投资个体多样化和管理模式规范化的局面，休闲观光农业在逐渐地发展，并趋向于成熟。而且近几年来，休闲观光农业所占比例也在不断提高，并逐渐发展形成较大规模。

随着休闲观光农业的不断扩大和发展，休闲农业的经营类型也在不断增加。同时，为了适用各种不同的经营类型，休闲观光农业的发展模式也在不断发生变化，并逐渐趋向于多样化。例如，在许多地区，农民利用自家院子及周围的自然地理条件吸引城市游客，邀请游客到自己家里品尝农家饭，住农家院，干农家活等；或者是以农产品为媒介，邀请游客进行农产品的采摘和现场品尝等，以增加休闲观光农业的娱乐性和休闲性。在各个地区，农民为了扩大本地区休闲观光农业的知名度，想出了许多的宣传方式，这也就产生了宣传方式多样化的现象。例如，建设该地区自己的休闲观光农业网站，不断丰富网站内容，扩大网站的知名度并利用各种传媒进行宣传；组织开展与休闲观光农业相关的各类活动，如评选该地区优秀休闲观光农业代表等，以不断扩大影响，吸引游客等。政府大力支持农民建设休闲观光农业，实行多种优惠政策，鼓励支持各类宣传活动，推动休闲观光农业的发展，并投设大量资金进行支持，鼓励建设具有地方特色的休闲观光点，发展地方特色文化和具有代表性的特色产品，推动特色产业的产生和发展。2018 年4 月，农业农村部印发通知，部署开展休闲农业和乡村旅游升级行动，推动业态升级、设施升级、服务升级、文化升级、管理升级，到 2020 年，产业规模进一步扩大，营业收入持续增长，力争超万亿元，实现乡村休闲旅游高质量发展。

作为新型生态旅游业，休闲观光农业的兴起有利于提高农民的收入，改善农民的生活质量；有利于改善农村的产业结构，促进新农村的建设；有利于加强城乡之间的联系，改善生态环境。

10.9 我国海外旅游的现状如何？

随着人们生活和收入水平的提高，境外游越来越受到青睐。根据

2018年3月1日中国旅游研究院、携程旅游集团联合发布的《中国游客中国名片，消费升级品质旅游——2017年中国出境旅游大数据报告》显示，2017年中国公民出境旅游突破1.3亿人次，花费达1152.9亿美元，保持世界第一大出境旅游客源国地位。据报告统计，中国已经成为泰国、日本、韩国、越南、柬埔寨、俄罗斯、马尔代夫、印尼、朝鲜、南非等10个国家的第一大入境旅游客源地，中国游客在这些国家国际游客中的占比最高达30%。中国也是美国、阿联酋、英国、新西兰、菲律宾、斯里兰卡、加拿大等国家的重要客源国。2017年，中国还成为赴南极旅游的第二大客源国。出境旅游呈现"消费升级、品质旅游"的特征与趋势。选择升级型、个性化的旅游产品，深度体验目的地的游客占比提升。出国目的也从观光购物转向享受海外优质生活环境和服务。出境旅游已成为衡量中国城市家庭和年轻人幸福度的一大标准。

参考文献

[1]管凤枝,徐千钧,朱嗣和.河南新县生态休闲观光农业与乡村旅游的思考[J].中国乡镇企业,2013(9).

[2]李宗雪.浅谈云南省生态休闲观光农业发展的现状及对策[J].青年与社会,2013(11).

[3]杨明艳,袁学安.普洱市庄园旅游可行性分析——以茶文化为主导模式的休闲观光农业[J].亚热带农业研究,2013(9).

[4]彭福伟.怎样看待目前对外贸易对国民经济增长的作用[J].国际贸易问题,1999(1).

[5]沈程翔.中国出口导向型经济增长的实证分析:1977－1988[J].世界经济,1999(12).

[6]林媛媛.进口与经济增长正相关回归分析[J].国际经贸探索,

2000,16(3).

[7]https://bg. qianzhan. com/trends/detail/506/180202 - 353c4732. html.

[8]中国大健康产业前景及趋势发展[EB/OL]. 搜狐网. https://www. baidu. com/link? url = h56 - 3ldSFZFfMV NISatXaMHhKQtZDVN4OcBup.

[9]李树刚. 甘孜州高度重视食品安全工作[N]. 中国食品安全报, 2017 - 08 - 11.

[10]宋朝华. 关于高考食品安全问题[N]. 中国食品安全报,2018 - 06 - 08.

[11]中国旅游研究院,携程旅游集团. 中国游客中国名片,消费升级品质旅游——2017 年中国出境旅游大数据报告》[R]. 2018 - 03 - 01.

11　物价水平的波动

[案例]

经济观察：中国物价水平有望延续平稳态势

与经济稳中向好、好中有进相适应，2018 年前 5 月中国物价在温和区间运行。市场预计，未来中国物价水平有望继续保持平稳态势。

物价总水平稳

CPI（居民消费价格指数）温和回升。前 5 个月平均，中国 CPI 同比上涨 2.0%，涨幅比去年同期回升 0.6 个百分点，延续温和上涨态势。PPI（工业生产者出厂价格指数）涨幅明显回落。前 5 个月平均，PPI 同比上涨 3.7%，涨幅比去年同期回落 3.1 个百分点。CPI 和 PPI 剪刀差持续收窄，上下游走势更趋协调。前 5 个月平均，PPI 和 CPI“剪刀差”收窄 3.7 个百分点，PPI 生产资料内部“剪刀差”收窄 22.1 个百分点，反映出上下游走势更趋协调。

民生商品价格稳

中国粮食产量连续 5 年超过 1.2 万亿斤，猪肉、蔬菜、食用植物油年人均产量分别超过 38 公斤、500 公斤和 43 公斤，使中国食品价格保持平稳具有良好基础。前 5 个月平均，CPI 中的食品价格同比上涨 1.4%。其中，受市场供求关系相对宽松影响，猪肉、食用油价格同比分别下跌12.4%和1.1%。工业消费品方面，前5个月，智能手机、空调、冰箱、汽车产量分别为53474万台、7031.2万台（前4个月）、2513.2万台（前4个月）、1199.3万辆，同比均有不同程度增长；CPI中的工业消费品价格同比上涨1.6%，保持小幅上涨态势。

服务价格小幅上涨。前5个月平均，服务价格同比上涨2.8%，延续温和上涨，反映出居民对休闲旅游、医疗保健等消费需求持续增长，消费升级步伐加快。

大宗工业品价格稳

中国大宗工业品生产平稳、供应充裕。前5个月平均，规模以上工业增加值同比增长6.9%。其中，原煤、粗钢、十种有色金属、原油加工量、天然气产量同比分别增长4.0%、5.4%、3.2%、8.9%和4.3%。价格有涨有跌、以稳为主。6月上旬，四种钢材综合平均、秦皇岛5500大卡动力煤、上海市场铜价格比去年年底分别下跌4.8%、3.8%和3.8%，上海市场铝、大中城市普通水泥价格比去年年底分别上涨1.9%和0.8%。

市场预期平稳将延续

市场普遍预计，宏观环境稳定、市场供给充裕，中国价格总水平将延续平稳运行。央行二季度储户调查显示，超过60%的居民预期后期物价将稳中有降。中国国家发改委价格司方面表示，下半年物价保持平稳运行具备坚实基础。从宏观环境看，中国经济已从高速增长阶段转向高质量发展阶段，经济持续稳中向好，结构调整稳步推进，宏观调控政策保持连续性、稳定性，总供求关系相对平稳。从市场供给看，中国粮食生产连年丰收，油料作物种植面积稳中有增，生猪产能处于高位，全社会粮油库存水平较高；工业消费品生产能力充足，市场竞争充分；服务业适应居民消费升级需要快速发展，供给能力不断提升，重要商品和服务市场供给充裕。中国社会科学院财经战略研究院研究员张德勇表示，今年以来，中国经济运行的整体态势是“稳”字当头，除经济平稳增长外，物价走势总体保持在稳定可控的幅度内，为宏观经济平稳运行提供了有利因素。

资料来源：http://sh.qihoo.com/pc/940117a89 e460acbd? sign = 360_ e39369d1.

11.1 改革开放以来我国物价总体水平是如何波动的?

图 11-1 所示为 2008—2018 年我国国民消费价格指数走势。由此可知，近几年我国物价水平总体上处于平稳状态。1978—2011 年间，发生了六次通货膨胀和一次通货紧缩。主要的通货膨胀发生在 1978—1983 年、1984—1986 年、1987—1990 年、1991—1999 年、2007—2008 年、2010—2011 年，相应的峰值分别为 7.5%（1980 年）、9.3%（1985 年）、11.8%（1988 年）、24.1%（1994 年）、5.9%（2008 年）、5.4%（2011 年），一次通货紧缩发生在 1998—2002 年，其中 1999 年下降幅度最大，为 1.4%。

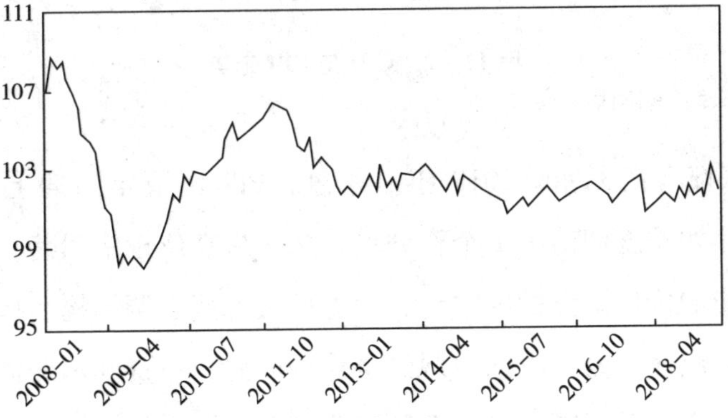

图 11-1　2008-2018 年中国国民消费价格指数走势

11.2 我国当前物价水平稳定的表现是什么?

价格反映供需关系，是国民经济发展的“晴雨表”。党中央、国务院坚持稳中求进的工作总基调，持续推进供给侧结构性改革，逐渐理顺重要领域价格形成机制，不断优化高质量发展环境，市场供需保持基本平衡，物价运行总体稳定，既说明国民经济总体运行较为健康，也为国民经济健康发展提供了良好的宏观环境。

2017 年以来，我国居民消费价格指数（CPI）温和上涨，涨幅低位运行；工业生产者价格指数（PPI）波动上升，涨幅高位震荡。整体来看，2017 年以来我国 CPI、PPI 整体处于温和的通胀区间。（见图 11 –2）

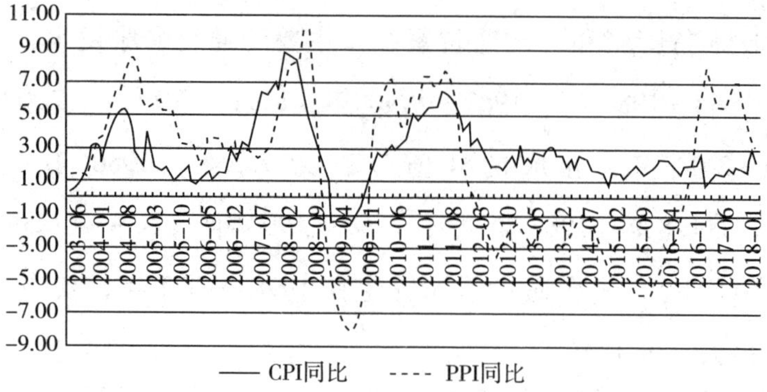

图 11 –2 CPI 与 PPI 走势

资料来源：WIND.

PPI 涨幅有所回落。2018 年一季度，PPI 比上年同期上涨 3.7%，涨幅比上年四季度回落 2.1 个百分点，属于从高位正常回落，涨势趋于平稳。从影响价格上涨的因素看，一方面去产能、调结构、提升供应质量取得明显成效；另一方面宏观经济稳中向好，投资和消费需求保持较快增长，供需关系不断改善。多数工业行业价格涨势平稳。一季度，在

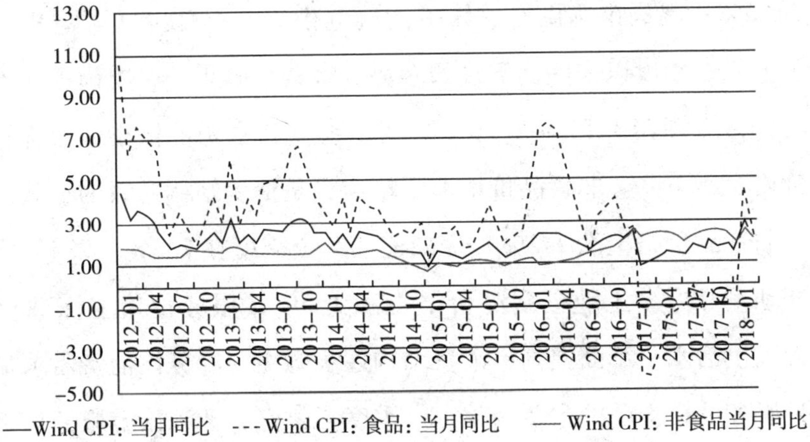

图 11－3 CPI 食品与非食品同比增速走势

资料来源：WIND.

调查的40个工业大类行业中，32个行业产品价格上涨。其中，涨幅超过10%的有5个，涨幅居于3%～10%之间的有9个，涨幅低于3%的有18个。黑色金属冶炼和压延加工业、石油和天然气开采业、石油煤炭及其他燃料加工业、有色金属冶炼和压延加工业、煤炭开采和洗选业等大宗商品价格虽有所上涨，但与上年四季度相比，涨幅均有所回落。前期波动较大的一些行业价格趋于稳定。造纸和纸制品业价格涨幅由上年10月的16.6%，回落到今年3月的9.2%；燃气生产和供应业价格涨幅由上年12月的6.4%，回落到2.2%。

消费领域价格涨幅虽有所波动，但较为温和。CPI月度涨幅有所波动，但总体平稳。2018年一季度，CPI比上年同期上涨2.1%，延续了温和上涨态势。其中，1—3月分别上涨1.5%、2.9%和2.1%，涨幅有所波动，主要是食品价格变动所致。2月，因为春节因素需求增加，但大范围降温和雨雪天气影响供应，食品价格环比上涨4.4%；3月，节后需求回落及天气转暖，供需关系调整，价格迅速回落，下降4.2%。在食品中，鸡蛋价格较上年同期较低，目前在恢复性上涨期间，一季度上涨21.6%；猪肉市场供需总体平衡偏宽松，一季度价格下降9.9%，延续了上年二季度以来同比下降的趋势。鲜菜、鲜果、牛羊肉和水产品等食品价格涨幅在3.1%～13.6%之间；粮食和牛奶价格小幅上涨；食用油价格有所下降。非食品价格上涨略快，是消费结构升级的反映。一季度，非食品价格上涨2.2%，涨幅连续5个季度在2.2%～2.4%之间微幅变动。其中，工业消费品价格上涨1.5%，服务价格上涨2.9%。随着人民生活水平不断提高，消费结构逐步升级，服务性消费需求显著增长是服务价格上涨的主要因素。一季度，家庭服务和旅游服务价格分别上涨5.4%和4.1%，养老服务、邮递服务和教育服务价格分别上涨3.5%、3.3%和2.7%。

11.3 我国房价上涨的影响因素有哪些?

近年来，我国房地产市场飞速发展，房地产业在中国经济中占据着十分重要的地位，并且推动着中国经济和社会的发展。然而，房价飞速上涨，老百姓的收入并没有随之同比例增长，这严重影响了人民的生活，在推动着经济发展的同时也给国民经济的健康发展带来了一系列问题。因此，剖析房价上涨的各种影响因素对中国经济健康发展至关重要。

（一）供需关系不平衡是房价上涨的根本原因。城市建设速度不断加快，然而城市中心建设用地资源紧缺，再加上全国各地普遍实行土地的收购储备制度，土地增值收益已成为各个地方政府财政收入的主要来源，因此土地价格不断上涨。而土地价格占房地产价格比例很大，因此土地价格的增长对房地产价格的增长起着至关重要的作用。另外土地资源是不可再生资源，而房地产业对土地资源有着很强的依赖性。当房地产价格上升时，无法通过增加土地供给来抑制价格的增长。土地价格上升时，一定程度上导致房地产供给量减少，从而推动了商品房的价格上涨。

市场需求的巨大性也导致了房价的上涨。我国人口数量不断增长，基于“人多地少”“人多房少”的基本国情，我国人民对房屋的需求量非常巨大。随着国民经济的快速发展，人民生活水平不断提高，人民对其居住的要求和需求显著增加。加上大批投资资金流入房地产，使销售市场的投资型需求增加，而市场又受人民币升值影响，大量游资涌入房地产市场，更加增加了房地产的需求。综上，房屋总需求大于总供给的增长，房地产市场供需矛盾紧张，市场供不应求，房地产价格不断上涨。

（二）税收政策也是房价上涨的主要原因。房地产开发成本居高不下，税费较重也是原因之一。房地产的开发成本主要包括地价款、开发成本、开发费用、相关税费等。这里房地产开发企业需承担的税金，包括城镇土地使用税、印花税、营业税及附加、土地增加税等。国家为了控制房价上涨和投资过热，曾多次增加房地产开发企业的税金，特别是在2006年强调严格按照超额累进税率征收土地增值税后，房地产开发企业的税负成本不断提高。然而我国对房地产持有环节税负较轻，持有成本低廉，这就导致了投机现象严重。房地产持有环节征收的税种主要有3个，包括城镇土地使用税、房产税、城市房产税。这些税种不仅设置税率较低，而且大都具有较大的免税范围，税收优惠政策较多，使得房地产持有环节的总体税负水平偏低。由于房地产持有环节税种少，税负轻，使得近年来我国房地产市场投机盛行。这些不正常的房地产炒作造成房价虚高，房价被人为地抬高。

（三）我国人民的消费心理以及消费文化也是房价上涨的重要原因

之一。在中国，房屋不单纯是一个遮风挡雨的住处、一个休息的地方，更多的是被赋予精神层面上的意义。受传统观念的影响，中国人难以接受成为无家之人的事实，一旦所居住的房子被拆征用，很多人会立即投入到购房者的行列，形成购房队伍的中坚力量。所以只要有房被拆必然涌现出大量的购房者，房价伺机便涨。对于另外一部分年轻人来说，拥有自己的房子已成为结婚的前提条件或者说是稳定生活、安居乐业的保证。这也促使一部分住房需求被提前释放出来增加了现在对房屋的需求。

随着房价的不断上涨，对于普通消费者，他们此时的预期心理便是房价会一直上涨，在这个过程中，开发商利用政策和市场信息的不对称，利用自己的话语权，通过媒体宣扬“房价还要继续上涨”的观点来进一步强化老百姓的心理预期，造成局部地区房价短期内出现非正常上涨。可见，我国人民的消费心理以及消费文化也成了房价上涨的重要原因之一。

11.4　我国粮食价格为什么会高于国际市场价格？

我国农产品的价格绝大多数都比国际市场高，比如说粮、棉、油、糖、肉、奶，这些都是老百姓生活不可缺少的产品，我们都在进口。很多时候不是我们产不出来，而是产出来的比人家的价格高得多，这就给了国际农产品进入中国的机会，压缩了中国农产品的利润空间。这个价差大到什么程度？2015 年至今，谷物的价格水平，我们要比国际市场平均高出 30% ~50%；大豆要高出 40% ~50%；棉花要比国际市场高出 30% ~40%；糖要比国际市场大概要高出 60%，肉类、牛羊肉要比国际市场的价格高出 70% ~80%；奶类的价格，2016 年全球鲜奶生产

者的价格，奶农卖给食品厂的价格，全球平均价格是 1.85 元一升，我们的价格是 4.05 元一升。（见图 11－4）

上涨的成本中以劳动力成本上涨最快，每亩家庭劳动日工价由 2013 年的 68 元/人上涨到 2016 年的 98.1 元/人，涨幅较大，尽管劳动天数（家庭）根据作物不同，都有明显下降（以稻米为例，其他作物也大体相同），但是劳动力的总成本却在不停上涨。土地成本上涨接近一倍。物质费用投入的成本虽然占比有所下降，但是绝对值仍然在上涨，其中由于受到化肥价格低廉和担心大幅度减产的影响，农户针对减少化肥使用的意愿并不显著。总体而言，成本的上涨可谓十分迅猛。根据数据分析，成本各因素对于价差产生的贡献占约不到 20%。（见图 11－4）

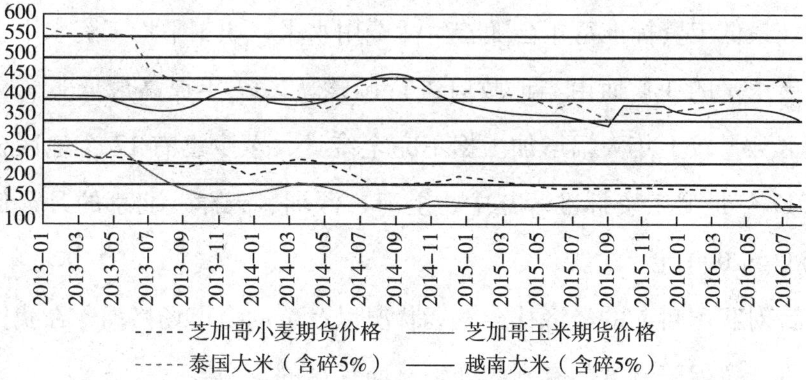

图 11－4 国际市场粮食价格走势

汇率变化与国际价格对价差的影响贡献在 60% 左右。人民币坚挺走高，使国际农产品折算后的价格低于国内市场价格，加剧了国内外农产品比价关系的失衡。人民币的升值推进了我国进口国外农产品，国外农产品相较于从前更为便宜。从表面上看，汇率的变化只促进了价差的提前到来，而通过数据分析发现汇率的波动对于国内价格的影响更是巨大，成为影响价差形成最大的占比因素，对价差的影响贡献高达 60% 以上。

11.5 我国实行最低工资标准的意义是什么?

最低工资标准是指劳动者在法定工作时间或依法签订的劳动合同约定的工作时间内提供了正常劳动的前提下，用人单位依法应支付的最低劳动报酬。最低工资标准是国家为了保护劳动者的基本生活，在劳动者提供正常劳动的情况下，而强制规定用人单位必须支付给劳动者的最低工资报酬。《中华人民共和国劳动法》第四十八条规定，国家实行最低工资保障制度。最低工资的具体标准由省、自治区、直辖市人民政府规定，报国务院备案。用人单位支付劳动者的工资不得低于当地最低工资标准。最低工资标准每年会随着生活费用水平、职工平均工资水平、经济发展水平的变化而由当地政府进行调整。2017 年提高最低工资标准的地区数量较上年大幅增加。据不完全统计，至少已有 17 个地区公布了 2017 年最低工资标准。其中，上海、深圳、天津、北京的月最低工资标准≥2000 元。

针对我国目前的经济社会发展状况以及劳动力市场格局，在我国实行最低工资保障制度的有利之处是显而易见的。

（一）有利于保护劳动者权益。我国劳动力市场处于严重供大于求的状态，在劳动力市场上，广大的普通劳动者因为拥有的专业人力资本和核心人力资本不多甚至没有，在与用人单位的谈判和博弈中，往往处于弱势地位，这体现在工资待遇的要价中谈判力不强，用人单位有可能利用其优势地位压低劳动者的劳动报酬。因此，最低工资保障制度保障了劳动者在提供了正常劳动的前提下，获得维持其生存及必要的供养其家属的最低费用。提高最低工资标准，有助于改善不合理的劳资分配关系，建设更加和谐的劳资关系。

（二）有利于促进社会的稳定和发展。和谐社会需要有和谐的劳动力市场，和谐的劳动力市场离不开和谐的劳动关系。工资待遇是影响劳动关系的重要因素之一。通过对有关统计数据的进一步研究可以发现，从1997年到2003年，在我国民营企业的劳动争议中，有33%~50%与劳动报酬、保险福利及劳动保护有关。因此，工资待遇问题已经是影响我国劳动关系和谐发展的重要因素，进而成为影响我国社会和谐与稳定不可忽视的因素。所以说，最低工资标准的实施在保护劳动者合法权益的同时，有利于缓和劳动者与用人单位之间的对立冲突，促进社会和谐发展。

（三）有利于改善国民收入分配状况。当前，我国收入分配中存在的最大问题就是普通劳动者收入水平过低且增长缓慢。不仅如此，低收入者的收入水平增长更加缓慢。我国存在严重贫富差距，实行最低工资标准，对于缩小贫富差距有着至关重要的意义。

（四）有利于推动转变经济发展方式。适度调高最低工资标准，从而提升企业的劳动力成本，这将进一步促使企业更多地依靠技术进步与技术创新提高其竞争力，从而推动经济发展方式的转变。

当然，我们也不可否认，目前我国最低工资还存在制度刚性不足、标准确定方法不够科学、调整机制不健全、标准偏低且增速严重滞后于经济社会发展速度等问题并且这些问题不容忽视，需要采取适当的方法解决。

11.6 我国银行利率走低对银行业有何影响?

表11-1 2016—2017年中国部分银行最新存款利率的变化数据 单位:%

银行	活期（年利润）	存款定期（年利润）					
		三个月	半年	一年	两年	三年	五年
基准利率	0.35	2.1	2.3	2.5	3.1	3.75	

续表

银行	活期（年利润）	存款定期（年利润）					
		三个月	半年	一年	两年	三年	五年
工、农、中、交、招、行	0.35	2.35	2.55	2.75	3.25	3.75	4
建设银行	0.35	2.5	2.7	2.9	3.25	3.75	4
浦发银行	0.385	2.5	2.75	3	3.4	4	4.1
兴业银行	0.385	2.52	2.76	3	3.3	3.75	3.75
中信银行	0.385	2.52	2.76	3	3.41	4.125	
平安银行	0.385	2.52	2.76	3	3.72	4.125	4.125
广发银行	0.42	2.52	2.76	3	3.41	4.125	4.25
民生银行	0.385	2.55	2.75	3	3.65	4.4	
光大银行	0.385	2.415	2.645	3	3.41	3.75	4
华夏银行	0.385	2.52	2.76	3	3.41	4.125	4.5
邮储银行	0.35	2.35	2.56	5.78	3.25	3.75	4
上海银行	0.35	2.52	2.76	3	3.41	3.75	4
宁波银行	0.35	2.52	2.76	3	3.72	4.5	4.95
南京银行	0.455	2.73	2.99	3.25	4.03	4.875	5.2
浙商银行	0.455	2.73	2.99	3.25	4.03	4.375	5.4
恒丰银行	0.455	2.73	2.99	3.25	4.03	4.875	5.225

表 11－2　2017 年金融机构存款利率调整表　　单位：%

银行/基准利率	活期（年利润）	定期存款（年利润）					
		三个月	半年	一年	二年	三年	五年
人民银行	0.35	1.1	1.3	1.5	2.1	2.75	—
工商银行	0.3	1.35	1.55	1.75	2.25	2.75	2.75
农业银行	0.3	1.35	1.55	1.75	2.25	2.75	2.75
建设银行	0.3	1.35	1.55	1.75	2.25	2.75	2.75
中国银行	0.3	1.35	1.55	1.75	2.25	2.75	2.75
交通银行	0.3	1.35	1.55	1.75	2.25	2.75	2.75
浦发银行	0.3	1.5	1.75	2	2.4	2.8	2.8
上海银行	0.35	1.5	1.75	2	2.4	2.75	2.75
徽商银行	0.35	1.43	1.69	1.95	2.73	3.33	4

续表

银行/基准利率	活期（年利润）	定期存款（年利润）					
		三个月	半年	一年	二年	三年	五年
邮储银行	0.35	1.35	1.35	2.03	2.5	3	3
兴业银行	0.3	1.5	1.75	2	2.75	3.2	3.2
泉州银行	0.42	1.944	2.232	2.52	3.055	3.9	4.225
厦门银行	0.385	1.21	1.43	1.8	2.52	3.3	3.3
中信银行	0.3	1.5	1.75	2	2.4	3	3
平安银行	0.3	1.5	1.75	2	2.5	2.8	2.8
华夏银行	2.3	1.5	1.75	2	2.4	3.1	3.2
北京银行	0.35	1.505	1.765	2.025	2.5	3.15	3.15
宁波银行	0.3	1.5	1.75	2.025	2.6	3.1	3.3
广发银行	0.3	1.5	1.75	2	2.4	3.1	3.2

资料来源：南方财富网、中国报告大厅.

由表11－1、表11－2可见，利率的下降会阻碍银行的发展，体现在以下几个方面：一是银行业的利润受到影响。我国的资本市场不够发达，金融体系也存在着较大的弊端，所以，一旦存款利率下降，成本也会下降，那么利润就会增多；反之，成本增加，利润就会减少。所以可以看出，存款利率的下降对银行发展有着重要的促进作用，能为银行增加很大一笔收入。二是存款的规模受到影响。只要存款的利率有所减少，那么就会减少客户办理存款业务的欲望，因而就会导致存款规模呈现缩减的局面，但是却会增加客户办理贷款业务的规模和数量。三是货币政策的调控效率受到影响。我国银行业的货币政策调控效率相对较高，存款利率调节相对灵活，故存款利率的下降会直接影响到银行业货币政策的调控效率。

11.7 深化垄断行业价格改革有哪些重大意义?

为贯彻落实党的十九大精神，进一步推进《中共中央国务院关于推进价格机制改革的若干意见》落地见效，2017 年 11 月 8 日，国家发改委出台了《关于全面深化价格机制改革的意见》（以下简称《意见》），对未来三年价格机制改革进行了全面部署。《意见》聚焦垄断行业、公用事业和公共服务、生态环保、农业、涉企收费、市场价格监管、民生保障等七个方面，提出了重点改革任务。按照“管住中间、放开两头”的思路，要求进一步深化电力、天然气、铁路货运等垄断行业价格改革。我国的垄断行业以自然垄断为主，有自来水、电力、公交、烟草、石油、天然气、电信、铁路运输、包括银行等等。垄断行业的存在对我国其他实行市场经济的企业造成了一定的负面影响。深化垄断行业价格改革具有重大意义。

（一）深化垄断企业价格改革有利于实现经济自由。市场经济的本质就在于自由、平等与等价交换。市场主体要在市场经济条件下实现自己的经济权利，首先必须有经济活动的自由权。如果没有经济自由，市场主体将无法自主做出经济决策，无法自主地从事交易。因此，经济自由是市场经济中对个体经济权利的最基本要求，处于个体经济权利的最核心位置。而诸如能源行业、通信行业、烟草行业等行政性垄断可能对一切经济自由构成限制，特别是体现在对经营自由和消费者自由的侵害上。

经营自由体现了个人和团体在经济领域的发展空间，是推动现代社会经济发展的不可或缺的因素。但是在行政性垄断条件下，通过许可或审批的设定，通过对市场的封锁和分割，侵害了市场主体进入市场的权利、退出市场的权利和销售商品的权利。消费者自主选择权存在的基础是消费者的消费自由权，消费者在购买、使用商品或接受服务的过程中，可以根据自己的意愿来选择决定是否购买或接受经营者提供的商品或服务。行政性垄断通过强制消费者购买某些产品或服务，侵害了消费者的自由和自主选择权。

因此，深化垄断企业价格改革有利于实现经济自由，推动市场经济在中国持续健康发展，促进经济体制的健全与完善。有利于切实保护消费者的合法权益，对保持物价稳定有积极的影响。

（二）深化垄断企业价格改革有利于健全统一、开放、竞争、有序的市场体系。在中国，行政性垄断所依据的往往是规章、规范性文件、政策指南、会议纪要等规范形式的规定。行政性垄断给予了某些产业、企业和个人以特权，使得政府以及和政府有千丝万缕联系的行业和个人在市场竞争中，有了相对于其他竞争者的特权。例如，目前在大约30个行业和领域不同程度地存在着民间资本投资“禁区”，在基础设施、大型制造业、金融保险、通信、科教文卫、旅游等行业领域以及国有产权交易等领域则尤其如此。过多地由行政性的机制来垄断本应由市场配置的资源，对特定的经营者实行优惠待遇，违反了平等保护原则，构成了对竞争对手的歧视，造成了限制竞争的后果。因此，《反垄断法》的颁布有效地遏制了垄断行业对价格的控制。它的健全统一、开放、竞争、有序的市场体系；鼓励公平竞争，依法实施集中；提高市场竞争力，禁止滥用行政权力；排除、限制竞争，禁止违法实施限制竞争行为这四项原则防止市场上出现垄断，对合法产生的垄断企业进行监督，防止它们滥用市场优势地位。有利于预防和制止垄断行为，保护市场公平竞争，提高经济运行效率，维护消费者利益和社会公共利益，促进社会主义市场经济健康发展。

（三）深化垄断行业价格改革有利于营造企业间良好的竞争环境。维护公平竞争秩序，是实现资源有效配置，有效率地发展经济，推进技术进步，促进经济增长，稳定物价等经济政策目的的有效手段。同时也是借此尽可能发挥市场的调节作用，在阻止政治权利恣意扩张的同时，分散私人的经济权利，通过确保消费者的选择自由和企业的平等机会和自由，来实现民主的经济秩序。实践中的诸多行政性垄断是以直接排斥、限制竞争的形式表现出来的。从微观层面考察，行政性垄断往往通过直接禁止某一产品或某地产品进入某一特定的产品市场或地域市场，改变了特定市场上竞争者的地位，造成了不公平竞争与垄断局面的出现。从宏观方面考察，行政性垄断损害了公平竞争秩序，将本应统一、开放的全国性市场分割为彼此封闭、互不联系的条块结构，妨碍了全国开放、统一市场的形成，阻碍了社会主义市场竞争机制建立与完善的进程。

因此，深化垄断行业价格改革有利于营造企业间良好的竞争环境，形成企业间一系列科学、合理的竞争制度和规则；有利于为企业之间实现自由、公平和有效竞争创造条件从而使中国的国民经济必将在自由、公平、和谐、有序和高效的企业竞争中实现长期、稳定、协调、高速和有效益的增长；还有利于形成规模经济，增强企业国际竞争力。

总而言之，深化垄断行业价格改革，能够放开竞争性领域和环节价格，稳步放开由市场调节保留政府定价，建立健全成本监审规则和定价机制，推进科学定价。

11.8 我国居民消费者物价指数（CPI）的影响因素有哪些?

依据我国居民消费者物价指数的变化走势来进行研究，可以看出造成我国居民消费者物价指数变化的因素有多个方面。例如，国家的有关政策和国际的经济形势，工业品出厂价格、广义货币供应量增长率、固定资产投资增长率和煤油电价格指数，以及我国的国内生产总值、货币供应量、资本形成等因素。从不同的方面来进行分析，国内生产总值的涨幅变化、财政部门对公共基础设施投入增加造成财政产生过大的赤字，人们或国家加大对各方面的投资与生产生活方面的消费等很多因素的联合反应都将影响到 CPI。

货币的供应量是宏观调控的一个重要手段，货币供应量的过快增长，很大程度上由于国际上采取了宽松的货币政策，对货币在实际生活或生产活动中的流通频率显著加大，进而引发了投资与消费加速增长，它将促进提高物价总水平；货币供应量受到了抑制可能是实施了紧缩的货币政策，有效地控制了居民消费者物价指数的过快增长。(见表 11－3)

表 11－3　近五年来中国货币供应量与消费者价格指数

年份	2013	2014	2015	2016	2017
货币供应量（亿元）	1106524.98	1228347.81	1392300	1550100	1676800
CPI	102.6	102.0	101.4	102.0	102.0

资料来源：国家统计局.

消费变动对 CPI 的影响。居民的消费变动对人们生活水平的影响是显著的，从而也直接影响着消费价格总水平。在市场提供的各种物品及生产资料充足的情况下，如果人们的消费较以往速度加快，则可能会影响消费价格总水平的增长，因为价格具有传导的作用，会影响其他价格发生变动。因此，可以说明人们花费在生产或者生活上资金的变动可以或多或少地影响到居民消费者物价指数的上升或下降。

11.9　在物价涨幅较高的情况下，应该如何稳定物价？

通货膨胀指在纸币流通条件下，因货币供给大于货币实际需求，也即现实购买力大于产出供给，导致货币贬值，而引起的一段时间内物价持续而普遍地上涨现象。它的实质是社会总需求大于社会总供给。由图11－5可知近些年来我国正处于通货膨胀时期。而抑制通货膨胀需要从需求和供给两方面入手。

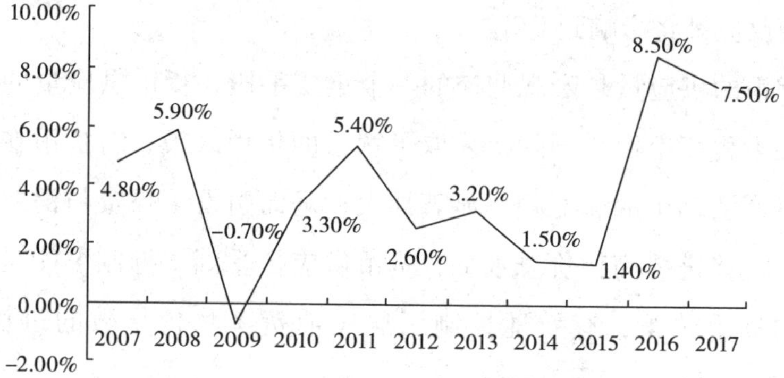

图11－5　2007年以来中国通货膨胀率变化情况

资料来源：国家统计局.

（一）减少需求。通货膨胀的一个基本原因在于总需求超过了总供给。因此，治理通货膨胀首先是控制需求，实行紧缩型政策。紧缩型政策的主要内容包括紧缩型财政政策、紧缩型货币政策、紧缩型收入政策等。紧缩型财政政策主要是通过削减财政支出和增加税收的办法来治理通货膨胀，如减少国家基本建设和投资支出，限制公共事业投资，削减政府各部门的经费支出，减少社会福利支出等。紧缩型货币政策又称为“抽紧银根”，因为通货膨胀的直接原因是货币供应量过多。因此，要降低通货膨胀率，可以通过提高利率，如提高再贴现率、贴现率、法定存款准备金率、银行存款利率等。利率的上升使人们将更多的钱用于储蓄，从而使消费需求减少；利率的上升使投资成本上升，对投资需求也有抑制作用。紧缩型收入政策是通过采取强制性的手段，限制提高工资和获取垄断利润，抑制成本的提高，从而控制物价的上涨。

（二）增加供给。治理通货膨胀一方面要通过紧缩型政策减少总需求，另一方面要增加总供给。例如，减税以提高劳动者的工作意愿和劳动生产率，增加企业的投资意愿，从而带动总供给的增加；减少政府对企业的限制，让企业更好地扩大商品供给；鼓励企业采用新技术，更新设备和调整产业结构。

（三）避免通货紧缩。当市场上流通货币减少，人民的货币所得减少，购买力下降，影响物价至下跌，造成通货紧缩。经济学者普遍认为，当 CPI 连跌三个月，即表示已出现通货紧缩。通货紧缩就是产能过剩或需求不足导致物价、工资、利率等的价格持续下跌。通货紧缩的成因在于总需求不足引发的通货紧缩和供给绝对过剩引起的通货紧缩。要避免通货紧缩首先要增加需求，可以通过采取宽松的货币政策，增加流通中的货币量，来刺激消费者的需求；而宽松的财政政策，扩大了财政支出，直接增加总需求。其次要减少供给，如提高企业的生产成本、减低产品价格，以此来减少企业的总供给。

11.10 如何使物价工作全力服务促进新旧动能转换？

新旧动能转换重大工程正全面开启，这是我国发展的一个重大历史转折点。物价工作和价格改革要全力服务促进新旧动能转换。把服务促进新旧动能转换作为价格机制改革的重中之重。推进新旧动能转换和价格机制改革，价格机制改革必须为新旧动能转换提供重要支撑。把服务促进新旧动能转换作为物价工作规划、计划的核心内容。服务促进新旧动能转换重大工程，必须坚持立足当前、着眼长远，用工作规划推进物价工作；同时也要不断优化年度计划安排，及时出台切实有效的政策措施，不断向新旧动能转换重大工程聚焦聚力。物价工作的逻辑应从被动应对涨价为主转向主动防范市场失灵为主，由政府定价、以调为主转向市场定价、放管结合，物价工作转型到了躲不开、绕不过、退不得的关键阶段。

11.11　当CPI出现较大幅度波动时，应采取哪些措施加以稳定？

当CPI上涨时，表现为通货膨胀，货币购买能力下降，人民生活成本增加；当CPI下降时，表现为通货紧缩，货币购买能力提高，人民生活成本下降。CPI作为衡量物价水平最重要的价格指数之一，是我国宏观经济的重要指标，与国家经济政策的制定和居民日常生活有密切的联系，其波动情况受到政府部门和广大市民的高度关注。在CPI出现较大幅度波动时，可采取以下措施：

（一）积极扩大内需，降低季节因子影响CPI的程度。CPI的季节性波动显著，尤其在2月普遍都达到波动的高峰，而随着CPI长期增长的趋势，CPI的季节性波动会更加显著。同时，在CPI的结构性因素中，食品类是影响CPI最为显著的结构性因素，而食品又受季节因子影响变动较大，如在夏季食品的供应量较为充足，而在冬季供应量有所降低，这样会进一步加剧CPI波动。居民在春节期间消费需求增加，而此时处于冬季供应量有所下降且运输条件不利时期，政府应该增加本地的物资储备，保障物资供应充足，鼓励本地产业的发展，采取相关政策支持本地企业的发展，扩大本地的供给，降低对外地供给的依靠，降低运输成本，严格监督物价水平的变动，防止囤积、炒作的现象出现，有效监管市场，这对控制物价波动会有很大帮助。

（二）重视CPI结构性因素的影响，尤其是食品类。CPI结构性因素的影响很大，特别是食品类和居住类价格指数。最重要的是稳定食品价格，这对稳定物价波动效果显著。在食品供给方面，要协调好供需关系，加大对食品生产的资金投入，大力发展生产力，增加食品行业中所需生产机械的投入补贴，充分调动企业的生产积极性。此外，科学合理的政策有利于保障食品的供应充足。在食品储备方面，在加大储备投入的同时还要完善相关的政策法规，发挥食品的储备市场调节器的作用，防止囤积、炒作等一系列行为的发生。在食品运输方面，加大政策优惠力度，比如开通食品运输绿色通道等，降低供应成本，提高生产者的积极性。（见表 11－4）

表 11－4　2014—2016 年中国居民部分食品消费价格指数（上年＝100）

指标＼年份	2014	2015	2016
居民消费价格指数	102.0	101.4	102.0
食品	103.1	102.3	104.6
粮食	103.1	102.0	100.5
油脂	95.1	96.8	101.7
肉禽及其制品	100.4	105.0	
蛋	110.4	93.0	96.8
水产品	104.4	101.8	104.6
菜	99.2	106.8	110.9
糖	100.1	100.4	
茶及饮料	101.8	101.6	100.4
干鲜瓜果	114.1	97.6	98.2
液体乳及其乳制品	108.5	98.9	99.9

资料来源：国家统计局.

（三）合理调控住房价格，防止市场剧烈动荡。居住类价格指数对 CPI 波动的影响仅次于食品类价格指数。虽然在我国房价不包括在 CPI 的居住类价格指数中，但是居住类价格指数中建筑材料、房租等都与市场房价息息相关。就目前而言，在居住方面最重要的就是有效抑制房价持续上涨，加强对房地产市场的调控。综合处理好土地、规划、金融和管理等措施之间的关系，做好房地产市场宏观调控工作。房地产开发投资增幅过快的地区，要根据市场需求公开透明二套房信息，提高二套房首付税率，抑制投机活动，适当调整规模，完善风险管理。

（四）不能忽略娱乐教育及文化等价格指数的影响。随着人们生活质量的提高，人们在娱乐教育文化领域的消费逐步上升，特别是文化教育领域。随着人民意识的提升，对文化教育重视的加大，投入相应提高，特别是对孩子的教育投资，逐步加大，因此，近年来的补习班、私人教育机构等教育相关产业发展迅速。由于这方面的监管不成熟，市场信息不对称，乱涨价、变相涨价比较严重，导致这方面价格水平较高，带动物价的上升。加强监管措施，打击非法娱乐场所，加强教育机构定期审查考核，加强文化传播，清除城市野广告产业的发展，严查不合格教育机构、不合格教育人员，都会使娱乐教育文化价格趋于合理价格水平，从而有效稳定物价波动。

参考文献

[1]姚冬梅,张前荣.2017 年我国物价形势分析及 2018 年展望[J].科技促进发展,2017(11).

[2]一季度我国物价形势总体稳定——2018 年物价水平情况[EB/OL].银行信息港.http://www.yinhang123.net/jingjishuju/1152227.html,2018-04-11.

[3]何盛明.财经大辞典[M].北京:中国财政经济出版社,1990.

[4]国家统计局发布 4 月份 CPI 和 PPI 数据环比均有所下降——当前物价水平继续保持总体平稳[N/OL].经济日报.http://www.gov.cn/

shuju/2018 - 05/11/content_5290030. html. 2018 - 05 - 11.

[5]https://wenku. baidu. com/view/cb3a947526284b73f242336c1eb91a37f111324d. html.

[6]刘飞. 我国房价上涨原因分析及对策研究——基于"税收"的视角[J]. 税收经济研究, 2010(2).

[7]范宏杰. 我国房价上涨原因及对策[J]. 中国总会计师, 2008(4).

[8]解惑:中国粮价为何高于国际市场价[EB/OL]. 第一农经网. http://news. makepolo. com/6240583. html,2016 - 07 - 23.

[9]陈锡文. 国内农产品价格普遍高于国际市场 但进口绝对不能全放开[EB/OL]. 观察者网. http://www. guancha. cn/ChenXiWen/2017_09_27_428874_s. shtml.

[10]周慧,王济民. 国内农业生产成本快速攀升,大宗农产品价格普遍高于国际市场,农民如何挣钱? [EB/OL]. http://www. sohu. com/a/196166818_569636,2017 - 10 - 04.

[11]我国实行最低工资制度的现实意义[EB/OL]. 人民网,2010 - 07 - 06.

[12]罗明忠. 提高最低工资标准利弊谈[EB/OL]. 人民网,2006 - 05 - 18.

[13]姚卓珣,蔡琰琰,王磊. 论最低工资制的影响及其必要性[J]. 财经界,2007(07).

[14]范亚莉,宋绪娟. 基于2008—2011上市银行数据:利率政策调整对我国银行业利润的影响[J]. 中国经贸,2012(20).

[15]王一锋. 论存款利率下降对银行业的影响[J]. 华人时刊旬刊,2014(11).

[16]丁汀. 浅析利率持续走低对银行和企业的影响[J]. 现代企业, 2003(2).

[17]发改委全面推进垄断行业价格改革[EB/OL]. 人民网,http://energy. people. com. cn/n1/2017/1114/c71661 - 29644271. html,2017 - 11 - 14.

[18]反垄断法[S]. 中国审判标准规范网. https://baike. so. com/doc/3413811 - 3593119. html.

[19]垄断行业有哪些危害[EB/OL]. https://wenda. so. com/q/138903673 1067738.

[20]发改委. 进一步深化垄断行业价格改革 推进价格市场化[EB/OL]. 中证网. http://www. cs. com. cn/xwzx/201711/t20171111_5565747. html,2017 - 11 - 10.

[21]Andrew Gillespie. Oxford Revision Guides AS & A Level Economics[M]. Glasgow:The Oxford University Press,2009.

[23]http://intl. ce. cn/zhuanti/data/thjs/index. shtml.

[24]周丽晖. 中国居民消费价格指数的有关问题研究[D]. 成都:西南财经大学数学学院,2006.

[25]王淑萍. 浅析 CPI 的调查与生成 [J]. 管理观察,2012 (12).

[26]胡若痴,陈向阳,陈华. 我国 CPI 及其相关农产品价格指数变动分析[J]. 北京城市学院学报,2013(1).

[29]高鸿业. 西方经济学[M]. 北京:中国人民大学出版社,2015.

[30]尹明波. 山东:物价工作要全力服务促进新旧动能转换 [N]. 中国经济导报, 2018 - 05.

[31]王昱焱,任龙,周升起. 中国 2008—2012 年 CPI 指数变化及影响原因探析[J]. 经济研究导刊,2013(7).

[32]袁文. 基于 VAR 模型分析我国 CPI 的影响因素[J]. 湖南文理

学院学报(自然科学版),2013(02).

[33]张海波,徐慧.我国CPI波动的影响因素分析[J].统计观察.2013(19).

[34]王一鸣.2017年经济形势和2018年展望[EB/OL].国务院发展研究中心网站,2018-03-28.

[35]临沂物价局."放、改、管、服"四步促新旧动能转换[J].中国经济导报,2018-05-08.

12　中国的充分就业

[案例]

2017 年中国就业人口数量、城镇农村就业人口数量及流动人口数量统计分析

2017 年，全国人户分离人口（即居住地和户口登记地不在同一个乡镇街道且离开户口登记地半年以上的人口）2.91 亿人，比上年年末减少 98 万人；其中流动人口 2.44 亿人，比上年年末减少 82 万人。2017 年年末全国就业人员 77640 万人，其中城镇就业人员 42462 万人。（见图 12－1～图 12－3）

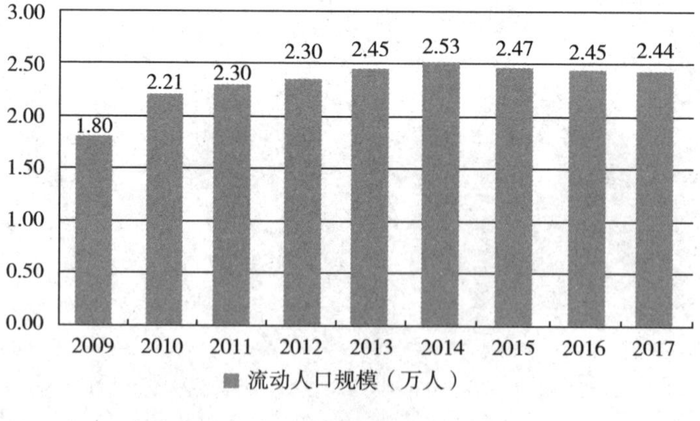

图 12－1　2009—2017 年中国流动人口规模

资料来源：国家统计局，智研咨询整理.

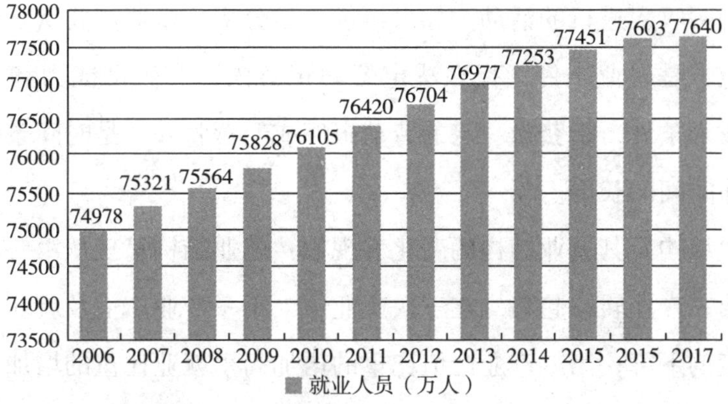

图 12－2　2006—2017 年中国就业人口数量走势

资料来源：国家统计局，智研咨询整理.

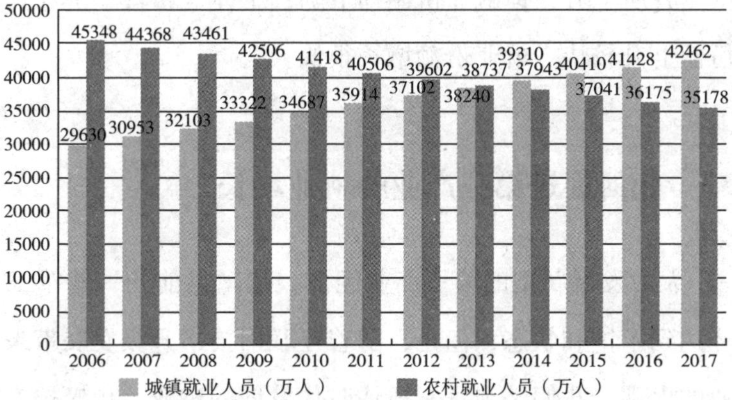

图 12－3　2006—2017 年中国城镇、乡村就业人口数量对比走势

资料来源：国家统计局，智研咨询整理.

资料来源：http：//www. chyxx. com/industry/201801/605536. html.

12.1　我国就业人口的分布结构呈现什么样的变化趋势？

宏观经济中就业以及增加就业是热点问题。就业的含义是什么呢，就业是指在法定年龄内的有劳动能力和劳动愿望的人们所从事的为获取报酬或经营收入进行的活动。如果再进一步分析，就业需要从三个方面进行界定：是就业条件，指在法定劳动年龄内，有劳动能力和劳动愿望；是收入条件，指获得一定的劳动报酬或经营收入；是时间条件，即每周工作时间的长度。

产业结构及其就业结构的变化表现为：就业结构呈现从第一、第二产业向第三产业转移趋势。在三次产业中，第一产业产值及就业比重有较大幅度的下降；第二产业产值比重的增加高于就业比重的增加；第三产业就业比重的增加高于产值比重的增加。所有制结构及其就业结构的变化表现为：国有经济的份额有所下降，就业份额相应下降；集体经济的份额虽然有所上升，但就业份额却下降；个体、私营经济和其他经济形式的份额上升较快，就业份额增长很快。

12.2 如何促进第三产业的就业增长？

（一）大力发展新型的第三产业经济。我国目前的一些第三产业的发展已经达到了饱和状态，但是，随着互联网技术升级发展带来的新型第三产业的出现，我们必须紧紧抓住时代发展的机遇，积极拓展第三产业的发展空间，重视第三产业新型经济在推动经济发展，劳动力就业增长方面的带动作用。

（二）加快城镇化建设的步伐。城镇化的过程是人群聚拢的过程，是劳动力不断转移升级，劳动结构不断转型优化升级的过程。加快城镇化的建设步伐，进一步带动农村城镇化，提高城乡居民的收入水平和生活质量。进一步实施乡村振兴战略，充分利用当地的优势资源，发展特色产业。拓宽城镇新兴第三产业的发展市场空间，进一步拉动第三产业在经济发展过程中的消费需求，从而在促进劳动力就业增长过程中实现劳动力结构的不断转型优化升级。

（三）提高第三产业服务人员的素质。实施富余劳动力转移就业培训工程，科学合理地安排劳动力转移就业。通过建立职业技能实训基地，引进专业的技能人才，培养中、高级水平的发展人才，不断提升劳动力的素质，合理开发配置人力资源，更好地服务于我国第三产业的发展。多渠道增加对第三产业供给创新的投入，在职业技能、专业人文素养等方面提升第三产业服务人员的服务品质。

（四）进一步扩大对外开放，提升开放水平。充分发挥第三产业在对外贸易中的经济拉动作用，不断引进国外先进技术和投资，创新利用外资方式，将外资投资积极拓展到第三产业发展中。同时优化利用外资结构，实现第三产业就业结构的优化升级，进一步提升第三产业向外扩展的需求和对内经济的带动力。在对外开放中，面临的竞争进一步扩大，有利于第三产业不断实现就业结构的优化升级，建设区域性的特色产业发展带，推动我国第三产业的优化发展。

（五）政府加大对第三产业就业的资金投入支持力度。随着我国市场准入机制改革的不断推进，中央和地方各级政府对于第三产业的发展更加重视。为了进一步提升市场活力和企业发展动力，政府要加大对第三产业的资金投入力度，特别是加大对发展服务业引导资金的投入，建立综合服务体系，加强创业促进中心建设项目。对于新兴的第三产业，政府要加大扶持力度，鼓励银行信贷资金的投入，鼓励符合条件的服务业企业进入资本市场融资。同时，银行要适当增加对服务业的信贷支持，对于政府推荐的有效益的服务业项目尽可能地放宽审批标准。同时，政府要建立创业项目培训基地。鼓励培训教师到培训基地对下岗失业人员、失地无业农民进行再就业培训，积极支持大学毕业生以及社会各类人员自主创业。

12.3 服务业发展影响我国就业新趋势表现在哪些方面?

在解决就业方面，服务业起着不可替代的作用。主要表现在以下几个方面：

（一）增加就业的主要渠道。多次实践说明，大力发展服务业，是增加就业机会、解决就业问题的一条重要途径。从近十年我国三大产业就业人数构成情况来看，第一产业就业人数占全社会就业人数比重呈不断下降趋势；第二产业就业人数占全社会就业人数比重呈先上升再下降趋势；第三产业就业人数占全社会就业人数比重呈不断上升趋势。据前瞻产业研究院数据显示，2016 年我国服务业就业人数达到 33757 万人，比 2011 年增加了 6475 万人，年均增加 1295 万人；比 2007 年增加了 9353 万人，年均增加 935.3 万人。这表明，服务业的迅速发展为下岗职工的再就业和农村剩余劳动力的转移提供了必要条件。随着工业现代化程度的提高和市场经济的发展，大批劳动力脱离第二产业。服务业所容纳的劳动力比工业多 3 ~ 4 倍。

（二）吸纳劳动力的潜力。从总体上说，自改革开放以来，我国服务业发展速度较快，但仍然很落后。我国服务业就业人员占全部就业人员的比重与发达国家水平相比，还有很大差距。这说明，我国服务业有巨大的吸纳劳动力的潜力。服务业所具有的巨大潜力如能很好地挖掘，就可以给增加就业机会创造巨大的空间，对缓解就业压力具有重要意义。

（三）促进就业结构的调整。目前我国人口众多，劳动力丰富，就业压力比较大，因此加快服务业的发展是一项既现实又紧迫的任务，也是我国经济发展、体制改革、社会安定必须解决的一个极为重要的问题。要加快发展服务行业和吸纳社会过剩的劳动力，一是要培养与发展劳动力市场；二是把发展服务业放在首位；三是大力发展非公有制经济；四是加快社会保障体制建设，今后十多年，既是中国就业总量压力最大的时期，也是就业结构调整的关键时期。就业面临着城镇新增劳动力、企业下岗职工、机关分流人员和农村剩余劳动力四重压力。政府应坚持由市场配置劳动力资源的改革方向，并把解决就业作为宏观调控的主要目标之一，在总量上减少劳动力的供给，增加劳动力的需求，在结构上重点做好企业下岗职工的再就业和农村劳动力的转移工作，同时进一步完善失业保险，保证劳动力流动过程中的社会稳定。就业结构调整的一个重要方面是提高服务业从业人员占就业总量的比重。在这方面，服务业就业的潜力还很大，如社区服务、家庭和个人服务方面，还存在大量的需求，但供给不足。

发展中国家劳动力的过剩和转移问题，是当今世界的共同难题。随着中国企业制度改革，工业企业人员下岗分流和劳动力转移安置问题也成为中国政府要探讨和解决的诸多问题中的当务之急，也是企业在深化改革中的一个热点问题。服务业行业多，启动资金少、劳动密集、技术密集、智力密集、行业并存，可以容纳各种层次的人员就业。因此，加快发展服务产业，不仅可以改变其自身严重滞后于第一、第二产业的状况，还由于它的渗透功能，对促进第一、第二产业的发展，广开就业门路，为最大限度地吸收工业企业劳动力向服务业转移，提供了广阔的空间，具有重要的作用及意义。

12.4 从社会宏观调控角度出发应该怎样促进就业?

我国拥有众多人口和丰富的劳动力资源，因此说就业是一个关系到亿万人民群众切身利益的大问题，对社会经济发展有十分重大的影响。同时，中国的就业问题，既有劳动力供大于求的总量性矛盾，又有产业结构调整中出现的结构性失业问题；既有类似体制转轨国家出现的富余人员问题，又有类似发展中国家的农村剩余劳动力转移问题。因此，解决好中国的就业问题，需要有一整套同社会经济发展相互衔接的方针政策和措施，需要把握好与社会发展和经济增长的关系，在推动经济发展的同时，促进就业岗位的增加。具体来讲，要促进地区或国家经济增长，调整产业结构，发展第三产业；要调整所有制结构，发展非公有制经济；要提高农业产业化程度，使产供销一体化，要大力发展教育业，提高劳动者素质；要完善社会保障制度，为失业者提供援助；要加快发展劳动力市场，发展对外劳务输出。总而言之，我国政府高度重视解决就业问题，采取有效的政策措施，增加就业机会，扩大就业范围，成功地避免了可能出现的几次失业高峰，维护了社会稳定，促进了经济发展。

12.5　2001—2016 年大学生就业难了吗?

自 1999 年开始的高校扩招，让全国大学生数量爆发式增长。2008 年，全国参加高考人数达到 1050 万人的顶峰，从此之后便一路下降。但录取率一直飙升至 82%，让实际录取为大学生的人数每年都创下新高。与之对应，每年高校毕业生人数也屡创新高，2018 年，预计将有 820 万毕业生涌入就业市场。大学生的需求最大，供给增长幅度也是最大的，“遍地都是大学生”已是常见现象。2016 年被网友形容为“史上最难就业季”，因为大学应届毕业生人数达 765 万人，比上年又增加了 16 万人，刷新纪录。如果加上同期职校毕业生及初高中后不再升学的，青年就业群体约1500万人，就业形势严峻。但是统计显示，2016年的高校毕业生就业率达90%，就业情况良好，就业率攀升。（见图12－4、图12－5）

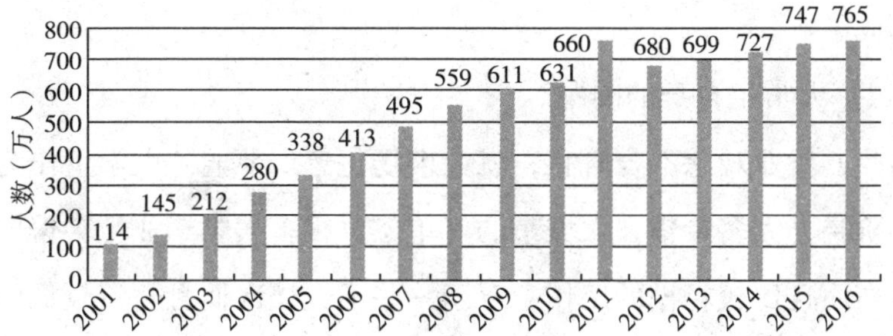

图12－4 2001—2016年中国历届高校毕业生人数

资料来源：国家统计局.

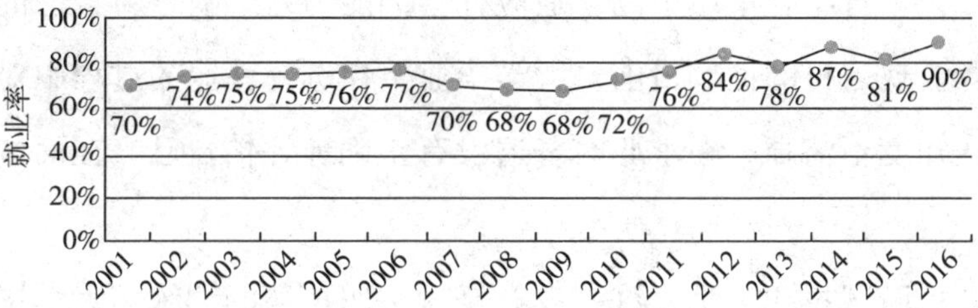

图12－5 2001—2016年中国历届高校毕业生就业率

12.6 大学生结构性就业难的成因有哪些?

现如今，大学正处于广泛扩招学生的加速时期，这样一来就会导致大量的大学毕业生的出现。在现今社会激烈就业竞争的模式之下，大学生的就业会出现结构性困难。究其原因主要有以下几个方面：

（一）社会方面。我国经济发展存在严重的区域不平衡，东部与西北部经济的巨大落差是造成毕业生择业热衷东部的主要原因。劳动力市场的需求变化阻碍了毕业生求职的脚步。在国际金融环境中，一般的公司会通过裁员来缓解企业面临的入不敷出的压力，使得就业空间相对缩小，就业岗位减少。由于社会中的就业市场环境比较现实，大学毕业生的户籍问题也影响着他们找工作的进程，大学生的档案问题也给他们的就业造成影响。

（二）大学生自身的问题。

第一，就业观念不合时宜，就业市场化意识薄弱。大学生作为社会的高知阶层，大多希望去大城市的好单位。很多大学毕业生会偏向寻找薪资较高而且比较轻松的工作，对于一些不上档次而且薪资较低的工作不看好，有机会也会错过，这样就导致已经毕业就落得尚未就业已经失业的境地。

第二，自身综合素质不高，适应社会的能力差，缺乏对自己的清晰定位，择业缺乏目的性。目前，大学毕业生在选择就业的过程中对社会职务的认知度不清晰，在求职时普遍没有正确地评估自己，在面试时处于劣势。

第三，面试技巧不足，许多没有经过求职技巧的训练。大学毕业生不能掌握自我营销的技巧就不免被淘汰。对于招聘单位而言，这样的大学生较多自然不会被他们加以重视，大学生的真实能力就有可能被忽略。

第四，不够重视对职业生涯的规划。很多大学生认为规划职业生涯不重要，也一直认为计划永远赶不上变化。其实，规划好职业生涯可以使个人得到更好的发展，但是这一点很多大学生都未意识到。也有些人即使意识到，在规划职业生涯的方式与技巧方面也十分缺乏，对于如何一步一步地去规划自己的职业生涯并不清楚。也因此，很多大学生盲目地进行职业选择，没有仔细地分析就业环境以及对个人的正确定位，常常会凭借个人对社会的感性认识进行判断，规划目标缺少合理性和长远性。

（三）高校的问题。

第一，高校在专业设置上不能跟随时代的发展需求而有所改善，在面对社会的真实需求时就会出现严重不符的现象。首先，大多数高校在专业设置上目光过于短浅，导致培养的毕业生的就业方向少，根本不能迎合社会的需求。其次，高校在设置课程时会出现模式问题，对人才的培养没有找到正确的模式，不能随着社会的发展而做出相应的调整，学校的教学计划仍没有改变，教材也不更新，毕业生的知识结构和思维模式等方面与社会需求存在过大差距，这样就会直接影响大学毕业生的就业。

第二，高校的就业指导力度不够。高校缺乏对大学生职业生涯设计与规划等方面科学合理的指导。

第三，高校培养的大学生质量不高。大多数高校扩招后师资的力量小，教师综合素质下降，对毕业生造成了影响，使其在竞争激烈的人才市场凸显不出优势。

第四，高校就业信息的相应机制不完善。不少高校由于信息量太小，信息发布的时间太晚，再加上地域的限制等原因不能满足大学毕业生对就业信息选择的要求。现今的招聘形式有多种，但是大多仍旧采取用人单位的现场招聘会和供需见面会。

当前的大学生就业问题是一个牵一发而动全身的问题，解决大学生就业问题不是一朝一夕就能完成的事情，而是一项长期的“系统工程”。针对当前严峻的就业形势、大学生结构性就业困难存在诸多原因，需要在政府宏观调控下大学生、市场、高校、用人单位以及社会各方面的协调和合作、共同行动。

12.7 如何看待各大城市抢人才现象?

党的十九大报告指出，人才是实现民族振兴、赢得国际竞争主动的战略资源。未来，在深化供给侧结构性改革、激发各类市场主体活力，实现高质量发展方面，人才无疑是城市发展最关键，也是最急缺的要素。从 2017 年南京、武汉、西安、长沙等二线城市纷纷以福利换人才，到近期北京、上海等老牌一线重磅加码，这场“人才争夺战”正式进入了白热化阶段。到 2018 年抢人大战已经不能用“白热化”来形容了，简直已成燎原之势。不择手段拼抢人才的各大城市如二线城市陆续推出“送户口”“送房补”“免费租借办公区”等大招来吸引人才。不经意间，人才争夺战已在全国打响，多个城市都开始角逐，北上广深不再是唯一的选择，不少人才都开始将目光聚焦在了其他地方。（见图 12－6、表 12－1）

（一）造成抢人的原因。

1. 因为在信息化的时代，城市发展离不开人，人发展离不开社会。常住人口越多，贸易交流就越多，城市经济发展的机会就越多。而经济的发展对人才的依赖越来越重，所以各大城市争夺的对象便不再是能源资源，而是人才资源了，而且人才现如今已经成为全球最稀缺的资源了。于是乎，各个城市纷纷加大力度，各出奇招。

2. 随着“人口红利”的消失，预计到 2020 年，中国人口将达到 14.2 亿人，到 2030 年将达到峰值 14.5 亿人，2030 年后中国人口开始负增长。农民工总量出现负增长，传统产业也因经济增长趋缓，企业效益下滑，难以承受越来越高的人工成本。“三低三高”发展模式步入困境，产业结构急需转型升级，新经济、新商业模式层出不穷，呈现出强大的增长势头，对劳动力的素质要求也随之提高，高学历、高收入、高技术等将成为主流趋势。各大城市频繁出现的“抢人才”大战，是尊重知识、重视人才意识的觉醒，也是对人口红利逐渐消失的焦虑，是经济结构转型、新旧动能转换、发展方式转变的倒逼，也是适应国家新型城镇化战略的必然要求。目前，我国经济已由高速发展阶段转向高质量发展阶段。可以预见的是，城市之间的人才竞争，乃至国际人才竞争将是常态。历史经验证明，谁在人才竞争中领先，谁就会在发展中脱颖而出。广泛引进人才，实现人力资源的流动、开放，对城市的活力和发展非常重要。从世界发展经验看，城市积聚人才越多，活力越高，发展越快。

3. 大学生地区分布极不均衡。有着优质教育资源的地区能吸引更多大学生就读，这对该城市或者地区的未来人才储备来讲是天然的优势。

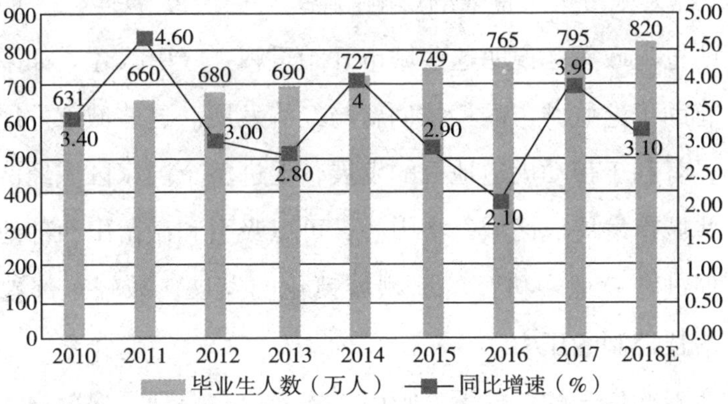

图 12－6　2010—2018 年中国高校毕业生人数

表 12－1　2016—2017 年中国出台人才政策城市毕业的大学生数及高考生数

出台人才政策的城市	该直辖市或所在省 2016 年毕业的大学生数（万人）	该直辖市或所在省 2017 高考生数（万人）
天津	11. 5	5. 8
重庆	25. 0	24. 7
成都	12. 8	57. 0
武汉	10. 0	35. 5
杭州	15. 7	30. 5
南京	20. 3	33. 0

续表

出台人才政策的城市	该直辖市或所在省 2016 年毕业的大学生数（万人）	该直辖市或所在省 2017 高考生数（万人）
青岛	9.2	72.0
长沙	28.9	41.0
无锡	20.3	33.0
郑州	6.0	82.6
沈阳	12.3	21.0
济南	9.2	72.0
西安	14.4	31.0
南昌	23.3	30.5

（二）各大城市抢人带来的影响。各个一、二，甚至三、四线城市纷纷出台的抢人政策，说明这些城市开始重视、吸引人才。如果吸引到人才，将有助于这些城市的科技创新与经济发展。这些城市发展成区域经济中心，有利于带动周边地区的发展，促进整个国家区域经济的均衡发展。这些城市发展成区域经济中心，可以吸引和截留中西部地区的迁出人口，促进“就地转移”的新型城镇化的发展，减轻东部地区特大城市人口增长控制的压力。

在政府限购房子的条件下，吸引人才必定会提到买房落户。要警惕从“抢人才”变为“抢人口”，“户口空挂”会影响公共资源的有效配置。据报道，自天津发布“海河英才”行动计划以来，不到 1 天便有 30 万人办理落户申请。截至 2008 年 5 月 21 日已有 5800 余人直接落户天津，在这些落户和申请落户的人群中，大多数都是在北京工作的，北京落户十分困难，于是天津户口成了这些“北漂族”的新选择。因此，天津有关部门明确表示，此轮人才落户新政，目的在于支持有意来津真正参与天津各项事业发展，愿意在津脚踏实地创新创业的人员，而不是借落户之机，单纯挂靠户籍，或为子女获得参加高考资格、买房炒房的各类其他人员。

12.8 乡村振兴战略对农民就业问题会有哪些影响?

乡村振兴战略是习近平同志2017年10月18日在党的十九大报告中提出的战略。农业、农村、农民问题是关系国计民生的根本性问题，必须始终把解决好“三农”问题作为全党工作的重中之重，实施乡村振兴战略。乡村振兴战略让农业成为有奔头的产业，让农民成为有吸引力的职业，让农村成为安居乐业的美丽家园。

中国过去是一个典型的农业国，中国社会是一个乡土社会，中国文化的本质是乡土文化，故而，振兴乡村显得尤为重要。对于中国走出“中等发达国家陷阱”，坚持五大发展理念，建设社会主义现代化强国，实现中华民族伟大复兴中国梦具有十分重大的现实意义和深远的历史意义。乡村振兴战略提出了总体要求，就是坚持农村优先发展，按照实现产业兴旺、生态宜居、乡风文明、治理有效、生活富裕的总要求，推动城乡一体、融合发展，推进农业农村现代化。

乡村振兴战略对农村就业问题会有以下几点影响：

（一）乡村振兴需要人，从而可以培养职业新农民，吸引人才返乡，多元化发展，提供更多的就业岗位，拓宽农民增收渠道，大力发展文化、科技、旅游、生态等乡村特色产业，振兴传统工艺。

（二）培育一批家庭工厂、手工作坊、乡村车间，鼓励在乡村地区兴办环境友好型企业，从而为农民的就业提供保障，切实有效地解决农民的就业问题。当前，新生代农民工返乡工作不仅仅是简单的劳动力回流农村，更体现了城乡之间多元复杂关系对整个农业和农村发展与变革的影响。要实现乡村文明和生活富裕的总要求，需要从国家层面为乡村振兴战略进行科学的宏观部署，需要各级地方政府具体实施，努力解决好乡村发展中的与农民收入、就业、医疗、住房、政治参与等切身利益相关的系列问题，尊重新生代农民的主体地位和首创精神，不断完善乡村公共服务，引导新生代农民工为乡村振兴战略做出贡献。

（三）实施乡村振兴战略，可以有效构建现代农业产业体系、生产体系、经营体系，完善农业支持保护制度，发展多种形式适度规模经营，培育新型农业经营主体，健全农业社会化服务体系，实现小农户和现代农业发展有机衔接。促进农村一、二、三产业融合发展，支持和鼓励农民就业创业，拓宽增收渠道。

12.9　中国智能制造的发展将会对就业产生哪些影响？

自 2016 年以来，中国人工智能的发展就迈入了黄金时代，其发展速度甚至超过了美国。2018 年 7 月 20 日，新华社报道了国务院关于印发《新一代人工智能规划》的通知，提出了面向 2030 年我国新一代人工智能发展的指导思想、战略目标、重点任务和保障措施，部署构筑我国人工智能发展的先发优势，加快建设创新型国家和世界科技强国。这些无不体现了中国的智能发展势在必行。

（一）智能发展给就业带来的机遇和冲击。人工智能的发展和政府的大力扶植，带来了巨大的就业前景。无论是人工智能技术的开发还是人工智能产品的宣传都需要大量人才，也就带来了大批就业岗位。随着智能发展，市场机构也随之改变，如阿里巴巴使商场转向电商，带来的就业岗位也是巨大的。当工厂智能化程度越来越高，它所需要的工人就越来越少，必然会导致大量的工人下岗。这其中最主要的当属制造业，而中国是制造业大国，大量的员工下岗会导致社会的不安和通货膨胀风险的提高，从而影响中国的发展。

（二）如何解决就业危机。就政府而言，政府应大力培养高新技术人才，这不仅是适应时代发展的需要，而且可以解决一部分人（尤其是大学生）的就业问题。政府还应提高社会保障，对失业人群提供帮助。还有智能行业的发展会使财富集中，导致贫富差距的拉大，政府应采取适当措施予以解决。就个人而言，提高自身能力才是解决失业的根本途径，这是一个人才紧缺的时代，所以有能力就不会失业。此外，个人还应紧跟时代潮流，在变化中求发展，在发展中求机遇。

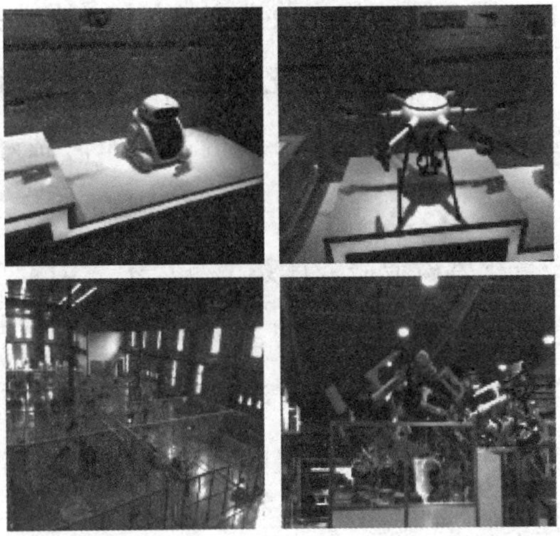

图 12－7　中国智能制造的发展

资料来源：编者根据现场调研拍摄。

12.10　城乡如何实现统一就业市场？

长期以来，我国实行城乡分割的二元社会管理体制，严格划分农业人口和非农业人口，严格控制农村人口迁往城镇，以致农民及其子女很难获得在城镇就业的机会。这种二元结构阻碍了农村富余劳动力向非农产业和城镇转移，对我国经济社会发展的负面影响越来越明显。改革开放之后，大量的农民开始进城务工。但由于城乡统筹就业机制的缺乏，进城务工农民在职业选择、职业培训、劳动保障等方面无法享受与城镇居民相同的待遇，从而影响了劳动力在城乡间的合理流动，延缓了城乡一体化劳动力市场的形成。如何破除城乡分割的就业管理体制，实现农村剩余劳动力有序、顺利转移，使他们能够找到就业岗位，并且在就业过程中享受与城市劳动力同等的“国民待遇”，是近年来政府和学术界普遍关注的热点问题。城乡统筹就业是实现农村劳动力向非农产业和城镇转移的重要条件，是促进农民增收致富的关键环节，是全面建设小康社会的必然要求。为加快城乡一体化进程，更好地推动经济社会发展，应积极稳妥地建立城乡统筹就业的新机制。如何做好城乡统一就业市场？

（一）建立城乡统筹就业服务体系。县以上人力资源和社会保障部门应设立公共就业服务机构，并向乡镇和村延伸，形成省、市、县（区）和乡镇四级就业服务的组织体系。以此为依托，推进劳动力市场信息网络建设，完善劳动力供求信息收集、分析和发布制度，加强职业教育和培训体系建设。

（二）建立科学的资金保障机制。为夯实城乡统筹就业的经济基础，可以通过三个途径拓宽其资金来源：一是财政预算安排。各级财政应增加相关的资金安排，并列入年度财政预算。二是从土地流转收益和村镇集体经济分红中筹措资金。三是调整农村扶贫资金等的使用方向，将一部分资金用于农村富余劳动力的技能培训和组织输出。

（三）推进相关制度创新。一是深化户籍制度改革，取消限制农民进城务工的不合理规定。二是推进土地制度创新，建立有利于城镇发展和农民向城镇转移的土地制度，积极探索符合各地实际的土地流转形式，规范发展土地使用权交易市场。三是加大劳动保障监察力度，加强对劳动力市场和劳务中介组织的监管，认真清理整顿劳动力市场，依法严惩侵害农民工权益的行为；同时，加大劳动监察部门的执法力度，督促用工单位与农民工依法签订并严格履行劳动合同。

12.11 经济新形势下，政府将为大学生创业提供哪些政策优势？

党的十七大报告明确提出，“要完善支持自主创业自谋职业的政策，使更多的劳动者成为创业者”。大学生是最具活力和创造性的群体，蕴含着巨大的创造热情和创业潜能。各级政府要把鼓励和引导大学生创业摆在重要位置，积极营造良好的环境，加大政策扶持和引导力度，为大学生自主创业构建绿色通道。

（一）完善创业政策，强化创业激励。要全面梳理现有创业、就业有关政策，把扶持政策统一到“以创业带动就业”这一导向上来，把扩大就业与鼓励创业结合起来，把创业项目开发与创业培训结合起来，把毕业生创业与相关政策结合起来，建立项目开发、创业培训、小额贷款等相结合的创业机制。各级政府要积极引导各类金融机构，加大对毕业生创业的支持力度，简化小额贷款担保手续，实行劳动、担保、银行联合调查，为大中专毕业生提供小额贷款担保。据了解，中国人民银行、财政部、人力资源和社会保障部联合发布《关于进一步改进小额担保贷款管理积极推动创业促就业的通知》（以下简称《通知》）。《通知》规定，自2008年1月1日起，小额担保贷款经办金融机构对个人新发放的小额担保贷款，其贷款利率可在中国人民银行公布的贷款基准利率的基础上上浮3个百分点。其中，微利项目增加的利息由中央财政全额负担。同时，小额担保贷款经办金融机构对个人新发放的小额担保贷款最高额度由2万元提高到5万元，对符合条件的劳动密集型小企业的小额担保贷款最高额度由不超过100万元提高到不超过200万元。对符合条件的人员合伙经营和组织起来就业的，经办金融机构可适当扩大贷款规模。

（二）加强创业教育，提升创业能力。一是培养创业精神。让毕业生了解我国当前严峻的就业形势，懂得创业的社会责任感和使命感。二是丰富创业知识。创业培训要与项目推荐、技术支持、人才服务、小额贷款、融资担保、创业指导等相结合，与企业家和自主创业成功者开展“创业一对一”活动，定期举办创业经验交流会和开展创业大比拼等活动，既要丰富他们创业所必备的工商、税务、金融、劳动和企业经营方面的知识，又让他们学会如何办理有关手续，如何筹措资金和规避市场风险等知识。三是加强创业心理辅导。通过培训使他们克服不敢创业、不愿创业、怕冒风险、害怕失败的心理，建立创业自信心。四是提高创业能力。通过培训使他们基本掌握如何把握商机、如何组织创业团队、如何充分发挥团队的人力资源优势等，不断提高创新能力、策划能力、组织能力、协调能力及管理能力。

（三）建设创业基地，加强创业扶持。政府要鼓励多方投资，充分利用闲置厂房、专业化市场等适合中小企业聚集创业的场所，建设具有滚动孵化功能的中小企业创业辅导基地，让自主创业的毕业生理清创业思路，提高创业技能。通过聘请知名企业家、毕业生创业成功人士、专家学者组建自主创业导师队伍，根据自主创业者不同需要，提供咨询、技术、管理、政务代理等项指导和服务。有关科研院所要积极研发一批市场前景好、投资见效快，适合创业者需要的新产品、新技术，向创业者推介，并组织专业技术人员开展创业服务。有关部门要设立大学生自主创业服务窗口，开设自主创业政策和信息专栏，提供政策咨询、投资信息、市场行情、项目推介、技术进步、外经外贸和劳务供求等有关资讯服务。要树立一批创业典型，推广一批成功经验，让更多的毕业生学有榜样、干有劲头。

（四）规范执法行为，营造创业环境。要大力推进“阳光政务”工程，加强机关效能建设，简化办事程序，提高办事效率。要禁止任何部门、单位和个人干预企业正常经营，严格制止乱收费、乱摊派、乱罚款、乱检查、乱培训等行为。要打破行业垄断，凡国家没有明文规定禁止的行业，都要允许民营企业进入，让各种所有制经济获得平等竞争的权利，为创业者提供良好的市场环境。

12.12　深化大学生就业体制机制改革创新的着力点在哪里？

（一）放松管制，还学校本位，通过市场竞争使高校建立信誉机制、提高教育质量是解决就业难的重要举措。只有高校建立了信誉，才能解决大学毕业生和用人单位之间的信息不对称。信誉是一种特殊的资本，需要长期的投资来建成，但却可以毁于一旦。解决这个问题的根本是重建学校本位。政府通过国有高校投资多元化，国有股减持，逐渐从现有国有高校中退出来，使国有高校真正进入市场。实际上，如果国有高校有一个明确的人才培养定位，对各层次的大学生都有明确的质量评价，用人单位就可以根据各自的需求和价格定位选择毕业生，从而降低大学生和用人单位之间的交易成本，有利于大学生的顺利就业。

（二）建立新型的政校关系，通过市场机制形成良好的高等教育供求关系。政府与高校不适当的关系，导致了高等教育在培养层次、专业结构等方面与社会脱节，直接导致了大学毕业生的就业难。首先，政府的补贴应该针对学生，而不是针对提供教育的高校。其次，政府应补贴符合社会需求的专业，而非所有专业。只有这样才能保证高等教育提供有效供给、扩大高等教育供给规模并解决高等教育的公平问题。在市场中，高等教育的成本一部分由政府补贴，另一部分由学生自己承担。希望得到政府补贴的学生可以向政府提出申请，当申请者数量超过政府财政预算时，政府通过考试或其他方式对申请者进行筛选，向取得资格的人提供高等教育补贴。政府就可以资助更多的贫困学生，从而更好地遵循高等教育的公平原则。

（三）要帮助学生转变就业观念。首先，转变一次性就业观念，树立多次择业思想。随着社会主义市场经济的建立，社会各行各业的竞争十分激烈，立于不败之地的企业毕竟是少数，也就是说，企业的不稳定势必造成企业人员的流动性。由于种种原因，大学生的第一次就业仅仅是暂时的，要想找到理想的单位和岗位，必须不断进取，进行多次选择。其次，转变“从一而终”的就业观念，树立一专多能思想。在计划经济体制下，由于劳动用工的“终身制”，要求劳动者的专业和能力专一化，劳动者一旦被分配到一定单位和岗位，往往终身不变。但在市场经济条件下，由于打破了劳动用工制度的“终身制”，要求当代大学生必须从“专一”观念向“多能”观念转变，拓宽自己的专业面和知识面，培养自己多方面的能力，成为一专多能、适应市场经济发展需要的人才。再次，转变就业中狭隘的“地域”观念，树立“五湖四海”的就业思想。大学生在择业过程中，应从自身情况和条件出发，打破传统地域观念的束缚，在市场经济的广阔天地里寻找能充分发挥自己才华的场所。大学生毕业后既可以在城市就业也可以到农村就业，应以学以致用、发挥专长为原则。近几年来，由于我国城市容量有限，再加上企业不景气和政府机构精简，造成城市接纳大学生就业的能力锐减。在这种情况下，大学生到农村就业，既有利于大学生发挥自己的聪明才智，又有利于广大农村经济、社会的发展。最后，转变狭隘的“行业”观念，树立在各种性质的单位均可就业的思想。由于受传统观念的影响，不少大学毕业生面对机关、事业单位与企业以及国有与民营企业的 选择时，仍倾向于选择机关、事业单位和国有企业，认为它们有保障。其实，随着国有企事业单位改革的深化，它们在人事制度、人才需求、工资福利等方面将会逐渐与社会其他行业拉平。因此，大学生选择工作单位不应以其性质是否国有为原则，而应主要考虑它们的生命力，既要满足发挥个人专长的需要，又要满足社会、经济发展的需要。

12.13 产业向东南亚转移对我国就业的利弊是什么?

在经济发展中有一种十分常见的、普遍的规律性现象——产业转移，在国际经济关系中，国际产业的转移也是其中的一个重要特征。据相关数据研究显示，目前全球经济一体化的发展背景下，中国部分地区劳动密集型制造业出现了向东南亚转移的新趋势，而一些高端的制造业则逐渐向欧美等国家回流，从而影响中国的就业问题。近年来，随着我国用工成本、原材料成本的不断提高，我国的一些劳动密集型出口企业开始发生了转移，这些企业的生产环节不再依赖于国内生产线，而是转移到印尼、越南等东南亚国家中，但是这些劳动密集型企业的研发部门、总部仍留在国内。在东南亚这些国家中，工人的工资水平较低，如：在越南每月的人工工资基本保持在100美元左右；东南亚等国家并没有出口配额的限制。正是基于这些因素的影响，劳动密集型产业逐渐向着东南亚等国家转移。

劳动密集型产业向东南亚转移为我国就业带来的众多机遇和挑战如下：

（一）产业结构面临新的困境。我国原来被称为“世界工厂”，随着劳动密集型产业向东南亚地区的转移，我国生产、出口的大量现代制造业的产品基本使用的都是国际跨国企业的技术、标准、品牌，这不能够充分反映出我国产业结构是否在进步，我国劳动力甚至可能会出现供大于求，从而失业问题严重。

（二）受到“回流”与“转移”的双重夹击。一方面，我国要积极应对来自美国、日本等经济发达国家对高端制造业争夺的挑战；另一方面，我国还必须面对来自越南、印尼等新兴发展中国家对中低端制造业的竞争压力。所以，中国的就业面临着两面夹击的难题，甚至会出现两极分化。

（三）受到来自高科技的竞争与威胁。由于我国制造业仅仅是依赖国外先进国家的技术，因此，在技术上的威胁必不可少。随着科学技术的飞速发展，人工智能等技术的发展，我国劳动密集型产业所面临的高科技挑战越来越激烈，会需要劳动力的受教育水平较高，就业的要求会大大提高。

（四）有助于推进我国产业结构的优化。面对生存与利润的巨大压力，随着西方经济发达国家劳动密集型产业向亚太新市场的转移，我国作为经济大国的区域优势和市场优势在创新驱动下也将重新进入到高端制造业中国，从而改变在全球价值链中的低端状态，提高人口素质，降低失业率。

（五）有助于我国企业合理规避贸易壁垒、顺利进入当地市场。随着越来越多的国家利用知识产权、新技术、安全壁垒等对中国的出口商品设置限定，为了能够有效规避贸易壁垒，顺利进入当地市场，我国越来越多的企业开始逐渐将部分产能转移到国外，在当地资源的支撑下，积极参与到投资建厂和国际竞争中。

（六）有助于缓解中国贸易失衡的巨大压力。劳动密集型产业的回流、转移使得经济发达国家缩小了与新兴市场国家之间的复苏进程，能够纠正全球经济发展的态势，从而使我国劳动密集型产业进入到良性循环中，促进就业。

参考文献

[1] 赵凌飞，杨斌. 我国大学生就业历史研究[J]. 科学与财富，2016(03).

[2]马维. 浅谈如何搞好大学生就业工作[J]. 中国市场，2016(19).

[3]文岚. 关于大学生就业难问题的原因思考[J]. 中外交流，2016(13).

[4]李开复. 中国人工智能发展的现状和未来趋势[EB/OL]. 中国信息研究网. http://www.china1baogao.com/dianping/20171109/2061175.html.

[5] 2018年中国人工智能行业发展现状及发展前景分析. 中国产业信息网. www.chyxx.com/industry/201803/619321.html.

[6]耿燕，周华. 浅谈发展服务业[J]. 延边党校学报，2008(03).

[7]张丽静，彭德林. 服务业发展对就业促进作用的研究[J]. 中国科技信息，2005(15).

[8]乌兰，乌兰其其格. 统筹城乡就业研究文献综述[J]. 北方经济，2013(06).

[9]劳动和社会保障部、国家发展和改革委员会、财政部、农业部.《关于印发统筹城乡就业试点工作指导意见的通知》[Z]. 2006-07-26.

[10]曹明华，等. 城乡统筹发展的制度创新研究[J]. 农村经济，2005(09).

[11]郭翔宇，颜华. 统筹城乡发展——理论、机制、对策[M]. 北京：

中国农业出版社,2007.

[12]董克用.中国经济体制改革以来劳动关系的变化与调节机制[J].经济理论与经济管理,2004(4).

[13]赵放,刘一腾.资源型城市的人口转变与产业的转型升级——基于2007—2014年面板数据[J].山西大学学报(哲学社会科学版),2018(03).

[14]周正柱,孙明贵.产业转移特征及其与企业亏损、劳动力转移关系研究[J].工业技术经济,2012(05).

[15]孙久文,彭薇.劳动报酬上涨背景下的地区间产业转移研究[J].中国人民大学学报,2012(04).

[16]龚晓菊,刘祥东.产业区域梯度转移及行业选择[J].产业经济研究,2012(04).

[17]范建华.乡村振兴战略的时代意义[J].行政管理改革,2018(02).

[18]深刻理解乡村振兴战略的重大意义与科学内涵[N].重庆日报,2017-11-09.

[19]王尚君.返乡新生代农民工对乡村振兴战略的影响探析[J].中共乐山市委党校学报,2018(1).

13　全方位对外开放

[案例]

中国加入世界贸易组织 15 周年　融入世界步伐更加坚定

2016 年 12 月 11 日，中国加入世界贸易组织（WTO）已整整 15 年。在中国改革开放历史进程中，入世是一个关键转折。15 年前的 12 月 11 日，中国和世界共同迈出的那重要一步，不仅让中国与世界的联系更加紧密，也让中国融入世界的步伐更加坚定。

互利共赢，带给中国和世界的最大“礼包”

入世 15 年来，中国在不断受益于全球化发展的同时，也更加深入地融入世界经济，成为促进世界经济发展不可缺少的重要力量。互利共赢，是对这 15 年来中国与世界关系变化的准确描述。“加入 WTO 是中国经济融入世界经济的重要里程碑，也是中国适应经济全球化发展趋势、进一步深化改革开放的客观需要，”商务部国际经济贸易合作研究院院长顾学明在接受《经济日报》记者采访时指出，“入世对于促进我国对外贸易发展和拉动经济增长都发挥了重要作用。”顾学明指出，对中国而言，通过加入 WTO 中国开始参与多边化贸易体制，在国际贸易、投资、服务和技术转让方面与其他国家建立起更紧密的合作关系，进而有助于我国在更大范围内利用要素和市场，推进改革开放进入到新的阶段，极大促进了社会生产力的发展。同时，加入世界贸易组织使我国可以享有自关贸总协定成立以来 8 个回合谈判的关税减让成果，更广泛地享受普惠制待遇，极大改善了我国贸易条件，同时也推动我国进一步改革对外经济贸易体制，并迈出了重要步伐。

从整体情况看，2002—2015 年，中国实际 GDP 实现年均增速 9.74%。2001 年，中国 GDP 为 1.33 万亿美元，占全球 GDP 比重仅为 4.02%。到 2015 年，中国 GDP 达到 10.87 万亿美元，占全球比重达到 14.78%，居全球第二位，较入世前提高 10.76 个百分点。从贸易数据来看，2002—2015 年，中国进出口实现年均增速 15.31%。2001 年，我国进出口总额 0.51 万亿美元，仅占全球进出口额的 4.02%。经过 15 年后，2015 年，我国进出口总额 3.96 万亿美元，约为入世前（2001 年）进出口总额的 8 倍，占全球进出口额的 11.89%，较入世前提高了 7.87 个百分点。

“中国入世以来努力按照 WTO 规则，改革国内经济体制和法律体系，使得中国更快融入全球经济体系，对外经济贸易活动高速增长，在世界上的贸易和投资份额也大幅度增长，有效拉动了中国经济的增长，”对外经贸大学国际经济研究院院长桑百川教授在接受《经济日报》记者采访时表示，中国的加入也为 WTO 其他成员提供了更多贸易和投资机会，拉动了世界经济的增长，“15 年来，中国在世界贸易组织成员中是对世界经济贸易增长贡献最大的成员。”15 年来，中国对世界经济增长的贡献率和拉动度不断提高。2002—2015 年期间，中国 GDP 占世界的比重由 4.25% 增长至 14.78%。如果以中国入世前后两个时点来看，可以发现，入世前的 2001 年，中国实际 GDP 对全球贡献率仅为 0.53%，对全球实际 GDP 增长率的拉动度为 0.03 个百分点。但到了 2015 年，中国实际 GDP 对全球贡献率为 24.8%，对全球实际 GDP 增长率的拉动度达到0.6个百分点。“从全球意义上说，中国入世为经济全球化进一步发展注入了新的生机和活力，”顾学明指出，“中国以自身的发展带动了世界经济的发展。”

信守承诺，中国不断推动完善国际贸易规则

15年来，中国入世所带来的改变，不仅仅体现在对世界经济的有力支持，也体现在对入世承诺的信守、对世贸规则的尊重以及推动国际贸易规则向更公正更合理的方向发展方面。中国作为新兴经济体的代表，促进了不合理、不公正国际经济秩序的改变和全球经济治理的演变。“中国和世界经济体系的融合，不仅体现在资本融合、资源融合、市场融合，更重要的是规则对接，”中国服务外包研究中心副主任邢厚媛研究员在接受本报记者采访时指出，15年来，中国遵守世贸组织规则就是巨大的贡献，“多边规则在中国这个世界上人口最多的市场，同时是全球第二大经济体身上得到了实践和推广”。入世之后，中国成为多边贸易体制积极参与者、维护者和贡献者，主张以WTO代表的多边贸易体制作为全球贸易规则的主渠道。15年以来，中国以实际行动维护多边贸易体制，全面参与多边贸易体制建设，在WTO多项谈判中的地位和作用不断提升。中国致力于多哈发展回合取得进展，积极参与WTO框架内所有规则制定与市场开放谈判；严格执行世贸组织裁决，利用贸易争端解决机制反对贸易保护主义，共向WTO提起13起诉讼；顺利通过6次WTO贸易政策审议；支持最不发达国家和发展中国家，从2015年12月10日起，对33个建交且已完成换文手续的最不发达国家97%的税目产品实施零关税；作为2014年亚太经合组织（APEC）会议主办国和2016年二十国集团（G20）主席国，同各方一起发出积极信号，支持多边贸易体制，坚决反对保护主义。

中国在入世之初，首先大幅度降低了关税水平，工业品、农产品的关税水平都有不同程度的下调。中国一直在努力推进贸易便利化和投资便利化的实施。中国在服务贸易的市场准入方面，不断扩大服务贸易市场准入范围。在投资准入方面，中国已经推出准入权国民待遇加负面清单的市场准入模式。此外，在削减非关税措施上，也做了大胆的努力。同时，清理了大量的行政审批事项，取消许多行政审批内容，修改了一系列国际经贸法规。中国在知识产权保护，环境标准、进出口检验检疫制度、外汇管理制度、国际资本流动的管理制度等方面都与世界贸易组织其他成员协同努力，做了大量的改进。“中国作为世界贸易组织成员，不仅在努力适应世界贸易组织规则的要求，也在努力与发展中成员和发达成员开展有效合作，推动着世界贸易组织规则的完善，”桑百川告诉记者，比如在多哈回合谈判中，中国就是一个积极的贡献者。中国在促进公平贸易方面，在推动大家关注的共同议题谈判中，也发挥着建设性作用。“中国是世界贸易组织重要的建设者，也是坚守多边经贸体系的重要力量。”

“中国以自身努力推动国际贸易规则向更合理公正的方向发展，”顾学明指出，一方面，中国全面参与多边贸易体制建设，在 WTO 多项谈判中的地位和作用不断提升。中国推动 WTO《贸易便利化协定》和《信息技术协定》（ITA）拓围谈判的达成，并为早日实施做出贡献。目前，中国正积极参与 WTO 框架下的多个诸边谈判，包括作为发起方参与《环境产品协定》谈判，向 WTO 提交 6 份中国加入《政府采购协定》出价清单，提出申请加入《服务贸易协定》谈判。另一方面，中国致力于高水平的自贸区建设。截至目前，共签署并实施了 14 个自贸协定，涉及 22 个国家和地区。中韩、内地与澳门自贸区涵盖了知识产权、竞争、跨境电商和环境等新议题，中美、中欧新一代投资协定和 RCEP 谈判则更加注重投资自由化，采取了准入前国民待遇加负面清单模式。

2016 年 11 月份，中方与新西兰启动中新自贸协定升级谈判。

扩大开放，坚持经济全球化反对保护主义

国际金融危机带来的变革调整仍在持续，包括世界贸易、投资、产业链在内的经济贸易格局也正在发生深刻变革。中国在未来采取什么样的策略来面对全球贸易格局和多边贸易体制的发展与变化，是值得认真思索的问题。现行多边贸易体制自 1995 年确立以来取得了令人瞩目的成就，160 多个成员国贸易总量占全球贸易的 90% 以上，对全球贸易投资自由化和世界经济增长发挥了不可替代的作用。但现有国际贸易规则基于传统贸易问题，主要用于规范跨国货物贸易流动，已远远落后于现实需要。当前，贸易保护主义抬头，贸易摩擦加剧，国际贸易环境恶化，阻碍了世界经济复苏。因此，中国正积极寻求推动多边贸易规则升级的途径，推动 WTO 诸边协定谈判，支持 WTO 多哈回合谈判早日完成。“未来，中国应继续反对贸易保护主义，加强国际合作，共同维护多边贸易体制。发挥 WTO 框架下争端解决机制对维护多边贸易体制稳定性和可预期性的重要作用，”顾学明告诉记者，“WTO 成员不会轻易放弃使全球经济受益的多边贸易体制，中国也会继续作出努力支持 WTO 多哈回合谈判早日完成，真正实现所有成员共同制定的发展目标。”“对于当前的贸易保护主义，我们应该不仅仅停留在倡导、道义上的指责层面，而应该在多边层面采取实际措施，整体框架应该有调整，”邢厚媛表示，只有约束机制完善了，对贸易保护主义有了实际的约束后，才可能维护全球贸易的公平开展。

“在世界贸易组织框架下，维护公平自由贸易的体系，是中国应该坚守的方向。”桑百川指出，在国际经贸规则发展过程中，各个世贸组织成员利益分配是不均衡的。一个成员内部不同阶层的收益程度也是不均衡的。在两个不均衡的条件下，也就引发了对于贸易自由化不同的看法和不同的策略，有些世贸组织成员捡起了贸易保护的手段，也形成了对多边体制的冲击，中国在未来应该按照一贯倡导的公平、开放、共享、互利共赢等基本理念，推动改善国际经贸规则，改革全球经济治理体系。“我们要发挥世贸组织在全球经济治理中的基础作用，以多边体制为基础，以区域合作为抓手，从多边和区域两个维度共同推进国际经济贸易的自由化和公平化。”

资料来源：冯其予．融入世界的步伐更加坚定［N］．经济日报，2016－12－11．

13.1 改革开放以来我国对外贸易的发展状况如何？

改革开放是邓小平理论的重要组成部分，是中国社会主义建设的一项根本方针。改革开放是中国共产党在社会主义初级阶段基本路线的基本点之一，是我国走向富强的必经之路，对中国的经济发展有着巨大影响。随着1978年改革开放的深入，中国对外贸易迸发蓬勃生长力。市场经济的活力逐步成为经济的主导，有力地促进了我国现代化建设的发展，使我国社会主义的优势得到充分发展，使我国对经济与社会制度之间的关系更加地了解，使我国逐步走上国际舞台，并成为国际外贸舞台上不可或缺的部分。中国最初之所以能够实现GDP的腾飞，其功劳大多可以归功于邓小平在1979年做出的改革开放的伟大决策。1979年，党中央、国务院批准广东、福建在对外经济活动中实行“特殊政策、灵活措施”，并决定在深圳、珠海、厦门、汕头试办经济特区，福建省和广东省成为全国最早实行对外开放的省份之一。改革开放对我国的对外贸易发展有着决定性的作用，是我国走上富强之路的重要转折点。（见表13－1、图13－1）

表 13－1 2000—2015 年中国对外贸易数据

单位：亿美元、%

1	2	3	4	5	6	7	8	9	10
年份	出口额	进口额	进出口额	贸易差额	比上年增减（出口）	比上年增减（进口）	GDP	对外贸易系数（X＋M）/GDP	净出口占GDP比重（X－M）/GDP
2000	249203	225094	474297	24109	27.8	35.8	1198475	39.58	2.01
2001	266098	243553	509651	22545	6.8	8.2	1324818	38.47	1.70
2002	325596	295170	620766	30426	22.4	21.2	1453820	42.70	2.09
2003	438228	412760	850988	25468	34.6	39.8	1640966	51.86	1.55
2004	593326	561229	1154554	32097	35.4	36	1931644	59.77	1.66
2005	761953	659953	1421906	102001	28.4	17.6	2257619	62.98	4.52
2006	968978	791461	1760438	177517	27.2	19.9	2713495	64.88	6.54
2007	1220060	956115	2176175	263944	25.9	20.8	3495664	62.25	7.55
2008	1430693	1132562	2563255	298131	17.3	18.5	4521827	56.69	6.59
2009	1201612	1005923	2207535	195689	－16	－11.2	4990526	44.23	3.92
2010	1577754	1396247	2974001	181507	31.3	38.8	5879063	50.59	3.08
2011	1898381	1743484	3641864	154897	20.3	24.9	7473276	48.73	2.07
2012	2048714	1818405	3867119	230309	7.9	4.3	8355891	46.28	2.76
2013	2209004	1949989	4158993	259015	7.8	7.2	9499499	43.78	2.72
2014	2342293	1959235	4301527	383058	6	0.4	10282116	41.84	3.72
2015	2274848	1681624	3956472	593224	－2.9	－14.2	10510800	37.64	5.64

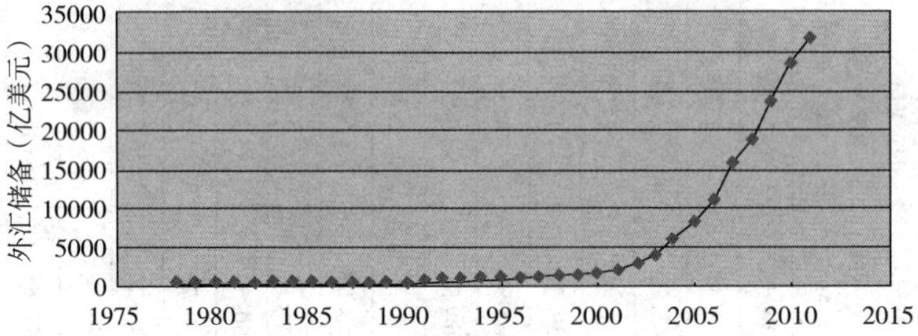

图 13－1　1975—2015 年中国外汇储备情况

13.2　经济全球一体化的含义及表现如何？

“一体化”一词来源于拉丁文，意指将不同部分融合为一个整体。荷兰经济学家丁伯根认为，经济一体化就是将阻碍经济最有效运行的人为因素加以清除，通过互相协作与统一，创造最适宜的国际经济结构。经济全球一体化是指世界各国各地区经济相互依存、相互融合，逐步形成有机整体的过程和趋势。20 世纪 90 年代以来，经济全球一体化的进程大大加快，对各国各地区经济尤其是发展中国家经济产生了重大影响。

经济全球一体化趋势，体现在全球生产、交换、分配、消费等诸多环节上。经济全球一体化首先表现在生产的全球化上，国际分工从传统的以自然资源为基础的分工逐步发展为以现代工艺、技术为基础的分工，从产业部门间的分工发展到各个产业部门内部的分工和产品专业化为基础的分工，从生产领域分工向服务部门分工发展。其次，经济全球一体化还表现在交换的全球化上，生产资料在世界范围内流通，比如发展中国家的优质自然资源、廉价劳动力大量往发达国家输入，而发达国家也将自己国家的先进技术和管理经验输入给一些发展中国家。再次，经济全球一体化还体现在分配的全球化上，主要是针对跨国公司而言，跨国公司在全世界各地拥有许多子公司，这些子公司利用当地的资源完成母公司给他们分配的不同任务，将一个产品的不同部分完成后再交给下一个公司继续加工。最后，经济全球一体化也体现在消费的全球化上，从日常生活用品到国家采购，都已经国际化了，比如发展中国家进口洗发水、手机、飞机等。同时发展中国家很多物美价廉的产品也远销海外，比如玩具、衣服、鞋包等。除了这些有形的产品，还有很多看不见摸不着的无形产品，比如技术的购买、服务的购买等，这些都实现了消费的全球化。当今，经济全球一体化与信息化相融合，表现在方方面面，而不只是生产力的某一个层面，深度和广度史无前例。

13.3 区域经济集团化为什么会呈现加速趋势?

在经济全球化的发展背景下，国家之间的政治和经济联系日益密切，生产要素在一定范围内频繁地转移和流动。各国政府都表现出积极的“合作”热情，也就是说，在经济全球化的背景下，区域经济集团化也呈现加速发展趋势。区域经济集团化主要表现为，第一，区域经济在21世纪加快了发展的速度、区域经济集团的数量大量增加、区域集团的范围和规模不断扩大、区域经济集团之间跨区合作日益频繁。第二，随着多数国家参与了不同层次的区域经济一体化组织，区域经济集团化作为世界经济全球化的组成部分，增强了世界经济的活力。世贸组织成立后，区域贸易安排的数量急剧增加，其中具有代表性的有东盟、欧盟、北美自由贸易区、亚太经合组织。

（一）东盟的发展趋势。自由贸易区成效明显，自由贸易区（FTA）是东盟经济共同体的出发点。截至2011年12月，东盟自由贸易区（AFTA）已取得明显效果。老东盟六国（新加坡、马来西亚、印尼、泰国、菲律宾和文莱）之间已经取消99.65%的关税，几乎实现了零关税的自贸区目标。新东盟四国（柬埔寨、老挝、缅甸和越南）的平均关税也已大幅降至2.6%的新低。自贸区建设为推动构建更全面、更深入的经济共同体打下了良好的基础。截至2013年3月31日，东盟经济共同体按计划完成了77.5%的既定目标，加强了与区外经济的合作。考虑到东盟在东亚、亚太经济格局中仍处于相对较低的地位，以及东盟经济的显著外部依赖性，即便达到共同市场的标准，东盟经济共同体的区域影响力也不会发生质变。东盟经济共同体的主要目标仍然是对内维稳，对外维持国际影响力。

（二）欧盟的发展趋势。从欧盟发展的历程来看，欧盟一步步从经济过渡到政治、外交方面，从经济政策过渡到福利政策、外交政策等，成员国慢慢让渡主权，这是一个从经济合作到政治合作的过程。欧洲一体化进程是欧洲历史演进的必然结果，是欧洲防范战争风险和实现和平的现实选择，也是促进欧洲可持续发展的重要途径。尽管面临众多困难和质疑，但欧洲一体化进程会不断取得新进展，朝着深化一体化方向不断前行。正如一位欧元参与设计者指出的那样："纵观欧洲统一的历史，从来都是由危机推动的。解决危机的办法就是进一步统一。"在欧盟财政盟约的制定下，欧洲正由经济一体化向政治一体化迈进。

（三）北美自由贸易区发展趋势。北美自由贸易区成立后一直在冲突与合作之间维持着一种三角式的稳定状态。一方面，美国一直担心墨西哥的廉价劳动力会导致美国的失业率增加，给美国人的就业造成压力。墨西哥担心其民族产业不易在美、加两国夹缝中生存。加拿大则不希望对美国依赖过深。另一方面，虽然三国之间的贸易存在冲突，可是各国都在北美自由贸易的框架下各取所需，应该说符合三国早前的设想。美、加两个经济发展水平相近的国家可以通过发挥规模经济，使得彼此的市场扩大；而墨、美和墨、加由于经济发展水平的差距可以通过比较利益的优势带来产业结构和贸易模式的变化，从而发挥自己的优势。牵涉国际因素以及国内因素，美、加、墨三国在北美大陆的合作并没有将北美模式扩展到拉美其他地区。

（四）亚太经合组织。1989 年成立，1993 年 6 月改名为亚太经济合作组织（APEC）。APEC 现有 21 个成员，分别是中国、澳大利亚、文莱、加拿大、智利、中国香港、印度尼西亚、日本、韩国、墨西哥、马来西亚、新西兰、巴布亚新几内亚、秘鲁、菲律宾、俄罗斯、新加坡、中国台北、泰国、美国和越南，1997 年温哥华领导人会议宣布 APEC 进入十年巩固期，暂不接纳新成员。此外，APEC 还有 3 个观察员，分别是东盟秘书处、太平洋经济合作理事会和太平洋岛国论坛。它的前身是亚太经济合作会议，现在已经成为亚太地区重要的经济合作论坛，在推动区域贸易投资自由化，加强成员间经济技术合作等方面起到了不可替代的作用。它的目标是坚持开放多边贸易体制和减少区域贸易壁垒，推动亚太地区的经济合作和一体化，其成员自由化措施不仅仅适用成员内部，还适用成员外部，开放性做法有力促进了全球贸易自由化进程。继印尼巴厘岛之后，北京成为 2014 年亚太经合组织（APEC）第 22 次领导人非正式会议的举办地。这是自 2001 年后，中国再一次成为 APEC 的东道主。2014 年 APEC 领导人非正式会议将延续 2013 年会议三大议题之一：亚太互联互通。2013 年 APEC 峰会在互联互通三大领域，即基础设施、制度、人员的互联互通，确立了新的总体目标和任务，并针对基础设施互联互通的开发和投资制订了未来 3 年的行动计划。2014 年北京 APEC 峰会在此基础上进一步深化亚太国家间基础设施衔接、制度协调以及人员的交流往来议题讨论。

13.4 科技革命对世界经济有什么根本的影响?

（一）科技革命产生了新的生产力。世界经济发展的进程表明，科技进步发展了新的生产力，推动了世界经济向新的阶段迈进。以战后的科技革命为例，由于其自身规模的宏大及其物化为生产手段过程的加速，在短短的几十年中，现代科学技术特别是高新技术已经融合、渗透、扩散到生产力诸要素中，使生产力发生了飞跃，推动了社会的进步，从而使世界经济进入到一个新的历史阶段。随着科学进步，人类不断发现、利用、改造、扩大劳动对象范围。劳动已不仅仅以自然物、半自然物为对象，更多的是用真正属于人类创造的全新材料、原料作为劳动对象。目前，世界上各种材料已有几十万种，而新材料每年又以5%的速度在增长。战后科技革命的生产与发展，对生产力的发展起着巨大作用，使世界经济发生了急剧变化。

（二）科技革命促进了经济全球化的发展。科技革命是经济全球化的根本动力。科技革命对经济全球化的推进作用集中体现在交通和通信技术的飞跃上，因为它们决定了经济活动以什么样的方式进行，在多大的范围内进行。第一次科技革命使运输业出现了轮船和蒸汽机车，世界各国各民族间的经济联系及在经济上的相互依赖性比以往大为增强。按照恩格斯的说法，只是到了工业革命时期有了铁路和远洋轮船以后，才把以前只是“潜在”的世界市场变成了现实的世界市场。19世纪末的第二次科技革命，轮船和铁路在更大的范围里得到使用，并且效率和性能大大提高。电报的发明和使用使得信息传递的速度得到了令人惊奇的提高，世界因此而大大“缩小”。20世纪后半期交通和通信技术的改进主要表现在飞机、电脑和卫星的商业性运用上，第三次科技革命在更大程度上便利了无形商品和要素的流动，这对于以知识和信息为基础的全球经济来说，其重要性是不言而喻的。尤其是随着近十多年来互联网的飞速发展，世界真正变成了一个“地球村”。

（三）科技革命促进了国际分工的发展。第一次科技革命中，资本主义机器大工业还是以生产轻工业为主的，第二次科技革命推动了电力、汽车制造、钢铁、石化等重工业的发展，并逐步取代了轻工业而居于工业生产的主导地位。在生产力发展的同时，自由资本主义逐渐过渡到了垄断资本主义，资本输出成为资本主义对外扩张的重要手段。这些因素推动了国际分工的进一步发展。这一时期的国际分工，由于建立在更为强大的物质基础上，因而更具有扩张性。一方面，亚、非、拉国家和地区的经济发展进一步畸变为单一经济，其主要作物和出口商品只限于一两种或两三种产品。这些产品绝大部分对工业化国家出口，造成了亚、非、拉国家的两种依赖性。另一方面，处于国际分工中心地位的欧美先进国家之间也形成了工业品专业化生产的国际分工，例如，挪威专门生产铝，比利时专门生产铁和钢，芬兰专门生产木材加工产品等，从而加强了世界各国对国际分工的依赖性。第二次世界大战后，兴起了第三次科技革命，一系列新工业部门开始出现，科技在生产中的运用再一次大大解放了生产力，使国际分工进入深化发展阶段。

（四）科技革命推动了世界产业结构的优化升级。科技进步带来了世界产业结构的新变化。主要表现在：在新科技革命蓬勃发展的推动下，发达资本主义国家正在实现从工业经济向信息经济的转变，呈现出一系列新的经济特征。在第三次科技革命的推动下，发达国家的三大产业在国内生产总值中的相对比例发生了很大的变化，信息产业迅猛发展。发达国家信息技术产业的发展，不仅使大量信息技术产品（电脑、电信设备、软件等）陆续问世，推动互联网络和信息技术市场的迅速发展，而且信息技术的应用范围几乎遍及所有经济部门和领域，促进航空航天工业，生物技术工程产业、新材料产业、纳米技术等高新技术产业的形成和发展。信息技术还渗透到传统的工业部门，使传统产业得到改造，获得新的生命力，成为新产业结构中的重要组成部分。

13.5　2005年以来人民币加速升值的现实成因有哪些？

受国际金融市场对人民币需求、我国国际收支变化等因素影响，2005年以来人民币呈加速升值态势。人民币加速升值的原因有很多，既有理论因素，也有实践因素；既有政治因素，也有心理因素。

（一）人民币升值的理论因素和实践因素。

1. 人民币升值是中国经济快速发展，国外对人民币需求增加的必然结果。货币需求和供给是决定币值的主要因素。中国近30年来GDP增长的平均速度为9.92%。改革开放40年，我国经济高速发展。2010年中国经济发展虽然历经波折，但全年国内生产总值（GDP）397983亿元，增速为10.3%，经济总体实力超过日本，位居世界第二。中国经济的这种高速增长在全球罕见，令人惊叹。中国经济高速增长，提升了中国产品的国际竞争力，有力促进了出口。货币是一国经济实力的体现，综合国力越强其货币越强势。正是因为中国经济高速发展，有更多的国家或地区接受人民币，愿意把人民币作为结算货币、储备货币或投资货币。

2. 人民币升值是中国国际收支保持经常项目和资本项目双顺差，外汇储备不断增长的结果。国际收支状况是决定汇率趋势的重要因素。从表13－2可以看出，2010年我国国际收支平衡表中经常账户和资本账户都出现较大顺差，而外汇储备更是连年增长。早在2006年2月底，中国大陆外汇储备总额就达8537亿美元，首次超过日本，位居全球第一。到2010年3月，中国的外汇储备规模达到了24470.84亿美元，继续保持全球第一的地位。截至目前，我国外汇储备余额已达3万亿美元，超过日本成为全球最大的外汇储备国。外汇储备规模的扩大增加了人民币升值压力。

表13-2　2010年中国国际收支平衡表　　单位：亿美元

项目	行次	差额	贷方	借方
一、经常项目	1	3054	19468	16414
A. 货物和服务	2	2321	17526	15206
a. 货物	3	2542	15814	13272
b. 服务	4	-221	1712	1933
二、资本和金融项目	24	2260	11080	8820
A. 资本项目	25	46	48	2
B. 金融项目	26	2214	11032	8818
1　直接投资	27	1249	2144	894
1.1　我国在外直接投资	28	-602	76	678
1.2　外国在华直接投资	29	1851	2068	217

资料来源：国家外汇管理局网站.http://www.safe.gov.cn/model_safe/tjsj/tjsj_detail.jsp?

注：①本表计数采用四舍五入原则。

②从2010年三季度开始，按照国际标准，将外商投资企业归属外方的未分配利润和已分配未汇出利润同时记入国际收支平衡表中经常账户收益项目的借方和金融账户直接投资的贷方。2010年各季度以及2005—2009年年度数据也按此方法进行了追溯调整。

3. 就中国自身实践而言，克服通货膨胀也需要人民币进行一定幅度的升值。通过人民币升值，可以降低进口商品价格，特别是粮食价格和大宗商品价格，有利于降低国内物价水平，缓解通货膨胀。2011年4月18日，原央行行长周小川在清华大学金融高端讲坛上坦言，截至3月末中国外汇储备突破3万亿美元，已经超过了我国需要的合理水平，外汇积累过多，导致市场流动性过多。为了维持人民币对美元的固定汇率，中国人民银行必须从市场中买入美元、投放人民币。外汇占款导致货币供给量上升，加剧了国内通货膨胀。解决通胀问题的重要方法是人民币升值到一个足够高的水平，以消除贸易盈余，这可能需要人民币更大幅度的升值。

（二）人民币升值的心理因素和政治因素。

1. 国际投机因素。根据经济学原理，一国利率上升，国外资本流入。资本流动将引起外汇市场供求变化，从而影响汇率的变化。一般而言，一国利率上升将导致该国货币升值；反之，引起货币贬值。当交易人员预期某种货币看涨时，买进货币，汇率上涨；反之，预期下跌时，抛售货币，汇率下降。而由此造成的羊群效应也是人民币持续升值的重要原因。我国自1994年以来，巨额的外汇储备本身也提升了投资者对中国经济的信心，也就进一步刺激热钱的涌入，更加加剧了人民币升值的预期。

2. 中美贸易摩擦。当今中国是最大发展中国家，美国是最大发达国家，两国国内需求旺盛促使两国经贸关系迅速发展。1978年中国实行改革开放政策以后，中国与美国的经贸关系更是取得了突飞猛进的发展。中国对美国贸易一直存在顺差问题，美方不断要求人民币更大幅度升值，以缩小美国对华贸易逆差。

表13-3　2001—2009年中美贸易差额数据对比　单位：10亿美元

年份	美国对华贸易逆差额	美国出口总额	美国对华逆差额占美国出口总额比例	中国对美国贸易顺差额	中国出口总额	中国对美国顺差额占中国出口总额比例
2001	-83.57	1004.90	8.32%	30.03	266.16	11.28%
2002	-103.10	977.47	10.55%	39.89	325.60	12.25%
2003	-124.00	1020.19	12.15%	58.61	438.23	13.37%
2004	-161.98	1159.23	13.97%	87.75	593.31	14.81%
2005	-201.60	1281.46	15.73%	114.17	761.95	14.98%

续表

年份	美国对华贸易逆差额	美国出口总额	美国对华逆差额占美国出口总额比例	中国对美国贸易顺差额	中国出口总额	中国对美国顺差额占中国出口总额比例
2006	-232.55	1451.69	16.02%	144.26	968.94	14.89%
2007	-256.30	1643.17	15.60%	163.33	1218.01	13.41%
2008	-266.31	1826.60	14.58%	170.86	1428.55	11.96%
2009	-226.83	1553.06	14.61%	143.38	2207.31	6.50%

资料来源：根据《中国海关统计》和美国商务部统计资料历年数据整理得出。

注：正号表示贸易顺差，负号表示贸易逆差。

由表13-3可知，自2001年中国对美国出现300.3亿美元贸易顺差以来，到2009年中美两国的顺差额已增加到1433.8亿美元。而美国统计的数据显示，2009年美国对华的逆差额为2268.3亿美元，比中国统计的1433.8亿美元多了将近834.5亿美元。由此可见，中美两国之间存在较高的贸易差额。外贸逆差进一步扩大，特别是对华贸易逆差更是居高不下，美国是要求人民币升值最为强烈的国家。近年来，美国以一系列的关税和非关税措施及相关国内法对中国出口美国产品进行限制，中美贸易摩擦频繁发生，一些国家也积极附和美国的行动，中国来自外部的人民币升值的压力越来越大。

综上所述，不论是从中国自身发展情况看，还是从我国贸易面临的国际环境看，人民币升值是一个基本的趋势。我国企业要做好应对人民币升值困难准备，积极采取措施，把人民币升值对企业的负面影响效应降为最小，稳定企业对外贸易的持续增长。

13.6 人民币升值对我国中小企业出口的长期和短期影响如何?

在人民币快速升值的背景下，我国出口企业面临着巨大的挑战和机遇。从长期看，会有降低中小企业进口成本，加快企业产业结构转型，减少对外贸易摩擦等利好。

（一）人民币升值对我国中小企业出口影响长期分析。

1. 降低了企业的进口成本。在人民币升值美元贬值的背景下，进口商品的价格将会发生相同幅度的下降，企业能源和原材料的进口成本降低，由此以来，我国进口商品的成本和在进口环节支付的费用相应减少，增强了企业的购买力。这意味着进口先进设备、先进技术的成本降低，有利于企业引进国外的先进设备、先进技术、先进管理经验和高素质人才，增强企业技术改造、技术创新能力，提升出口产品的国际竞争力和企业的抗风险能力。

2. 有利于推动企业外贸增长方式的转变。长期以来，我国企业属于劳动密集型且粗放式的发展模式，技术含量低，经济效益非常低下。人民币升值将激励出口企业更多地依靠技术进步和提高附加价值，而不是低价竞销占领市场。而是把更多精力放在研发高附加值和高科技产品上，促进出口企业的产业结构优化升级，转变外贸增长方式，从而改善贸易条件。

3. 有利于减少国际贸易摩擦。人民币升值可增加我国的进口总额，从而有利于减少贸易顺差的数值。产品低价竞争销售和出口量受到抑制，放慢出口，增加进口，有利于减弱我国贸易顺差不断扩大势头，缓解国际贸易逆差，从而有助于缓和我国与主要贸易伙伴的关系，有利于减轻我国由于贸易收支不平衡带来的经济问题，也有助于减轻国外舆论对我国汇率、经济贸易政策的非难和指责，减少同欧美国家的贸易摩擦及国外针对中国的贸易制裁。减少经贸纠纷，促进我国经济和贸易的和谐发展，减少不合理的贸易环境壁垒。

（二）人民币升值对我国中小企业影响短期分析——以江苏省纺织

业为例。对于江苏省中小企业来说，纺织服装业是受影响最大的行业。其出口依存度高达51%。因此，人民币升值后，将大大削弱江苏省中小企业纺织服装产品在国际市场的竞争力。

1. 人民币升值导致江苏省纺织业产品出口价格相对提高，降低了出口纺织产品在国外市场的价格优势。人民币升值将提高我国出口商品的外币价格，直接削弱我国出口的价格竞争优势。江苏的纺织出口企业正在经受着这样的冲击，受货币汇率波动和国际贸易环境的影响尤其明显。2010年以来，由于受美国对我国纺织品设限和人民币汇率不断升值的影响，江苏省纺织出口减少18亿美元，该行业工业总产值增速下降近3.5%。随着人民币不断升值，江苏中小型纺织品出口市场出现低迷。因为人民币升值会相对提高纺织品的成本，企业势必相对提高出口纺织品在国际市场上的报价，势必削弱中小型纺织品出口企业在国际市场上的低价竞争优势，其结果将使出口受到一定的抑制，从而减少纺织品的出口数量。

2. 人民币升值影响江苏省中小型企业纺织行业就业。由于开工不足和出口企业倒闭的影响，会出现出口导向型企业职工大量下岗问题。同时人民币升值又意味着进口产品价格下落，进口产品比较便宜，国内会进口大量国外产品，这对国内制造业也是个不小的打击，也会造成相关行业劳动者失业问题。江阴的外贸服装企业很多依靠低附加值产品，低价竞争的中小企业难逃倒闭的厄运，大批劳动力将需要另找工作。为应对人民币升值就不得不进行技术改造，这又会使得中小型企业对职工的需求减少。据江阴政府部门统计，江阴有近三成的企业正在进行技术和管理的革新，引进新的效率更快，更节省成本的先进的纺织机台，而这正让一些企业在计划裁减员工。

3. 人民币升值导致江苏省中小型企业外商直接投资减少。外商投资每增加1亿美元，实际有效汇率指数上升约0.77。人民币汇率变动对外商直接投资变动影响强烈。人民币升值，外国投资者新增投资成本上升，这将会导致将到中国的外国企业家徘徊不前。在中国周边地区存在着引资竞争的形势下，外商就会转向其他国家投资，这将会导致我国引进、利用外商直接投资的减少。目前，江苏省中小型纺织企业吸引了大批外商投资，而外商目前大都是用美元计价采购原物料，用人民币支付当地员工薪水和在内地购买原物料费用，人民币升值对江苏的外资企业来说生产成本势必加重，预期有不少外商将面临利润减少的困境。为了减少影响，外商会转移投资至成本低的国家或地区来规避风险。江苏纺织行业已经有不少外商企业在中西部和国外建立生产车间，以降低生产成本。

4. 人民币升值意味着江苏省中小型外贸企业失去国际市场竞争力，会出现企业开工减少、倒闭问题。若人民币币值提升，出口企业为维持一定的利润，出口单位产品的外币价格将有所提高，不利于出口持续扩大和产品在国际市场上占有率的提高，导致大部分出口企业只能被动接受订单生产而不能大规模地主动生产来扩大市场。例如，位于江苏省最南部太湖流域的吴江区盛泽镇，是与苏州、杭州、湖州齐名的中国四大丝绸之都之一。但是从2007年开始，随着人民币升值步伐加快，一个个企业的厂房大门紧闭。吴江区盛泽镇停产的中小企业约占整个中小企业数量的1/3。

13.7 稳定我国中小型企业出口有哪些对策建议?

（一）增强我国中小企业防范汇率风险意识，通过保值措施规避人民币汇率波动风险。在全球金融危机和世界经济衰退中，各国所受影响不尽相同，汇率变动不可避免。面对国际金融市场动荡，我国中小企业要提高应对国际金融风险的能力，学会利用各种金融衍生品工具，规避汇率波动风险，锁定企业利润。

一是出口企业应及时结算现有的外汇，尤其是美元结汇，企业的即期交易合同该履行的马上履行，近期交易合同及时履行。二是签订远期合同时，应争取锁定远期交易汇率，企业可以在出口日期确定后，立即向银行申请价位锁定，签订产品的保值协议，或者在外汇市场上买入相应外汇的看跌期权。这样在约定期限内，无论人民币是升是降，对于企业来说所赚的利润都是固定不变的，从而降低了汇率损失的风险。三是通过价格谈判，减少人民币升值带来的损失。出口企业可以通过和进口商的谈判，相应提高出口产品的价格。在收款的时候应尽量采用人民币或者是其他强势货币结算。江苏省丹阳市访仙镇纺织厂建立了信用评级体系对买家进行征信调查，利用信用避险工具，最大限度地规避信用风险。

（二）增强我国中小企业保险意识，通过参加出口信用保险锁定人民币收益。为了防范出口货款回收风险，企业应该重视对进口商资信的采集和评估，重视出口信用保险，完善企业财务制度和风险控制制度。

出口信用保险是政府为鼓励企业扩大出口，保障企业出口收汇安全而开设的政策性保险，由中国出口信用保险公司独家承保，出口企业或相关银行为投保人；当国外债务人所在国家发生政治风险或国外债务人发生商业风险（如债务人所在国限制汇兑、禁止进口，或是债务人破产、拒收货物等），导致出口企业或相关银行（被保险人）的应收账款难以安全收回时，保险人按照保单规定或双方协议负责赔偿被保险人的经济损失，从而保证出口方的收汇安全。在目前人民币汇率波动的情形之下，纺织品出口企业更应积极参与出口信用保险，通过支付相对有限、固定的保险费，将不可预计的风险降至最低，从而既能换取整笔货款的安全，又能将未来一定时期的人民币收益锁定，让保险公司承担。一旦人民币升值造成贸易损失，以此分摊短期风险，有利于企业稳健经营。

（三）实施“多元化”市场战略，积极拓展更多海外和国内发展空间。在当前激烈的国际竞争形势下，中小企业必须认清形势，结合自身优势及特点，积极而谨慎地开展对外经济合作，进行正确的区位选择。一是中小企业应加强与发达国家的合作。因为发达国家的自然资源丰富，基础设施发达，金融市场较完善，更重要的是其拥有先进的生产技术和管理经验。因此，我国中小企业仍需重视与美国、欧盟、日本等发达国家和地区的经济合作。二是加强与周边国家的合作。周边国家间都有实行较优惠的外贸政策，投资环境良好，产品和技术向这些地区转移较容易，能够与我国经济形成互补性，所以周边国家和发展中国家是我国产品销路的最佳选择。我国中小企业需要将周边国家作为“走出去”的主要地区，充分利用地理区域接近和消费需求相似来减少投资成本，并最大限度地降低中小企业的投资风险。三是开拓更多的国外市场。我国中小企业产品在非洲和拉美等欠发达地区还有很大的发展空间，这些市场对我国来说还大都是未开发的或开发初期的市场。继续推行“走出去”战略。利用现有的政策，引导和鼓励有实力的纺织服装企业，到中南美、东欧、非洲、南亚等地区建立“中国纺织工业园”或“生产加工基地”，进行跨国资源配置，利用当地的市场资源优势，开辟多元化市场。四是在开拓新的国外市场的同时，要看到国内巨大的消费市场以及消费需求，看到扩大内需的重要性，面向国内市场开展销售和人力资源管理的工作。

（四）实施“自主创新”发展战略，积极创建属于自己的知名品牌。我国中小企业要摆脱困境求发展就必须实施自主创新战略，走不断创新的“小而专，专而特”之路，设法提高产品的附加值，增强产品市场竞争能力，创造与众不同的产品，以拓展自己的市场空间。

在面临人民币升值压力以及我国出口企业产品附加值和技术含量仍然较低的背景下，出口企业应持有一个积极的态度来应对，即通过提高技术和劳动生产率、建立自己的品牌等来拓展国际市场空间。加速产品升级，生产附加值高的产品。出口企业应该加速产品升级和更新换代，强化自主创新，提高产品的科技含量，提升出口商品的国外价格，获得更大的利润空间，以弥补人民币升值导致的利润损失。人民币升值了，产品的价格优势降低了，低价策略就行不通了。企业可以尝试转型。一是不做低档做高档，适当增加进口比例，多做进料加工业务，多做新的项目。二是有实力的企业，应不断调整产品结构，努力摆脱低层次的价格竞争模式，把外销产品全面导向大规模、专业化、深加工、高附加值的中高档种类。加快从低层次的价格竞争向高层次的质量和品牌竞争转变。三是有一定实力的大型企业应加强自主研究开发的意识，不断提高自己在出口产品中的技术含量，以创立自己的品牌特别是国际知名品牌。

（五）实施“人才兴企”战略，发挥好中小型企业行会在培训、引进金融人才方面的重要作用。目前制约我国中小企业发展的瓶颈是缺乏金融贸易方面的人才，这势必会影响我国中小企业的国际竞争力。一些出口企业缺乏专业知识和人才，对国际金融市场动向不敏感，对各种金融衍生工具了解较少，影响了对汇率避险工具的运用，所以根据企业需要，引进懂国际金融知识的专业人才非常必要。通过金融人才的引进，企业才能避免因汇率变动造成的不必要损失。要解决这个问题，可以走内部开发和外部引进相结合的道路。一方面，可加强对企业现有员工的短期培训，以改善原有的人力资源状况；另一方面，可通过各种途径引进高素质人才，提升我国服务贸易中的智力资本因素。中小企业行业协会应当充分发挥作用。支持行业协会等中介组织开展行业自律、国际合作交流和企业培训等活动，提高行业和企业应对国际贸易争端和化解贸易摩擦的能力。应该制定相关法律，确立协会独立的市场地位，发挥中介纽带作用，做好人才服务工作，积极参与贸易纠纷解决，维护行业利益。

人民币对美元汇率，在未来一段时间将继续保持升值的趋势。因此，我国中小企业只有认识到外汇风险，积极地采取措施规避风险，减少人民币升值给出口企业带来的不利影响，才能在国际市场上立于不败之地。

13.8 中国自贸试验区现状如何?

（一）上海自贸区。上海自由贸易试验区范围涵盖上海市外高桥保税区、外高桥保税物流园区、洋山保税港区和上海浦东机场综合保税区、金桥出口加工区、张江高科技园区和陆家嘴金融贸易区七个区域。2016 年前三季度上海自贸区新设企业数为 8749 家，占比 7.9%。注册资本 5058.10 亿元，占比 11.9%；合同利用外资 1503.96 亿元，占比 24.5%。实际利用外资 325.86 亿元，占比 45.8%；对外投资企业 585 家，占比 62.3%；对外中方协议投资 1408.82 亿元，占比 68.3%。上海自贸区是中国自贸区发展指数排名第一，其综合发展信心指数、创新力指数和发展的影响力指数均排名第一位。上海自贸区作为第一个试点，在经济发展上较为突出，领先于其他几个自贸区。但整体来说，自贸区对区域经济影响的辐射效果并没有完全体现出来。上海自贸区试点之后，2017 年 3 月 31 日，国务院新闻办公室举行新闻发布会，正式宣布在辽宁、浙江、河南、湖北、重庆、四川、陕西等 7 省市设立“自由贸易试验区”，并公布了详细方案。至此，中国的“自贸试验区”总数达到了11个。此次新设的7个自贸试验区，将继续依托现有经国务院批准的新区、园区，继续紧扣制度创新这一核心，进一步对接高标准国际经贸规则，在更广领域、更大范围形成各具特色、各有侧重的试点格局，推动全面深化改革扩大开放。

（二）大连自贸区。辽宁省申报的是大连自由贸易试验区，其区域范围涵盖大连保税区、大窑湾保税港区、大连出口加工区，共计19平方公里，或将涉及航运、物流、装备制造业等领域，主要是落实中央关于加快市场取向体制机制改革、推动结构调整的要求，着力打造提升东北老工业基地发展整体竞争力和对外开放水平的新引擎。

（三）舟山自贸区。浙江省主要是落实中央关于“探索建设舟山自由贸易港区”的要求，就推动大宗商品贸易自由化，提升大宗商品全球配置能力进行探索。建设自由贸易港区，舟山有一个“三步走”战略——综合保税区、自由贸易园区、自由港区。自由港是最终目标，覆盖舟山全市。同时，作为舟山探索建立自由贸易港区的一个依托，2016年4月，国务院批复原则同意设立舟山江海联运服务中心。其区域范围包括舟山群岛新区全域和宁波市北仑、镇海、江东、江北等区域，陆域面积约2500平方公里，海域面积约2.1万平方公里。

（四）郑州自贸区。河南郑州自贸区，以郑州为主，涵盖郑州、开封、洛阳三个片区，网内网外相结合，一区多片分层推进，总面积约120平方公里。郑州片区侧重于探索以投资贸易便利化为主要内容的制度创新，打造国际物流中心和内陆开放高地。开封片区侧重于探索以促进消费流通国际化为主要内容的制度创新。洛阳片区侧重于探索事中事后监管服务模式创新。河南省自贸区的主要功能，将是落实中央关于加快建设贯通南北、连接东西的现代立体交通体系和现代物流体系的要求，着力建设服务于“一带一路”建设的现代综合交通枢纽。

（五）武汉自贸区。武汉拟通过 1 ~ 2 年的改革试验，将东湖高新区打造成为中国内陆（湖北武汉）自贸区的前沿阵地。武汉此次“先行先试”主要包括贸易便利化、投资自由化、行政体制创新、完善税收政策等七大任务。武汉自贸区主要是落实中央关于中部地区有序承接产业转移、建设一批战略性新兴产业和高技术产业基地的要求，发挥其在实施中部崛起战略和推进长江经济带建设中的示范作用。

（六）重庆自贸区。重庆自贸区面积预计为 120 平方公里，由两江新区、重庆西部物流园、重庆微电子园三部分构成。依托三大区域进行拓展。一是保税港区，以空港依托扩大到云计算基地；二是水港区拓展到果园港和江北嘴金融中心；三是西永综合保税区以及团结村片区，着力探索符合国际化要求的跨境投资和贸易规则体系，成为西部内陆地区融入全球经济一体化的重要载体。

（七）成都自贸区。2016 年年初，四川省人民政府网站新闻稿指出，成都的申报意向是在天府新区设立自贸区，主打“科技型自贸区”，为传统的加工贸易服务区提供科技、智力支撑，打造为中西部自贸区的样板。另有相关人士表示，成都版自贸区的定位是建设内陆改革开放合作先行区、建设贸易发展转型示范区、建设国际化营商环境生态区。具体来看，将深度参与孟中印缅经济走廊和中德、中韩、中法、新川等国际合作园区共建进程，增强内陆地区主动参与国际产能合作的能力。

（八）西安自贸区。据相关报道，陕西省的自贸区将主要围绕航空航天、商贸物流、文化旅游、能源金融四大产业，制定扩大开放的正面清单，为内陆地区改革开放探索有效路径，更好支撑“一带一路”战略的实施。

（九）天津自贸区。天津自贸区总面积为119.9平方公里，主要涵盖3个功能区，天津港片区、天津机场片区以及滨海新区中心商务片区。作为北方首个自贸区，天津的战略定位将挂钩京津冀协同发展。在学习和复制上海经验基础上，将重点摸索天津特色，包括：用制度创新服务实体经济；借“一带一路”契机服务和带动环渤海经济；突出航运，打造航运税收、航运金融等特色。2016年前三季度上海自贸区新设企业数为10251家，占比9.3%。注册资本3631.8亿元，占比8.6%；合同利用外资1004.5亿元，占比16.4%。实际利用外资75.2亿元，占比10.6%；对外投资企业69家，占比7.3%；对外中方协议投资115.3亿元，占比5.6%。

（十）福建自贸区。福建自由贸易试验区包括福州片区、厦门片区和平潭片区。福建自贸区着重进一步深化两岸经济合作。总面积118.04平方公里，包括平潭片区43平方公里、厦门片区43.78平方公里、福州片区31.26平方公里。2016年前三季度上海自贸区新设企业数为30820家，占比27.9%。注册资本5471.9亿元，占比12.9%；合同利用外资527.27亿元，占比8.6%。实际利用外资43.19亿元，占比6.5%；对外投资企业108家，占比11.5%；对外中方协议投资274.5亿元，占比13.3%。

（十一）广东自贸区。广东自贸区涵盖三个片区：广州南沙新区片区（广州南沙自贸区）、深圳前海蛇口片区（深圳前海蛇口自贸区）、珠海横琴新区片区（珠海横琴自贸区）。总面积116.2平方公里。广东自贸区立足面向港澳台深度融合。2016年前三季度在中国自由贸易试验区发展指数排名第三的广东自贸区新设企业数为60635家，占比54.9%。注册资本28214.26亿元，占比66.6%；合同利用外资3107.04亿元，占比50.6%。但实际利用外资264.56亿元，占比37.2%；对外投资企业 177 家，占比 18.8%；对外中方协议投资 264.76 亿元，占比 12.8%。看来引入外资方面，广东自贸区还需加油。

参考文献

[1]高鸿业.西方经济学(宏观部分)[M].第四版.北京:中国人民大学出版社,2007 年.

[2]张琦.人民币汇率形成机制与升值压力下的政策建议[J].南开经济研究,2003(6).

[3]熊学萍.人民币持续升值对我国出口企业的挑战与对策[J].中南民族学院学报(哲学社会科学版),1998(1).

[4]谢莹.人民币升值对我国出口企业的不利影响及对策[J].管理观察,2008(14).

[5]董晓艳,张苗,吕春松.人民币升值对我国产生的贸易效应分析[J].中国酿造,2008(8).

[6]吴明.人民币汇率与出口引资[N].上海金融报,2001-05-12.

[7]美联储宣告终结“量化宽松”政策[N].参考消息,2014-10-31.

[8]安倍经济学前景难测[N].参考消息,2014-11-05.

[9]国际经济金融形势回顾与展望[EB/OL].和讯网.http://bank.hexun.com/2013-02-22/151377295.html,2013-02-22.

[10]冯一下.经济全球化和全球经济一体化的辨析[J].中学历史教学参考,2003(5).

[11]袁赞良,李秋勇.全球经济一体化的动力因素分析[J].重庆建筑大学学报,2002(5).

[12]张晓静.区域经济一体化研究[J].全国博士生学术论坛(国际法)论文集,2008.

[13]刘必清,吴一平.形势与政策[M].北京:北京出版集团公司,北京出版社,2016.

[14]http://baike.baidu.com/view/10944769.htm.

[15]杨丽红.论科技革命对经济全球化的推动作用[J].中共太原市委党校学报,2008(1).

[16]刘吉双.人民币升值与沿海地区中小型企业出口面临的风险及防范[J].盐城师范学院学报(人文社会科学版),2012(02).

14 “一带一路”

[案例]

“一带一路”的历史

2000 多年前，亚欧大陆上勤劳勇敢的人民，探索出多条连接亚欧非几大文明的贸易和人文交流通路，后人将其统称为“丝绸之路”。狭义上的“丝绸之路”一般是指陆上丝绸之路。广义上的“丝绸之路”是指陆上丝绸之路和海上丝绸之路。“陆上丝绸之路”又称“骆驼之路”，是连接中国腹地与欧洲诸地的陆上商业贸易通道，形成于公元前2 世纪与公元 1 世纪间，直至 16 世纪仍保留使用，是一条东方与西方之间经济、政治、文化进行交流的主要道路。汉武帝派张骞出使西域形成其基本干道。它以西汉时期长安为起点（东汉时为洛阳），经河西走廊到敦煌。从敦煌起分为南北两路：南路从敦煌经楼兰、于阗、莎车，穿越葱岭今帕米尔到大月氏、安息，往西到达条支、大秦；北路从敦煌到交河、龟兹、疏勒，穿越葱岭到大宛，往西经安息到达大秦。它的最初作用是运输中国古代出产的丝绸。因此，当德国地理学家 Ferdinand Freiherr von Richthofen 最早在 19 世纪 70 年代将之命名为“丝绸之路”后，即被广泛接受。“海上丝绸之路”又称“瓷器之路”，是古代中国与外国交通贸易和文化交往的海上通道，该路主要以南海为中心，所以又称南海丝绸之路。海上丝绸之路形成于秦汉时期，发展于三国至隋朝时期，繁荣于唐宋时期，转变于明清时期，是已知的最为古老的海上航线。千百年来，"和平合作、开放包容、互学互鉴、互利共赢"的丝绸之路精神薪火相传，推进了人类文明进步，是促进沿线各国繁荣发展的重要纽带，是东西方交流合作的象征，是世界各国共有的历史文化遗产。

资料来源：黄孟芳，卢山冰，余淑秀. 以"欧亚经济联盟"为标志的独联体经济一体化发展对"一带一路"建设的启示［J］. 人文杂志，2015（01）：36－44.

"一带一路"提出的背景

"一带一路"建设是一项系统工程，要坚持共商、共建、共享原则，积极推进沿线国家发展战略的相互对接。为推进实施"一带一路"重大倡议，让古丝绸之路焕发新的生机活力，以新的形式使亚欧非各国联系更加紧密，互利合作迈向新的历史高度，2015年3月28日，国家发展改革委、外交部、商务部28日联合发布了《推动共建丝绸之路经济带和21世纪海上丝绸之路的愿景与行动》（以下简称"愿景与行动"），正式向外界系统地阐述了中国倡导的"一带一路"战略：通过与"一带一路"沿线各国加强在政策、设施、贸易、资金和民心等方面的沟通，实现各国多元、自主、平衡、可持续的发展。彭博新能源财经认为："一带一路"战略作为中国的顶级国家战略，肩负着多个使命，包括产能和资本输出，实现国内经济区域发展和经济结构发展，在国际贸易格局深刻调整中寻求战略突破和保证国家能源安全等。"一带一路"面临着多种挑战，因此战略的推进需要明确重点、循序渐进。从目前的局势来看，海上丝绸之路的规划路线中有多处战略重心仍由西方发达国家实际控制，短期内想要突破存在一定难度。而贯穿欧亚大陆的丝绸之路经济带则有可能成为近期推进的重点。要想重振2000多年前陆路文明的辉煌，就要加强贸易。因此，最重要的问题之一就是如何在沿线各国开展适宜的贸易。油气资源很有可能成为丝绸之路经济带贸易的重要抓手。这一方面是由于沿线各国的资源属性，另一方面也是我国重要能源输送通道走向所决定。这一点在“愿景与行动”中得以肯定：“加强能源基础设施互联互通合作，加强传统能源资源勘探开发合作，加强清洁、可再生能源合作。”

资料来源：http：//news. xinhuanet. com/gangao/2015 - 06/08/c_127890670. htm.

14.1 “一带一路”战略的内涵是什么

“一带”是指“丝绸之路经济带”，是在陆地。它有三个走向，从中国出发，一是经中亚、俄罗斯到达欧洲；二是经中亚、西亚至波斯湾、地中海；三是中国到东南亚、南亚、印度洋。“一路”是指“21世纪海上丝绸之路”，重点方向有两条，一是从中国沿海港口过南海到印度洋，延伸至欧洲；二是从中国沿海港口过南海到南太平洋。

“一带一路”贯穿欧亚非大陆，连接着东亚经济圈和欧洲经济圈，中间连接经济发展潜力巨大的国家，它将充分依靠我国与有关国家既有的双多边机制，借助既有的、行之有效的区域合作平台。“一带一路”战略继承古丝绸之路开放传统，吸纳东亚国家开放的区域主义，秉承开放包容的精神，延续和提升与沿线国家的现有合作关系，带动沿线各国的经济发展，争取产生“一加一大于二”的整合效应。与此同时，“一带一路”倡议的地域和国别范围也是开放的。中亚、俄罗斯、南亚和东南亚国家是优先方向，中东和东非国家是“一带一路”的交会之地，欧洲、独联体和非洲部分国家从长远看也融入合作。当然，古代陆、海丝绸之路上的国家、中国的友好邻国都可以参与进来。“一带一路”的建设为上海合作组织、欧亚经济联盟、中国—东盟等的合作机制注入了新的内涵和活力。

14.2 “一带一路”战略的特征有哪些？

（一）“一带一路”具有包容性。现今，中国经济和世界经济高度关联。中国将坚持对外开放的基本国策，构建全方位开放新格局，深度融入世界经济体系。推进“一带一路”建设既是中国扩大和深化对外开放的需要，也是加强和亚欧非及世界各国互惠互利合作的需要，中国愿意在力所能及的范围内承担更多责任义务，为人类和平发展做出更大的贡献。建设“一带一路”旨在促进经济要素有序自由流动、资源高效配置和市场深度融合，推动沿线各国实现经济政策协调，开展更大范围、更高水平、更深层次的区域合作，共同打造开放、包容、均衡、普惠的区域经济合作架构。

（二）“一带一路”具有互联互通性。建设“一带一路”致力于亚欧非大陆及附近海洋的互联互通，建立和加强沿线各国互通伙伴关系，构建全方位、多层次、复合型的互联互通网络，实现沿线各国多元、自主、平衡、可持续的发展。“一带一路”的互联互通项目将推动沿线各国发展战略的对接与耦合，发掘区域市场的潜力，让各国人民相逢相知、互信互敬，共享和谐、安宁、富裕的生活。“一带一路”建设是沿线各国开放合作的宏伟经济愿景，需要各国携手努力，朝着互惠互利、共同安全的目标相向而行，尽早建成安全高效的陆海空通道网络，实现区域互联互通，促进投资贸易便利化达到一个新水平。

（三）“一带一路”具有区域合作性。“一带一路”的总体思路是共建国际经济合作走廊、推动形成区域经济一体化新格局，使各国之间经济联系更加紧密，政治互信更加深入，形成更大范围、更宽领域、更深层次的区域经济一体化新格局。陆上主要依托国际大通道，以沿线中心城市为支撑，以重点经贸产业园区为合作平台，共同打造新亚欧大陆桥、中蒙俄、中国—中亚—西亚、中国—中南半岛等国际经济合作走廊。海上主要以重点港口为节点，共同建设畅通安全高效的运输大通道。中巴、孟中印缅经济走廊与“一带一路”的建设关联紧密，将重点推动合作，取得更大进展。同时，要推动“一带一路”沿线各国人文交流广泛深入，不同文明互鉴互荣，各国人民友好相处。

（四）“一带一路”具有全面参与性。推动“一带一路”战略的主体包括政府、企业、媒体和智库。国务院的各经济部门在 2015 年都将“一带一路”作为重要工作内容，全面抓好落实。发改委提出抓好“一带一路”战略和产业装备“走出去”；财政部提出推动优势产业“走出去”，促进互联互通重大项目的实施；商务部提出优化全球资源配置，提升“走出去”水平等。在世界经济新形势和国际贸易新趋势下，中国企业“走出去”是时代发展的必然趋势，“一带一路”战略实施为中国企业“走出去”提供了难得的历史性机遇。“一带一路”战略政策的传播需要媒体的力量，要注重心的交流，让民间力量搭建起传播的桥梁，要注重精细化传播，用细节发挥传播的力量，达到潜移默化的效果。另外，智库在“一带一路”战略的构想中也将发挥着重要的作用。智库与沿线国家智库、政党的交往，能够拓展和巩固我国与沿路国家的交往基础。

14.3 "一带一路"战略提出的重大意义体现在哪里?

"一带一路"传承"丝绸之路"精神，对解决当今世界复杂深刻的局势具有重大意义。共建"一带一路"顺应世界多极化、经济全球化、文化多样化、社会信息化的潮流，秉持开放的区域合作精神，致力于维护全球自由贸易体系和开放型世界经济。共建"一带一路"符合国际社会的根本利益，彰显人类社会共同理想和美好追求，是国际合作以及全球治理新模式的积极探索，将为世界和平发展增添新的正能量。当前，中国经济和世界经济高度关联。中国将一以贯之地坚持对外开放的基本国策，构建全方位开放新格局，深度融入世界经济体系。推进"一带一路"建设既是中国扩大和深化对外开放的需要，也是加强和亚欧非及世界各国互利合作的需要，中国愿意在力所能及的范围内承担更多责任义务，为人类和平发展做出更大的贡献。"一带一路"是中国与丝路沿途国家分享优质产能，共商项目投资、共建基础设施、共享合作成果，内容包括道路联通、贸易畅通、货币流通、政策沟通、人心相通等"五通"。

(一）对世界经济增长的影响。

1. 为世界经济提供新动力。如何突出重围，探寻全球经济新增长之路成为世界各国追求的重要目标。在全球经济相对低迷的情况下，"一带一路"提出要大力加强基础设施的建设，这将是一个巨大的经济增长点。同时，国际产能合作也将为沿线国家的产业发展带来新机遇，加快其工业化进程。"一带一路"带动的基础设施投资和产能合作不仅将引致区域贸易更加活跃，而且将激发区域内多种产业投资，降低区域内贸易成本，并加速区域经济一体化，引发更大范围、更深领域、更多形式的区域经济合作，带动全球经济的增长。

2. 为世界范围内的均衡发展作出新贡献。“一带一路”战略与TPP、TTIP谈判不同，不设排他性的苛刻规则，不刻意追求一致和强制性的制度安排，与现有的区域合作机制如上合组织、欧亚经济共同体、亚太经合组织、东盟、海合组织和欧盟等合作体系协调发展，以带状经济、走廊经济、贸易便利化、技术援助、经济援助、经济一体化等各种可供选择的方式与沿线国家共同推进欧亚区域经贸发展。可以使欧亚各国经济联系更加紧密、相互合作更加深入、发展空间更加广阔，是一种由中国首倡的、各方共赢的包容性巨大的新型国际合作机制。打造“一带一路”有助于促进欧亚非大陆腹地不发达地区的经济增长，改变全球经济政治的空间布局和活动方式及其流向，为世界范围内的均衡发展做出新的贡献。

3. 为国际发展区域合作提供新模式。“一带一路”倡议是对现有全球经济治理规则的补充与完善。“一带一路”相关议题表明，中国是在不改变现有国际规则的情况下，通过发挥自身优势，搞增量改革，并且充分利用现有的国际规则，推动建立亚洲基础设施投资银行和设立丝路基金等，形成与现有多边开发银行相互补充的投融资开发平台，在现行国际经济金融秩序下，共同促进全球尤其是亚洲区域经济的持续稳定发展。这就很好地避免了历史上常常出现的新兴大国崛起与现存霸权国家和世界体系发生正面对抗和冲突的教训。这样的创新模式，对于其他国家区域合作而言具有重要的借鉴意义。

4. 有利于全球化进程加快，改变国际格局。自从冷战结束苏联解体，一超多强的国际格局一直延续至今，但是美国如今难以主导世界秩序，挑起争端的做法与和平理念背道而驰。“一带一路”有利于使沿线各国的综合实力加大，借以推动全球化进程。“多强”中的各国实力对比发生急剧变化，如亚太地区，虽然美国依然是世界一超，但中国发展强劲，而日本和俄罗斯则尚未走出衰退的泥沼，这种实力对比的变动导致了地区的权力转移。"一带一路"战略的实施将有利于帮助各国融入世界，参与全球化进程。世界历史的横向发展使得区域经济一体化进程加速，全球化趋势不可逆转。在这种世界整体发展趋势明朗化的形势下，中国审时度势，与时俱进，以积极的姿态主动应对全球化，广泛开展与各国的合作，争取达到共进双赢、共同繁荣。

（二）对沿线国家的意义。

1. 带动沿线国家经济、政治、环境发展，打造利益共同体，提高国际影响力。摊开地图，可以发现"一带一路"战略涵盖欧亚非三大洲，从活跃的东亚经济圈到发达的欧洲经济带，中间的广大地域发展潜力巨大。自"一带一路"提出至今，沿线已有近 60 个国家明确表示支持和积极参与建设，且数量还在不断增加中。截至 2015 年年底，我国与"一带一路"相关国家贸易额约占进出口总额的 1/4，投资建设了 50 多个境外经贸合作区，承包工程项目突破 3000 个。我国企业共对"一带一路"相关的 49 个国家进行了直接投资，投资额同比增长 18.2%。我国承接"一带一路"相关国家服务外包合同金额 178.3 亿美元，执行金额 121.5 亿美元，同比分别增长 42.6% 和 23.4%，一个新的利益共同体正在形成。

2. 加强了沿线国家基础设施建设。受资源禀赋、产业基础、地缘政治等因素的制约，一些沿线国家在发展进程中明显落伍。沿线国家人均 GDP 约为世界平均水平的 48%，一些国家是低收入国家，还有 9 个是最不发达国家，经济落后，产业和社会事业的发展水平低。因此，在基础设施方面有着很强的需求。值此，中国提出"一带一路"建设，不断地投入资金、技术、人才等，加快了沿线国家基础设施建设。一年多来，中国政府积极推动“一带一路”建设，一批基础设施互联互通项目（中巴经济走廊建设；雅加达—万隆高铁合作建设；中塔公路二期、中亚天然气管道D线；莫斯科至喀山高铁、中老铁路、中泰铁路、中缅皎漂港；中白工业园等）已经在稳步推进。

3. 提升了区域经济整体实力。中国与多个沿线国家签订了多份合作协议。与俄罗斯签署了《关于丝绸之路经济带建设和欧亚经济联盟建设对接合作的联合声明》，与匈牙利签署了政府间《关于共同推进“一带一路”建设的谅解备忘录》。乌法峰会期间，中蒙俄三国签署了《关于编制建设中蒙俄经济走廊规划纲要的谅解备忘录》等。此外，中国同中亚及东南亚各国历史上有着共同的发展经历，文化相通，合作基础坚固。在经济合作的基础之上，沿线国家的认同感也在增加，政治上的往来也将增多，从而构建了一个和谐稳定的区域环境，使中国以及沿线国家能集中精力一心一意谋发展，通过“一带一路”战略的实施来提升沿线广大发展中国家的综合国力，提升区域整体实力和国际影响力。

4. 有利于区域贸易一体化进程。以“一带一路”为依托，沿途区域种类物流中心正在建设中，各种类型的自贸园如雨后春笋正应运而生。一张辐射“一带一路”的高标准自贸区大网络正在编织中，最终形成经济走廊沿途的生产、流通、市场规模效应。由此将大大促进区域内各国的经济繁荣、社会进步、区域安全，可谓以经促政、以政促稳，相互作用，相得益彰。

（三）对中国的意义。由于历史及交通等问题，我国经济发展状况呈两极化。东部地区人力、物力、财力雄厚，汇集众多人才，科技发展速度快。在历史上中西部地区发展缺少国家政策支持，生活条件不如东部，人口较少等原因导致中西部地区远远落后于东部沿海地区。实施

“一带一路”战略恰好可以弥补种种原因造成的经济发展不平衡。“一带”起始于西部，这就改变了我国对外开放最主要地区是东部沿海地区的格局，通过西部连接亚欧地区，增加了西部与外界的交流，为中西部吸进更多的投资商。

1. 促进中西部经济发展。受地理、资源和发展基础等因素的影响，中西部地区急需新的经济发展的推动力。“一带一路”的提出，将成为中西部地区新的发展引擎。通过共建丝绸之路经济带，西部地区贴近内需市场，临近东盟、中亚、南亚、中东欧等贸易伙伴的地缘优势得以凸显，可以有力地促进内陆和沿边的对外开放，全面提高开放型的经济水平。“一带一路”提倡基础设施的互联互通，为积极打造国际经济合作通道而建造安全便捷的现代化交通运输。中西部地区将进一步通过铁路、公路、港口等建设，加强与沿线国家经济带的连接，为产业的发展创造良好的环境。

2. 促进东部地区转型。“一带一路”贯通中亚、南亚、东南亚、西亚等区域，为东部地区的转型提供了很好的契机。海上丝绸之路不仅可以巩固和发展与东南亚的经贸关系，也使贸易投资自由化和便利程度得到进一步提高。东部沿海地区抓住了改革开放的契机，因其独特的地理位置，较全国而言在经济和科技方面得以较快发展，基础设施相对完善，与港澳和台湾，与东南亚、环太平洋等地区的联系紧密，商品经济相对发达。目前，企业处在经济结构转型和对外开放的新阶段，在加强传统工业技术改造的同时，大力开拓知识技术密集型产业等新兴产业。东部的制造业也会因中西部开发开放进行产业转移，中西部地区在积极承接产业转移的同时，不断地改善基础设施建设，增强产品的配套能力，将会进一步提升进出口的份额。

3. 开拓中国“走出去”的新空间。随着改革开放的不断深入，中国的经济在不断地增长，技术和管理水平也达到了一定的高度，我们已然有了要素输出的能力。“一带一路”，就是要促进经济要素的有序自由流动，资源高效的配置以及市场的深度融合。通过与多国之间的互联互通，加大中国对外投资的份额，尤其是将中国过剩的优质产能外延，在优化中国经济发展的同时也让各国受惠。根据《推动共建丝绸之路经济带和21世纪海上丝绸之路的愿景与行动》，加强与沿线国家在生物工程、信息技术、新能源方面的深入合作，推出新一轮投资合作新机制。仅仅数月时间，这一愿景就得以实现。2015年，我国在“一带一路”沿线国家中有70多个在建项目，创造产值高达200亿美元，为当地创造20多万个就业岗位。最值得关注的是，马来西亚—中国关丹产业园区，中马共同投资的旗舰项目7.87平方公里的版图徐徐拉开。这是中国在东盟区的成功探索与实践，亦是“一带一路”策略的纽带和引擎，重塑了国际产业发展的模式。

4. 增加产品出口，促进企业转型。“一带一路”为中西部带来了许多优惠政策，譬如减免了关税，降低了进口货物的限制等，使各国看到了好的机遇，就会积极与中西部合作，进而增加中西部地区货物的出口量。而我国中西部的产业结构还是传统的产业结构，是以加工贸易为主的最低端产业。这种产业结构无法带动中西部经济发展，所带来的只是一时的经济支撑，久而久之只会造成资源浪费。“一带一路”把外界的高科技技术引入中西部地区，促使中西部地区产业结构转型升级，将传统产业转变成高技术产业，使企业有能力提高自身生产力与产品质量，改变处于产业链最低端的局面。

14.4 “一带一路”战略的着力点在哪里?

（一）提升外贸发展水平，建设开放型经济。随着“一带一路”战略的确定与全面推进，贸易成为“一带一路”建设的重要内容。从国内的经济发展结构来看，我国的贸易结构比较单一，服务贸易出口额占的比重较大，其中多数为劳动密集型商品，少数为技术、资本密集型商品。并且，由于出口是拉动中国经济发展的“三驾马车”之一，中国的经济和对外贸易方面对西方发达经济体有很高的依存度。在此现状下，我国应该全面结合“一带一路”战略思路，加强与周边国家的政策沟通，使我国与周边国家形成全面战略合作伙伴关系，进而为我国的对外贸易发展奠定基础。我国应该抓住“一带一路”战略这个新的机遇，加紧对外开放型经济的建设。一方面，由于“一带一路”沿线国家经济发展水平普遍不高，所以在与“一带一路”沿线国家的经贸合作过程中，我国将会凭借资本和技术的优势，主导区域国际生产分工体系，占据区域价值链条的高端环节，这显然有利于提升中国的国际分工地位，有利于中国的对外开放型经济的建设。另一方面，由于“一带一路”涉及覆盖了国内中西部所有省（区、市），以丝绸之路经济带启动中西部地区的开放，使得西部封闭的不发达经济逐步转向开放经济，为西部地区的开放型经济发展提供了重大历史契机。目前我国与周边沿线国家的经贸合作早已有了一定的基础。随着“一带一路”建设推进，我国将全力加快沿边开放步伐，加深与沿线周边国家的贸易往来，带动我国与周边国家接壤地区的经贸发展。

（二）加强基础设施建设，完善国际物流发展。亚洲基础设施投资银行（Asian Infrastructure Investment Bank，简称亚投行，AIIB）是一个政府间性质的亚洲区域多边开发机构，重点支持基础设施建设，总部设在北京。亚投行法定资本1000亿美元。2014年10月24日，包括中国、印度、新加坡等在内21个首批意向创始成员国的财长和授权代表在北京签约，共同决定成立亚洲基础设施投资银行。我国需要把基础设施的互联互通作为推进“一带一路”建设优先领域，并且要得到沿线相关国家在主权和安全上的同意与认可，进一步加强各国之间基础设施建设的规划，逐步形成连接亚洲各区域以及亚非欧之间的基础设施网络。制约“一带一路”沿线国家深化合作的薄弱环节是基础设施的互联互通。完善基础设施是经济发展的基本保障，这是中国多年实践得来的经验，也同样适用于“一带一路”沿线的发展中国家。为了保障基础设施的建设，我国主导成立了亚洲基础设施投资银行。“一带一路”沿线的主要国家都是亚洲的发展中国家，所以亚投行将为这些国家的基础设施建设提供有力的贷款和融资保障，也给沿线国家带来更多的贸易和投资机遇。以“一带一路”战略为契机，加强与沿线国家的经贸合作，使得周边国家进一步扩大区域的开发与开放，这将会为一些重要的节点城市或区域带来物流发展的新机遇。在一些重要的节点城市建成一批新的商贸物流枢纽，推进沿线国家的主干通道建设，优先解决有困难、有障碍的路段建设，进一步加快重要节点城市的物流枢纽建设，完成国际物流主干通道建设，将会明显降低各国之间的物流成本并且使其相互受益。

（三）加快产业转型升级，促进国际产能合作。推进“一带一路”战略的一个重要着力点就是加快产业的转型升级，不断提高国内生产力水平。由于当前国内部分地区在产业发展上普遍存在结构性失衡问题，集中体现为低端领域产能过剩、中高端环节产能缺失，因此推进产业转型升级的重要举措就是积极拓展产业发展空间，提升产业结构层次。“一带一路”战略的实施为我国产业转型升级提供了很大便利，沿线国家大多发展相对落后，具有土地、劳动力等方面的优势，亟须来自资金、技术和人才上的帮助。而在国内，因为市场供求变化，一些长线产业产能严重过剩，也许到其他国家较低的要素成本会使这些产业重现生机。所以，我国应该抓住难得的机遇，结合“一带一路”战略，及时调整产业政策，鼓励优势产能或劳动密集型产业"走出去"，积极开辟新市场，建立跨国产业链，促进国际产能合作，巩固我国产业链竞争优势。

要完善国际产能合作的政策支持和服务体系，尽快与沿线国家达成相关协定，简化对外直接投资的审批手续，并且鼓励相对有优势的产能向外转移。同时，政府要搭建产能合作信息平台，与沿线国家的政府有关部门积极开展交流和协调，构建信息情报网络，为企业发展提供服务。

（四）创新金融机制，拓展国际金融渠道。2014 年习近平主席宣布，中国将出资 400 亿美元成立丝路基金，为"一带一路"沿线国家基础设施、资源开发、产业合作和金融合作等与互联互通有关的项目提供投融资支持。丝路基金定位为中长期开发性投资基金，它是通过股权、债权、贷款、基金等多元化投融资方式，为"一带一路"建设和双边、多边互联互通提供投融资支持。由于"一带一路"建设会产生大量的投资机会和货币需求，所以"一带一路"的建设和发展必将离不开金融这一载体。目前，为了配合"一带一路"战略实施，我国政府已经将金融扶持提到日程上来，并且相继出台了一系列政策。主要包括两大方面，一是筹建亚投行，二是成立 400 亿美元的丝路基金。亚投行和丝路基金为"一带一路"的发展提供了资金支持，但是由于它们都是大型机构，并不能普遍惠及"一带一路"沿线的国家。因此，我们仍然需要加快金融创新的步伐，全方位、多角度地拓宽金融渠道，为"一带一路"战略的全面实施助力。具体而言，主要包括以下几个方面：第一，建立健全融资机制。加强与融资机构的合作，完善融资渠道的建设，创新融资的模式，吸引民间市场主体加入，建设创新型融资模式。第二，多方面创新金融服务。拓宽金融服务的服务领域，创新金融服务的模式和产品。第三，加快推进人民币国际化。拓宽人民币使用领域，完善人民币互换机制，为沿线国家的贸易和投资提供便利，并且有效规避汇率风险。

（五）深化教育改革，加强人文交流。深入的人文和学术交流是世界公认的基本外交手段，也是我国面向全球宣传中国文化、传播中国精神、展示中国特色社会主义道路的重要战略措施。加强深入的人文交流，能够促进“一带一路”沿线国家公民之间的共同发展、共同奋斗、共同合作。“一带一路”战略为进一步推进我国高等教育国际化，深化高等教育领域综合改革、提高教育质量提供了重大战略机遇。人才支撑是“一带一路”战略深层次推进的重要保证。目前，“一带一路”战略实施中还存在高层次国际化人才缺失的问题。这就要求高等院校要结合自身办学特色和院校特色的资源优势培养出一批精通相关外语，具有国际化、长远化视角并且善于在全球化竞争中主动争取和把握机遇的国际化人才。致力于开展“一带一路”沿线国家来华留学生教育，扩大“一带一路”沿线国家来华留学生招生培养规模，建立和完善国外留学生教育管理制度体系，从而培养出一大批能够肩任“一带一路”伟大战略建设的国际化人才。

（六）注重生态建设，构建绿色丝绸之路。“一带一路”沿线的生态文明建设是一个容易被人们所忽略但是又必须重视的问题，维护“一带一路”沿线国家和地区的生态环境是处理好各国之间经济发展与文化融合、社会责任的重要前提。在《推动共建丝绸之路经济带和21世纪海上丝绸之路的愿景与行动》中，我国政府明确表示在“一带一路”的经济贸易中要突出生态文明理念，加强生态社会、生态环境、气候环境等多方面的合作。注重生态建设就不能走发达国家原有的国际合作模式老路，即以不计后果地破坏宝贵的生态环境来换取人们想要的低廉经济利益，而是以各国人民现代的生态环保理念为出发点，不辜负各国人民对良好生态环境的期待，与“一带一路”沿线国家共同探索、共同开发经济与生态和谐并存的新型合作模式。共同建立的绿色丝绸之路不仅给中国带来投资机遇，也为沿线国家提供了实实在在良好的生态环境建设和合作红利。“一带一路”的绿色基础设施建设有非常可观的投资需求与机遇。亚洲基础设施投资银行、丝路基金、金砖国家新开发银行等都把绿色基础设施建设作为重点支持的投资领域。绿色丝绸之路的建设现在已经成为连接沿线各国的强大纽带，探索经济发展与生态建设同步进行的合作模式已经成为符合“一带一路”沿线国家共同利益诉求的伟大目标。

14.5 实施“一带一路”战略所带来的机遇有哪些？

（一）产业创新带来的机遇。产业创新涉及产业转型升级和产业转移等带来的红利。随着“一带一路”战略的实施，中国的一些优质过剩产业将会转移到其他一些国家和地区。在国内，因为市场供求变化，一些过剩的产业，也许在其他国家能恰好被合理估值。此外，由于产业转移引致的产业转型升级更是机遇无限，比如技术改造、研发投入、品牌树造等都会给投资者带来无限机遇。

（二）金融创新带来的机遇。“一带一路”战略的实施首先需要有充足的资金流，巨量的资金需求只能通过金融创新来解决。我们已经发起设立“亚投行”和“丝路基金”，但这也只能解决部分资金问题，沿“带”沿“路”国家和地区一定会进行各种金融创新，包括发行各种类型的证券、设立各种类型的基金和创新金融机制等，这期间的红利和机遇之多甚至是不可想象的。

（三）区域创新带来的机遇。“一带一路”本质上是一个国际性区域经济的范畴，随着“一带一路”战略的实施，必将引发不同国家和地区的区域创新，这包括区域发展模式、区域产业战略选择、区域经济的技术路径、区域间的合作方式等，这其间的每个创新都蕴涵着无限机遇。

2012 年 4 月 1 日，时任马来西亚总理纳吉布与时任中国国务院总理温家宝在出席中马钦州产业园区开园仪式时，提议中国在马来西亚创建“马中合作产业园”。对此，温家宝总理予以积极回应。同年 6 月，中马双方共同在吉隆坡签署了《关于马中关丹产业园合作的协定》。自此，由中马两国总理亲自推动、两国政府合作共建的马中关丹产业园区，与中马钦州产业园一起，成了世界上首个互相在对方建设产业园区的姊妹区。马中关丹产业园区位于马来半岛东部——马来西亚前首相纳吉布的家乡彭亨州关丹市，属于马来西亚东海岸经济特区的特别经济区，距市区 25 公里，关丹港 5 公里，关丹机场 40 公里。特殊的区位优势足以使园区发展成为面向东盟、亚太地区及远东的策略性投资门户。园区将依托独特的港口优势，服务马来西亚东海岸经济特区、面向中国沿海、辐射东南亚，努力建设成为马来西亚对外开放的东部门户，高水平的现代制造业集群和物流基地，面向中国、东盟及世界的区域性商贸、物流及加工配送中心，进而构筑马中经贸合作战略发展新平台，打造亚太地区投资创业新高地，建设中国—东盟经济合作示范区。

14.6 “一带一路”对中国能源发展的积极影响有哪些？

能源是人类社会生存发展的重要物质基础，关乎国计民生和国家战略竞争力。在全球能源转型的背景下，我国能源消费增速趋缓，发展质量和效率问题突出，能源转型变革任重道远。2017 年政府工作报告中明确提出要"积极扩大对外开放""推进'一带一路'建设，与沿线国家加强战略对接、务实合作"。"一带一路"横贯欧亚大陆，一定程度上开启了新的能源之路，是新时期我国能源战略的重要方向，对我国能源发展产生积极影响。积极影响主要体现在以下四个方面：

（一）能源结构得到优化。国际转移是化解产能过剩重要的手段之一。近几年，我国经济增长速度放缓除了受到世界其他经济体的连带影响外，更重要的是我国内部自身经济的发展动力不足，其中一个重要的原因就是钢铁、煤炭等行业出现了普遍的产能过剩现象。"一带一路"战略的实施将加大我国能源过剩的市场需求，为过剩产能的转移创造了空间。利用"一带一路"战略扩大市场，消化现有的产能一方面是把我国过剩产业转移到"一带一路"沿线一些欠发达、产业发展还未饱和、未完善的国家，另一方面通过调整产业结构，发展多元化之路，开发更多元的周边市场。可以预见，在我国经济发展步入新常态背景下，"一带一路"或将在未来相当长的一段时间内，为我国能源转型发展提供极大的回旋空间。

（二）能源安全得以保障。能源安全问题一直是国家战略的重要组成部分。近年来，随着经济的快速发展和国际能源供求形势的日趋复杂多变，我国面临的能源安全问题越来越突出。"一带一路"战略的实施从能源供给来源、进口途径和合作深度、广度等多个方面为解决我国能源安全问题提供了有力支撑。从原油贸易角度看，作为世界最大的能源消费国，我国每年要进口大量油气资源。2016 年，我国原油对外依存度已升至 65.4%，非常接近美国历史上的最高值（66%），原油战略储备稳定问题令人担忧。

除此之外，我国目前在非洲、中东和东南亚进口油气资源，80% 要经过海盗猖獗的马六甲海峡运输，严重影响石油的安全运输。随着“一带一路”建设构想的实施，我国加强对西部的开放，拓展了包括俄罗斯、中亚、南亚的石油贸易和运输渠道。2017 年 4 月 10 日，在中缅两国元首的共同见证下，《中缅原油管道运输协议》也在北京正式签署。这意味着将为我国提供进口中东原油更直接的途径，从而绕过拥挤的马六甲海峡，大大缓解了我国原油运输对马六甲的过度依赖，提升了我国能源运输的安全保障水平。

（三）能源技术革命获得提升。当前新一轮能源技术革命正在孕育兴起，新的能源科技成果不断涌现，正在并将持续改变世界能源格局。作为我国能源革命战略的重要一环，能源技术革命是助推能源消费、供给、体制革命和加强国际合作的基础，是实现“十三五”时期建设绿色、低碳、安全、高效可持续的现代能源体系目标的支撑。推动能源技术革命，必须要在与国家发展紧密联系的重大领域有所突破。众所周知，近年来，我国新能源汽车发展迅速，但电池、电控等技术发展依旧落后，而国外新能源车企利用技术、互联网等优势，在无补贴的不利情况下已发力抢占市场；近年来，我国许多地区“弃风弃光”的困局一直存在，而要想破局，储能技术无疑将发挥重要作用。“一带一路”给我国创造了合作的契机，能够快速、有效地提升能源技术水平，缩小与发达国家的差距，提高能源产业国际竞争力。

（四）国际能源话语权提升。长期以来，我国在能源定价上处于被动位置。专家预测称，2018 年我国原油对外依存度很可能突破 70%，因此，在低油价环境下，我国要尽量利用买方市场地位，提高对原油价格的议价权。“一带一路”倡导互联互通的能源合作模式，在当前全球能源生产、消费和贸易格局深刻变化的背景下，“一带一路”建设正通过能源双边多边合作，带动我国与其他“一带一路”沿线的发展中大国和新兴经济体赢得更多的话语权和定价权。中缅原油管道正式投运或对我国在国际能源领域话语权的改变起助推作用。

可以预见，未来我国能源与国际合作空间将有更多新的潜力。"一带一路"倡议明确提出"加大煤炭、油气、金属矿产等传统能源资源勘探开发合作，积极推动水电、核电、风电、太阳能等清洁、可再生能源合作，推进能源资源就地就近加工转化合作，形成能源资源合作上下游一体化产业链。加强能源资源深加工技术、装备与工程服务合作。推动新兴产业合作，按照优势互补、互利共赢的原则，促进沿线国家加强在新一代信息技术、生物、新能源、新材料等新兴产业领域的深入合作，推动建立创业投资合作机制"。

14.7 "一带一路"面对的挑战有哪些?

在这幅员辽阔的疆域内，"一带一路"在加深区域内经济合作的同时，也面临着巨大的挑战。

(一) 传统安全方面。

1. 大国地缘政治的博弈。近年来，当今世界主要大国在"一带一路"区域内纷纷提出各自的地缘战略，谋求增强地区影响力。美国不断强化其在亚太的军力，实施离岸战略"以邻制华"。欧盟介入使得中亚地区局势更趋于复杂化，不利于中国"丝绸之路经济带"所推进的地区合作。日本、印度、伊朗及阿富汗等国家均在不同程度上实施一定制约措施。推进"一带一路"会面临第三方强国的干扰。"一带一路"范围甚广，不可避免会与其他大国的发展方略对立，利益冲突。美国曾先后提出"新丝绸之路""印太经济走廊"等诸多倡议。"一带一路"虽然倡议和平，但是在利益方面不可能全方位顾及，不可避免面临美国的猜忌和干扰。随着“一带一路”深入推进，各大强国作为第三方干扰问题更加突出严重。大国战略介入和博弈加大，对共建“一带一路”形成一定的牵制。沿线国家地缘政治复杂敏感，是大国长期博弈和较量的重点区域。地处南亚的印度，不仅重视自身在南亚地区的地位和影响力，而且对中亚和东南亚地区也有着自身的利益诉求，近期提出的所谓“季节”计划，也旨在进一步强化其印度洋的势力范围。未来印度很可能会成为中国在亚太地区的重要竞争对手。

2. 领土、岛屿争端，政局变动风险。基于历史原因，“一带一路”地区内存在各种领土、岛屿争端。“南海争端”“西沙主权”之争、“南沙主权”之争、钓鱼岛之争等不利于维持中国部分区域的稳定。政治冲突接连不断，阻碍“一带一路”的顺利实施。欧亚大陆是矛盾冲突多发区，领土、领海纠纷多，国家间的历史恩怨多，如印度与巴基斯坦，伊朗与沙特阿拉伯；中国与越南、印度等也存在领土分歧。另外，中亚国家间在水资源利用上分歧明显，中俄在该地区水电站开发上都比较谨慎。不同国家之间由于利益关系产生许多矛盾，在资源利用、战略发展方面都有不同的倡议，因此推进“一带一路”需要兼顾各方利益，将矛盾减至最小化，充分利用优势差异与互补性，对接各国政策和发展战略，以便深化务实合作，促进协调联动发展，实现共同繁荣。

3. 区域内个别国家政局动荡。“一带一路”区域内的国家多为发展中国家，受国内社会阶级矛盾、民族宗教等问题的影响，政局脆弱不稳定。这些国家的动荡将会提升经济投入成本并降低合作效率，进而影响中国的海外利益。

（二）非传统安全方面。

1. 恐怖主义的威胁。恐怖主义势力、宗教极端势力、民族分裂势力的破坏活动、反对世俗化政权日益成为“一带一路”战略实施的巨大威胁。

2. 海上航道的安全风险。全球商业贸易的90%和石油总量的65%要通过海洋运输，其中印度洋提供了全球一半的集装箱运输，70%的石油产品运输需要通过印度洋由中东运往太平洋地区。40%的全球贸易运输要经过马六甲海峡，40%的原油贸易要通过霍尔木兹海峡。因此，维护海上安全意义重大。

3. 跨国有组织犯罪。跨国有组织犯罪被联合国大会列为“世界三大犯罪灾难”之一，其犯罪活动毒品走私、偷越国境、跨国经济犯罪等严重影响了各国的经济发展和社会稳定。

总而言之，“一带一路”既是相互依存下的合作共享，也是利益博弈下的暗潮汹涌，中国更是居于风口浪尖，在敏感性与脆弱性的笼罩下，是机遇与挑战并存。

14.8 “一带一路”的发展前景如何?

“一带一路”是“丝绸之路经济带”和“21世纪海上丝绸之路”的简称。这条路线延伸国内18个省，覆盖沿线60多个国家，穿越亚洲文明、伊斯兰文明、欧洲文明。2015年，中国企业共对“一带一路”相关的49个国家进行了直接投资，投资额同比增长18.2%。2015年，我国承接“一带一路”相关国家服务外包合同金额178.3亿美元，执行金额121.5亿美元，同比分别增长42.6%和23.45%，为沿线国家的发展做出了巨大贡献。

（一）有利前景。一是“一带一路”国家多为发展中国家，合作前景广阔。“一带一路”涉及亚欧非众多国家和地区，东接亚太经济圈，西至欧洲经济圈，穿越非洲，环连亚欧，总人口约44亿人，经济总量约21万亿美元，分别占全球的63%和29%。沿线国家大部分是发展中国家以及新兴经济体，普遍处于经济发展上升期，互利合作前景十分广阔。二是“一带一路”战略助力贸易合作。从国际上看，全球增长和贸易、投资格局深刻调整，亚欧国家处于经济转型升级的关键阶段，希望找到新的经济增长点，进一步激发区域发展活力与合作潜力。深化双边或区域贸易合作，有助于我国各区域全面发展。三是“一带一路”表示了中国坚定不移走和平发展合作共赢的道路，有助于解决我国对外开放过程中出现的东快西慢、海强陆弱的问题，有助于我国从全球视野构建海陆统筹、东西互济、面向全球的开放新格局，有助于保障我国能源安全、资源安全和经济安全。四是“一带一路”沿线许多国家拥有丰富的自然和人力资源，但面临资金、技术与基础设施的瓶颈，中国与沿线国家存在政治互信、地缘毗邻、经济互补等优势，通过“一带一路”，可以进行优势互补，促进沿线国家和世界共同发展。

（二）不利前景。一是美国的战略围堵。TTP（跨太平洋战略经济伙伴协定）、TTIP（跨大西洋贸易与投资伙伴协议）。美国一旦认定“一带一路”可能影响其在亚欧非地区布局与利益，并且对其主导的全球化进程产生重大挑战，一定会怂恿盟国和沿途国家进行反对和破坏。二是俄罗斯的战略顾忌。俄罗斯对外政策的优先方向是进一步巩固独联体，致力于加强独联体地区一体化进程，优先任务是建立欧亚经济联盟，我国与中亚各国深化能源合作易引发其猜疑。三是印度的战略不合作。印度非常重视其在南亚的影响力，并积极发展与中亚、东南亚各国的双、多边关系。印度加强与印太区域各国关系与能源合作，与我国建设能源通道可能发生竞争与冲突。四是日本实施“丝绸之路外交”战略和搅局。日本推行“丝绸外交之路”战略的主要意图在于：在毗邻中国的地区培养“亲日国家”，谋求在中亚和高加索这个世界战略要地站住脚跟，形成对中国的战略遏制；在石油和天然气资源的开发和进口方面牵制中国，延缓中国经济发展速度，同时对上海合作组织发展也形成牵制。

面对不利问题，我国应从两个方面共同发力。其一，应明确"一带一路"项目成功的关键点在于"互联互通"，若要实现"政策沟通、设施联通、贸易畅通、资金融通、民心相通"，就必须实现"地区之间"以及"中央与地方"的联通，不同地区之间需要寻找自己的优势，优劣互补，相互配合，才能共同将蛋糕做大、做好。其二，如何确保一个自由、良性竞争、可持续的国际投资环境是"一带一路"项目在国际上取得成功的核心，也是国际项目合作的"点睛之笔"。

参考文献

[1]国务院相关部门年底完成"一带一路"实施方案[N]. 21 世纪经济报道,2015-10-22.

[2]四大主体联动推进"一带一路"[N]. 光明日报,2015-08-12.

[3]姚铃."一带一路"战略下的中国与中东欧经贸合作[J]. 国际商务财会,2015(02).

[4]黄昆仑."一带一路":连通中国梦与世界梦的大战略——访国防大学战略教研部主任任天佑[N]. 解放军报,2015-04-17.

[5]毛艳华."一带一路"对全球经济治理的价值与贡献[J/OL]. 人民网-人民论坛,2015-03-30.

[6]"一带一路"打造国际产业合作新模式[EB/OL]. http://www.360doc.com/content/15/0522/13/153132-472434946.shtml,2015-05-22.

[7]许德友."一带一路"助力中国开放型经济"不一样"的未来[J]. 长春市委党校学报,2015(3).

[8]杨焕荣."一带一路"新格局指引下我国对外贸易转型探讨[J].商业经济研究,2015(31).

[9]王焰新."一带一路"战略引领高等教育国际化[EB/OL].http://theory.people.com.cn,2015-05-27.

[10]周亚敏."一带一路":经济效益与生态效益并重的合作模式[EB/OL].http://www.fdi.gov.cn/zhengce/2015-08/25/content_2919229.htm,2015-08-25.

[11]吴润生."一带一路"战略的几个问题思考[EB/OL].www.chinado.cn/?p=2569,2016-05-14.

[12]李自国."一带一路"面临的风险与安全机制缺憾[EB/OL].www.ciis.org.cn/chinese/2017-09/08/content_40005193.htm,2017-09-08.

[13]浅谈"一带一路"战略构想对世界历史发展的积极意义[EB/OL].http://www.lunwencloud.com/lunwen/lishilunwen/shijielishi/20170609/714415.html,2017-06-09.

[14]"一带一路"对中国能源的影响[EB/OL].http://www.sohu.com/a/138351755_380411,2017-05-05.

[15]李月好,杨震."一带一路"战略对中国经济发展的影响[J].合作经济与科技,2015(13).

[16]安树伟."一带一路"对我国区域经济发展的影响及格局重塑[J].经济问题,2015(04).

[17]"一带一路"战略的意义、机遇与挑战[N].经济日报,2015-04-02.

[18]许进.形势与政策[M].南京:南京大学出版社,2015.

15　积极的财政政策

［案例］

积极财政政策聚力增效　减负惠民“红包”释放活力

2018 年，见证积极的财政政策自 2008 年重启后进入第 10 年。最新公布的全国财政收支数据显示，前 5 个月收入保持两位数增幅。专家分析认为，宏观经济稳中向好是财政收入保持较快增长的主因，我国一系列减税降费措施，尤其是深化增值税改革取得明显成效，有效减轻了纳税人负担。同时，今年以来科技、社会保障和就业、医疗卫生、扶贫等方面财政支出进一步增长，积极的财政政策持续聚力增效，激发经济活力。

经济持续向好支撑财政收入较快增长

财政部数据显示，今年前 5 个月，全国财政收入同比增长 12.2%，其中税收收入增长 15.8%。5 月份单月，全国财政收入 17631 亿元，同比增长 9.7%。税收是经济的“晴雨表”。财政部综合司有关负责人说，前 5 个月我国财政收入继续保持较快增长势头，而且主体税种增长较快，主要是供给侧结构性改革不断深化，经济运行延续稳中向好态势，经济发展质量和效益提高，为财政收入实现较快增长奠定了坚实基础。中国财政科学研究院院长刘尚希说，由于财政收入以现价计算，税收收入对工业品价格变化的弹性较高。财政收入增速较快也受前5个月PPI价格涨幅较高，工业、商业、房地产和金融业企业利润增长带动，以及我国积极扩大进口相应带动进口环节税收高增长等因素影响。

减税降费激发市场活力

积极财政政策发力一大看点就是减税降费。近年来我国持续加大减税降费力度，过去5年通过实施营改增累计减税2.1万亿元，加上采取小微企业税收优惠、清理各种收费等措施，共减轻市场主体负担3万多亿元。从今年5月1日起，交通运输行业增值税税率从11%降至10%。重庆长安民生物流股份有限公司财务副总监李清青算了笔账：今年5月至12月，公司应缴纳增值税税额1934.24万元，比在11%税率下减少92.96万元，降幅达4.59%。自2018年5月1日起，我国将制造业等行业增值税税率从17%降至16%，将交通运输、建筑、基础电信服务等行业及农产品等货物的增值税税率从11%降至10%。同时，统一增值税小规模纳税人标准，实施部分行业企业期末留抵退税，将进一步降低纳税人负担，以上举措预计全年减税4000亿元。在瑞华会计师事务所管理合伙人张连起看来，5月份财政收入增幅环比有所下降，是减税降费举措，尤其是深化增值税改革成效显著的重要表现。“今年国家万亿（元）减税降费举措绝大部分要等到6月份才能落地见效，未来减税成效有望进一步放大，预计全年的税收收入增幅将逐步回落。”国家税务总局税收科学研究所所长李万甫说。

重点支出聚力增效惠及民生

数据显示，1月至5月，全国一般公共预算支出82695亿元，同比增长8.1%，为年初预算的39.4%，比去年同期进度加快0.2个百分点。从支出方向来看，财政支出重点保障了民生等领域的需要：科学技术支出2409亿元，同比增长18.5%；社会保障和就业支出13196亿元，同比增长 11.9%；文化体育与传媒支出 1025 亿元，同比增长 9.7%；医疗卫生与计划生育支出 6931 亿元，同比增长 7.4%；农林水支出 6346 亿元，同比增长 7.2%……“财政支出进度加快，支撑经济平稳增长。”财政部综合司有关负责人说，今年以来，各级财政部门认真贯彻落实党中央、国务院决策部署，有效落实积极的财政政策，加大对供给侧结构性改革、脱贫攻坚、生态环保等方面的支持力度，财政支出保持较高强度。此外，中央财政进一步加大转移支付资金拨付力度，前 5 个月对地方税收返还和转移支付 32876 亿元，同比增长 14.1%，完成年初预算的 46.7%，有效增强了地方提供基本公共服务能力。

资料来源：http：//news. southcn. com/china/content/2018 - 06/21/content_ 182312153. htm.

15.1 宏观经济学中的财政政策理论的主要内容是什么？

财政政策是指国家根据一定时期政治、经济、社会发展的任务而规定的财政工作的指导原则，是政府变动税收和支出以便影响总需求进而影响就业和国民收入的政策。

变动税收是指改变税率和税率结构。例如，经济萧条时，政府采用减税措施，给个人和企业多留些可支配收入，以刺激消费和投资需求从而增加生产和就业。尽管这又会增加对货币的需求，使利率上升、私人投资受到一些影响、削弱一些减税对增减总需求的作用，但总的来说国民收入还是增加了。再如，高收入者边际消费倾向较低，低收入者边际消费倾向较高，因而改变了所得税的结构，使高收入者增加一些赋税负担，使低收入者减少些赋税负担，同样可以起到刺激社会总需求的作用。变动政府支出指改变政府对商品与劳务的购买，多搞些公共建设，就可以扩大私人企业的商品销路，还可以增加消费，刺激总需求。尽管这样做也会增加对货币的需求，从而使利率上升，影响一些私人投资，但总的来说，生产和就业还是会增加。政府还可以采用投资税收抵免或加速折旧等办法给私人投资以津贴，直接刺激私人投资，增加生产和就业。当然，在经济高涨、通货膨胀率上升太快时，政府也可以采用增税、减少政府支出等紧缩性财政政策以控制物价上涨。通过财政支出与税收政策的变动来影响和调节总需求进而影响就业和国民收入的政策。财政政策是国家整个经济政策的组成部分。

财政政策的构成工具包括政府支出和政府收入两大类。

政府支出。政府支出是指整个国家中各级政府支出的总和，由具体的支出项目构成，主要可以分为政府购买和政府转移支付两类。政府购买是指政府对商品和劳务的购买，如购买军需品、机关公用品、政府雇员报酬、公共项目工程所需的支出等都属于政府购买。政府购买支出是决定国民收入大小的主要因素之一，其规模直接关系到社会总需求的增减。政府购买支出对整个社会总支出水平具有十分重要的调节作用。政府转移支付是指政府在社会福利保险、贫困救济和补助等方面的支出。政府转移支付不能算作国民收入的组成部分，它所做的仅仅是通过政府将收入在不同社会成员之间进行转移和重新分配。

政府收入。税收是政府收入中最主要的部分，它是国家为了实现其职能按照法律预先规定的标准，强制地、无偿地取得财政收入的一种手段。与政府购买支出、转移支付一样，税收同样具有乘数效应，即税收的变动对国民收入的变动具有倍增作用。当政府税收不足以弥补政府支出时，就会发行公债，使公债成为政府财政收入的又一组成部分。公债是政府对公众的债务，或公众对政府的债务。它不同于税收，是政府运用信用形式筹集财政资金的特殊形式，包括中央政府的债务和地方政府的债务。

根据功能性财政政策，政府在财政方面的积极政策主要是为了实现无通货膨胀的充分就业水平。实现这一目标时，预算可以是盈余，也可以是赤字，这样的财政为功能财政。预算赤字是政府财政支出大于收入的差额。实行扩张性财政政策，即减税和扩大政府支出就会造成预算赤字。预算盈余是政府收入超过支出的余额。实行紧缩性财政政策，即增税和减少政府支出，会产生预算盈余。

供给学派认为减税，特别是降低边际税率，可以对经济产生多方面的积极影响，如鼓励人们加班加点，积极经营，推迟退休，缩短待业期，从而提高收入。这样人们就可以有更多的钱用于支出，特别是有更多的钱用于储蓄，而储蓄与收入刺激相结合，又可以鼓励投资。在这一点上，正好体现出它与凯恩斯学派认为减税的作用只在于增加总需求的不同着眼点。供给学派主张，减税必须按照激励储蓄和工作并给投资者以鼓舞的方向去设计，主张实行累进税和公司税的削减。它与主张对高收入阶层增税而仅仅对低收入阶层减税的自由主义者完全对立。

为了达到某种经济目标，往往不能只采用一种政策工具，为了实现最优的政策效应，必须把各种财政政策工具配合使用。如何使各项政策协调配合是决定政策中一个至关重要的问题。这种协调与配合包括各种财政政策工具的配合使用，也包括国内外政策的协调。只有政策的协调与配合得当，才能获得最理想的政策效应。这种协调与配合当然也有某种规律可以遵循，但更多的时候却是要根据具体情况随机应变。

15.2　2008 年次贷危机时我国实施的财政政策特点是什么?

次贷危机（Subprime Crisis）又称次级房贷危机，也译为次债危机。

它是指一场发生在美国，因次级抵押贷款机构破产、投资基金被迫关闭、股市剧烈震荡引起的金融风暴。从危机产生的根源看，美国长期执行低利率的过于宽松的货币政策，是引发这次以次贷危机为起点的金融危机的根本原因。这种宽松政策还溢出美国，使得世界流动性过剩，引起世界大量国家出现资产泡沫，石油和大宗商品价格大幅波动。美国的金融危机，本质上是房地产泡沫的破灭，而引起了美国流动性的紧缩，信贷紧张又导致其他国家也受到影响。

世界金融危机日趋严峻、我国经济遭受冲击日益显现，中国选择采取积极的财政政策应对。根据凯恩斯理论，政府投资主要是通过乘数效应刺激经济增长。扩大政府投资主要是靠财政支出和转移支付两方面。政府投资直接形成有效需求和购买力，一方面政府投资以乘数级效增加国民生产总值，另一方面通过转移支付增加居民的可支配收入从而增加居民的投资需求和消费需求。政府投资对于当前增加就业机会和促进经济增长具有积极的推动作用。我国为应对金融危机进行 4 万亿元投资，这些政府投资引导和带动社会投资增长，从而刺激经济增长，为我国经济持续稳定发展起到了重要作用。积极财政政策的另一个主要措施是税收杠杆。由于受金融危机内外因素的影响，我国企业尤其是外向型企业受到了严重的打击。为了减轻企业负担，减税让利成为必然的措施。因此我国自金融危机以来修改各种税法制度和实施了结构性减税方案。出口退税与经济增长一般呈正相关关系。自国际金融危机爆发以来，为缓解纺织企业的困难，稳定出口，保障就业，我国已多次提高出口退税率并不断扩大出口退税范围和项目，如 2008 年 11 月 1 日起上调 3486 项商品的出口退税率，约占中国海关税则中全部商品总数的 25.8%。这一措施提高了我国企业出口产品的竞争力，减轻了我国企业因国际市场萎缩带来的冲击，保证了我国对外贸易不出现大的逆差。

15.3 我国财政赤字占 GDP 的比重及其影响如何?

财政赤字是财政支出大于财政收入而形成的差额，由于会计核算中用红字处理，所以称为财政赤字。它反映着一国政府的收支状况。财政赤字是财政收支未能实现平衡的一种表现，是一种世界性的财政现象。2016 年度我国财政赤字 28289 亿元，GDP 为 744127 亿元，占 3.8%。

根据传统的凯恩斯经济理论，当经济处于衰退、失业率较高的时候，由于受到收入水平的限制，整个社会的有效需求不足，消费滞后会反过来对经济的增长速度产生制约作用。财政赤字的积极意义在于，政府可以通过赤字预算政策，加大政府的公共投资支出力度和转移支付力度，一方面直接刺激消费需求的增加，另一方面通过投资支出的乘数效应增加投资需求，然后间接增加消费需求，这样可以直接刺激消费者市场的旺盛，从而带动生产的发展，加快经济的增长速度。赤字财政政策曾经在以美国为代表的西方国家中长期推行，依靠发行国债来扩大财政资金来源，维持庞大的政府支出，使战后西方各国经济呈现出强劲的增长势头，对经济的增长确实起了不可低估的作用。在当前的经济形势下，我国实行积极的财政政策，通过增加财政投入，扩大基础设施建设、拉动经济增长，对帮助我国早日走出经济增长的低谷具有特别的积极意义。

就如上面所说赤字财政政策只有当经济处于低潮、社会有效需求不足的时候，它才能够发挥积极作用。实践证明，如果不考虑经济发展所处的阶段而将财政赤字长期化，必然会导致严重的经济问题。进入 20 世纪 70 年代以后，西方国家出现了持续的“滞胀”局面，赤字财政政策已经难以对经济增长形成刺激力，反而带来一系列如债务负担、财政资金运行机制之类的实际问题。我国理论界对财政赤字对经济影响的看法也存在分歧。持否定态度的认为，财政赤字有百害而无一利，它导致通货膨胀，形成虚假购买力，加剧消费与积累比例的失调等等。另一种意见认为，上述认识过于绝对化，无法解释我国近二十年间连年赤字但经济改革和经济发展仍取得重大成就的现实。对财政赤字的利弊不能一概而论，对财政赤字是否导致通货膨胀，是否能成为调节总供给的手段之一等，都要进行具体分析。在一定条件下，财政赤字也有积极作用的一面。

财政赤字本身其实无所谓好坏，要视它所存在的经济环境及它所起的作用而定。当社会总需求超过总供给的“经济紧运行”状态下，财政赤字连年不断并数额较大是比较危险的。在国民经济运行处于萧条时期，为了复苏经济，扩大有效需求，政府有必要扩大财政支出，实行赤字财政政策。1998 年我国经济面临国际金融危机的影响，以及经济结构的调整及特大洪水的破坏，为重建家园，扩大内需，保持国民经济持续稳定增长，政府执行的赤字财政政策的积极作用是显而易见的，不能否认。从我国改革开放以来的实践考察，财政赤字在一定条件下可以成为一种财政政策工具，利用得当可以对经济产生积极的影响。所以说，财政政策是把双刃剑，其好与坏在于政府的运用。

15.4 地方政府债务原因及化解的学理解释是什么？

随着经济发展水平和税收征管水平的不断提高，中央和地方政府财政收入呈现总体上升趋势。尽管如此，地方政府为挤上经济发展的快车道负债经营，政府性债务增加，债务风险逐渐显现。面对危机的出现，地方政府应采取措施积极化解风险，以保持经济持续健康发展和社会稳定。目前，国内众多有关地方债务的文献涉及地方政府债务分类、债务成因以及化解途径，在梳理已有文献的基础上，尝试为后继研究提供新的视角。

地方政府债务的成因是多方面的，近年来我国学者从不同角度对其成因展开过深入研究。贾康、白景明从体制性缺陷分析地方财政困难的原因。他们认为，由于最近几年体制改革的深化并未取得明显进展，财权划分模式与事权划分模式出现了两相背离格局，这在很大程度上加剧了地方政府财政困难。我国目前是五级政府（中央、省、市、县、乡），是世界上主要国家中政府级次最多的国家。实行分税制管理体制，则要求政府间财政资金的安排采用税种划分，政府层次过多会大大降低分税制收入划分的可行性，这也是造成地方财政困难的现实原因。我国是一个行政管理规则高度集中的国家，中央对财政支出标准的决策无疑会有较大程度的集中控制，也就是说，地方政府面临着经济分权与政治集权的制度环境。除此之外，也有学者对其成因进行补充。地方政府推动建立一些面子工程、形象工程、政绩工程，让人不得不怀疑地方政府的资金使用的合理性。如巴曙松认为，地方政府官员不恰当的政绩观是推动地方政府债务的又一诱因。在财政资金有限的情况下，通过举债投资兴建政绩工程，这种地方政府官员经济绩效考核模式的缺陷性显而易见。

即使政府意识到债务规模不断扩大的危险，但在制定宏观经济政策时目标的取舍也会造成“厚此薄彼”的困境，难以确保多重目标的实现。黄燕芬、邬拉等从政策性因素分析指出，2008 年开始的结构性减税政策导致地方财政收入增速放缓。另外，近年来中央政府不断强化对房地产市场的调控和管理，使得地方财政的主要收入——土地出让金面临缩水的危险，地方政府债务风险进一步放大。

近年来，许多学者从国外模式中借鉴经验，认为建立地方政府债券市场融资平台是当前可行之举。财政部预算司考察团综合考察如美国、澳大利亚、巴西等国家实行三级财政体制，各级各自编制预算，各自发行政府债券。而日本、法国、英国等国家是中央集权的单一制国家，中央政府严格管理地方债务。以上这些国家的共同点是政府级次较少，实行法制化管理，有着灵活规范的转移支付制度。最重要的是，都建立了系统化的监督管理体系。

那么在我国也应该结合国情效仿成功国家案例：允许地方政府适度融资，以立法形式规范好各级政府的财权和事权，界定好各级政府的收支范围。目前国内理论界认为地方政府融资渠道多样化、举债方式多样化、举债程度不明晰等已经造成财政风险客观存在，那么可以考虑逐步放开地方债券市场，允许有条件的地方政府自行发行政府债券。

15.5 改革开放以来我国财政政策的变化有哪些阶段？

财政政策是政府变动税收和支出以便影响总需求进而影响就业和国民收入的政策。财政政策是政府实施宏观调控的重要工具之一，主要通过税收、补贴、赤字、国债、收入分配和转移支付等手段对经济运行进行调节，是政府进行反经济周期调节，熨平经济波动的重要工具，也是财政政策有效履行配置资源，公平分配和稳定经济等职能的主要手段。

改革开放以来，我国财政政策的变化大致分为以下五个阶段：

（一）促进国民经济调整的财政政策。1979 年，经济出现过热现象，从而引发了财政赤字严重，投资需求和消费需求双膨胀，物价持续上涨，外贸逆差增加等问题。中央对此提出了针对国民经济进行“调整、改革、整顿、提高”的八字方针。具体内容为：第一，改革财政体制，实行“分灶吃饭”，促进各级财政实现收支平衡。第二，压缩基建规模，控制投资需求。第三，控制消费需求，压缩各项开支。第四，增加农业、轻工业投资，提高消费品供给能力。第五，稳定市场，平抑物价。第六，调整进出口商品结构，平衡国际收支。通过宏观调控，基本实现了财政收支平衡、物价稳定和信贷平衡的预期目标。但由于经济调整中紧缩的政策力度过大，经济增长率从1980年的7.8%降到1981年的5.2%。1982年，国民经济出现下滑。开始实行宽松的财政政策，主要是通过放松银根，继续深化财政体制改革，对企业实行利改税，调动企业和地方的生产积极性，增加有效供给，缩小总供给和总需求之间的差距。从1982年开始，国内生产总值增长速度逐步回升，当年增长9.1%，增幅较上年提高3.9个百分点，1983年加快到10.9%。

（二）紧缩的财政政策。从1984年后期开始，国民经济过热的迹象又逐步显现，社会总供给和社会总需求的差额不断扩大，投资消费高度增长，价格总水平大幅攀升。为满足社会固定资产投资增长的要求和解决企业流动资金短缺的问题，国家不断扩大财政赤字，而为弥补赤字，银行超量发行货币，又加剧了物价指数上升。因此十三届三中全会提出“治理经济环境，整顿经济秩序”的方针。实行了紧缩财政，紧缩信贷的“双紧”政策。其具体内容为：第一，大力压缩固定资产投资规模。第二，控制社会消费需求。第三，紧缩中央财政开支。第四，进行税利分流试点和税制改革。“双紧”的财政政策实施后，经济过快增长得到了控制，物价迅速回落到正常水平，需求膨胀得到化解，固定资产投资的结构有所调整，产业结构不合理状态有所改变。但同时，也使企业在流动资金严重短缺的情况下，生产难以正常运转，经济效益明显下降。

（三）适度从紧的财政政策。1992 年到 1993 年上半年，经济运行的各项指标继续攀升，投资增长过猛，基础产业和基础设施的瓶颈制约进一步加剧，市场物价水平迅速上升，经济形势十分严峻。为了保持国民经济的平稳发展，党中央果断做出深化改革，加强和改善宏观调控的重大决策，1993 年提出了加强调控的 16 条措施，其中财政政策发挥了重要作用。具体内容为：第一，实行税利分流，规范政府与企业的分配关系。第二，改革财政体制，调整中央与地方的财政分配关系。1996 年，国民经济较为平稳地回落到适度增长的区间，成功地实现了“软着陆”，形成了高增长，低膨胀的良好局面。

（四）稳健的财政政策。2004 年扩大内需取得显著效果后，经济运行中又出现了投资需求进一步膨胀，贷款规模偏大，电力、煤炭和运输紧张状况加剧，通货膨胀压力加大，农业、交通、能源等薄弱环节以及中小企业、服务业投入严重不足等新问题，结构问题依然是我国国民经济中的深层次矛盾与问题。对此，党和国家提出进一步加强宏观调控。财政作为重要的调控手段，顺应宏观经济形势的要求，适时实施稳健的财政政策。

（五）积极的财政政策。2008 年下半年全球金融海啸爆发后，中国经济增长明显减速，经济下行压力增大。2008 年 12 月 10 日，中央经济工作会议强调将必须保持经济平稳较快发展作为 2009 年工作的首要任务，并首次提出扩大内需作为保增长的根本途径。会议提出 2009 年经济五大重点任务，包括实施积极的财政政策，促进农业发展，推进经济结构调整，深化改革，维护社会稳定等。2009 年，中央政府用于“三农”方面的建设支出达到 7253 亿元，在此基础上，于 2010 年我国政府继续加大对“三农”的投资力度，并不断完善与落实农业的补贴制度。

15.6 我国积极财政政策演进过程如何?

在宏观调控政策取向上，我国已经连续八年采取积极的财政政策。

2008 年以来我国的财政政策和货币政策可以分为以下四个阶段:

第一阶段: 2008 年年初至 11 月，这一阶段是 2007 年双稳健宏观经济政策的连续，为了控制国内经济过快过热增长，国家采用了稳健的财政政策和稳健的货币政策。

第二阶段: 2008 年 11 月至 2009 年 12 月，由于全球经济危机的爆发，中国经济受到波及，遭受重大的挫折，为了保增长，国家采用了积极的财政政策和适度宽松的货币政策。

第三阶段: 2010 年年初至 12 月，中国基本走出经济危机的困境，为了促进经济继续平稳快速发展，国家继续采用了积极的财政政策和适度宽松的货币政策。

第四阶段: 2011 年年初至今，由于经济危机时采取的适度宽松政策的影响，出现了通货膨胀，为了抑制通货膨胀，国家采取了积极的财政政策和稳健的货币政策。

在财政政策方面，调整优化财政支出结构，确保对重点领域和项目的支持力度。凡是存在“短板”的方面，凡是要形成战略竞争力的方面，都需要增加投入。教育、医疗、卫生、社保、养老、公共服务，还有生态文明、环保的问题和脱贫的问题，都是以前相对来讲“欠账”比较多需要补的“短板”。同时，对创新、创业加强投入，配合国有企业改制改革进行新的战略安排，战略性的新兴产业这个领域的投入也增加了不少。从“优化财政支出结构”来看，相比前几年，“积极的财政政策”的含义已经有所有调整。比如对基础设施进行投资，但是 2018

年对基础设施投资的资金有所减少，更多的资金用在环保和精准扶贫方面。地方政府专项债规模或将扩大，地方政府债务管理得到加强。在严格清理变相为融资平台提供担保或承诺、政府购买服务异化为政府债务、基金融资蜕变为明股实债等问题的同时，地方政府专项债规模适度地得到扩大。作为宏观经济政策最重要的两个部分，继续实施积极财政政策有利于保证政策的延续性和稳定市场对政策环境的预期，为当前我国经济转型升级，深入推进改革筑牢了扎实稳固的基础。

2018 年保持一定力度的扩张性财政政策以稳定经济增长。实施积极有效的财政政策，不仅在财政支出方面保持适度的增速，并优化支出结构、提高资金使用效率，更以税制改革为重心，完善税收体系，减轻宏观税负，从而激发企业生产活力，增强居民购买力。同时，合理利用税收、社会保障、转移支付等手段，进一步增强当前财政再分配效应，协调货币政策和审慎监管政策，稳定流动性和风险预期，稳步推进创新驱动发展战略，继续加强供给侧结构性改革，从提升劳动力质量、优化投资结构以及增加研发强度、改革科研体制等方面促进全要素生产率不断提升，从而促进新旧动能的转换，确保了经济中长期稳定较快增长。

15.7 地方政府投资在我国经济发展中的地位、影响与优化如何?

地方政府投资是影响中国宏观经济运行的重要因素，特别是行政性分权改革使地方政府获得了前所未有的经济权力，成为经济增长的重要主体。改革开放 40 年中，中国地方政府投资行为绩效显著。既有在既定约束条件下追求利益最大化进行理性选择，从而促进经济高速增长、改善就业等的一面；也有在急于出政绩和局部乃至个人利益驱动下片面追求 GDP 增长、限制有限资源与大规模劳动力有效结合的一面。地方政府的投资行为对我国经济发展造成了一定的影响，这些影响既有有利的部分也有不利的部分。

（一）有利影响。地方政府投资行为合理，不仅有利于实现该地区经济的全面、协调、可持续发展，而且有利于促进整个国家区域经济发展战略的实现，有效增强国家的综合国力和提高广大人民群众日益增长的物质文化生活水平；地方政府投资作为地方政府驾驭市场的必备工具，对于促进地区经济增长、优化资源配置、改善民生、引导其他投资、扩大就业、保护生态环境等方面具有举足轻重的作用。

（二）不利影响。若地方政府偏离合理投资行为轨道，则会导致地方政府投资过度产生异化，另外，我国经济转型期财政分权体制所产生的“财政激励”和以经济绩效为主要考核标准的“晋升激励”，使地方政府投资职能泛化，产生强烈的过度投资行为倾向。这些做法都势必导致有限投资资源配置的浪费和低效，造成投资活动盲目攀比和无序竞争，最终导致和阻碍区域内和整个国家经济发展水平的提高。

（三）合理改善地方政府的策略建议。

1. 机制改革，改善我国投资环境。我国须增强对于地方政府投资行为的产权约束，进一步深化转型期中国国有企业的产权制度改革，使之“建立归属清晰、权责明确、保护严格、流转顺畅的现代产权制度”；进一步深化转型期中国国有商业银行的产权改革，在改革单一所有制、按现代银行要求进行产权重组、上市以及创建民办商业银行、引进外资银行等诸多方面做出努力。建立和完善有中国特色的以强化社会管理和公共服务为取向的财政分权体制。

2. 地方政府转型，发挥地方优势。对地方政府投资行为的规制，首先要促进地方政府向公共服务型政府转变，明确界定地方政府的投资范围，规范政府与企业的关系，科学设置地方政府的政绩考评体系；其次要理顺中央政府与地方政府财税分配关系。在合理界定中央与地方事权基础上明确地方政府支出范围，严格预算约束。

3. 加强宏观调控。通过宏观经济政策引导地方投资行为。完善政府投融资管理体制，促进经济发展方式转变，等等。研究经济转型期地方政府的投资行为问题，有利于深化理解我国经济转型期的特殊性质，有利于深入认识地方政府投资行为的制度基础，有利于深刻把握经济波动的深层原因，从而推动体制变革，加快转变经济发展方式，真正实现科学发展。

参考文献

[1]高鸿业. 西方经济学(宏观部分)[M]. 北京:中国人民大学出版社,2014.

[2]储德银. 财政政策促进居民消费的作用机理与影响效应研究[D]. 大连:东北财经大学,2011.

[3]财政政策[Z]. https://baike.so.com/doc/210979-223147.html.

[4]"次贷危机"概述[Z]. https://baike.so.com/doc/1720681-1819048.html.

[5]如何评估2008年国际金融危机后中国的财政政策和货币政策应对[Z]. http://ishare.iask.sina.com.cn/f/iI2g6AlfQT.html.

[6]中国政府采取了哪些措施应对次贷危机[Z]. https://zhidao.baidu.com/question/435902930.html.

[7]叶相治. 财经改革与探索[M]. 上海:上海财经大学出版社,1999.

[8]上海财经大学公共政策研究中心. 2000中国财政发展报告——

科技教育的公共政策研究[M].上海:上海财经大学出版社,2000.

[9]贾康,余小平,马晓玲.财政平衡与财政赤字[J].财经科学,2006(02).

[10]王国清,马骁,程谦. 财政学[M].北京:高等教育出版社,2006.

[11]贾康,白景明.中国地方财政体制安排的基本思路[J].财政研究,2003(8).

[12]巴曙松.地方债务问题应当如何化解? [J].西南金融,2011(10).

[13]黄燕芬,邬拉.地方债务风险:现状、成因及对社会的影响[J].经济研究参考,2011(23).

[14]财政部预算司考察团.美国、加拿大州(省)、地方政府债务情况考察报告[J].财政研究,2010(2).

[15]财政部预算司.日本地方政府债务管理[J].经济研究参考,2008(62).

[16]财政部预算司.法国地方政府债务管理[J].经济研究参考,2008(22).

[17]财政部预算司.英国地方政府债务管理[J].经济研究参考,2008(62).

[18]财政部预算司.澳大利亚地方政府债务管理[J].经济研究参考,2008(22).

[19]财政部预算司.巴西整治地方政府债务危机的经验教训及启示[J].经济研究参考,2008(22).

[20]刘尚希. 积极的财政政策和稳健的货币政策为经济稳中求进保驾护航[J]. 求是, 2018(5).

[21]姚星星, 韩瑛. 我国财政政策与货币政策的演变、内容及特

点——改革开放近四十年的回顾与总结[J]. 中共宁波市委党校学报, 2018(2).

[22]彭兴韵. 继续保持货币政策稳健中性[J]. 中国金融, 2018(2).

[23]易刚. 2018年货币政策挑战与思路[J]. 商业文化, 2018(5).

[24]王雪雁. 中国经济转型期地方政府投资行为研究[D]. 长春. 吉林大学,2012.

[25]张宏霞. 中国地方政府投资效应研究[D]. 大连:东北财经大学,2010.

[26]张卫国. 转型期中国地方政府投资行为对经济增长与就业的影响[D]. 上海:复旦大学,2005.

16 民营经济投资问题

[案例]

《2017年民营经济投资与民营经济发展重要数据分析报告》在京发布

中国网2月2日讯（记者齐凯）今天上午，大成企业研究院、社会科学文献出版社共同发布《2017年民间投资与民营经济发展重要数据分析报告》。

2017年，在国内及世界知名企业排行榜评比中，中国民营企业上榜数量创历史新高，与往年相比，上榜民营企业的规模不断增强、效益不断提高，特别是高科技民营企业表现抢眼。但从所有制结构来看，各排行榜上榜企业国强民弱的基本格局没有改变，大型企业中国有及国有控股企业在数量和规模上仍然占据绝对优势。

“2017中国民营企业500强”上榜超大型民营企业的数量持续增加。2016年，民营企业500强的进入门槛为年销售收入120.5亿元，平均销售收入规模为387亿元，平均资产规模为346亿元。500强中，销售收入超过500亿元的企业有91家，超过1000亿元的企业有27家，最大企业是华为，规模为5216亿元。资产总规模超过1000亿元的企业50家，其中的恒大集团与海航集团资产总额超过了万亿元。

20世纪80、90年代，中国民营企业基本都是小规模企业。进入21

世纪以来，涌现了一批大型企业和超大型企业。全国工商联从1998年起开始统计上规模民营企业和民企500强。当年进入的门槛为年销售收入为0.9亿元，只有463家。进入500强企业的门槛，1999年为1.16亿元；2005年为13.36亿元。2010年为50.6亿元，500强企业平均销售收入为139.6亿元，总销售规模为6.98万亿元。

在中国企业500强榜单中民企年年增加。2002年只有79家，2010年为184家，2015年为205家。2017年为226家民营企业，占比为45.2%，销售收入14.3万亿元，占比为24%，资产额为22.9万亿元，占比为10.25%。

资料来源：http://photo.china.com.cn/2018-02/02/content_50390352.htm.

16.1 国家财政投资对民营经济如何产生挤出效应?

财政投资是国家财政支出中的一项重要部分，积极的财政投资可以扩大总需求，但是也会对民营资本产生挤出效应。挤出效应作为财政政策的一种外部性，有其产生的机制和表现的特性。挤出效应是指政府支出增加所引起的私人消费或投资降低的效果。由于政府实行积极的财政政策，政府势必通过向企业、居民和商业银行借款来维持财政支出，这会引起借贷成本上升和借贷资金需求上的竞争，导致民间部门支出减少，从而使财政支出的扩张部分失效或完全无效。

政府通过在公开市场上出售政府债券来为其支出筹资。政府以这种方式筹集资金，相当于收回流动性。在纯市场经济状态下，如果货币供给不变，市场流动性减少，利率会升高。利率上升会减少私人投资，这就是宏观经济学意义上的挤出效应。另外，政府通过增加税收来为其支出筹资。当政府税收增加时，私人收入会减少，进而引起私人消费和私人投资减少，引起了挤出效应。当经济实现了充分就业时，政府支出增加会引起价格总水平上升，价格总水平上升会引起私人消费和私人投资的减少，引起挤出效应。私人部门在政府支出增加的情况下，会产生悲观的预期，从而减少投资。

16.2 改革开放以来我国民营经济发展分为哪几个阶段?

回顾改革开放后个体经济的发展历程，可以分为以下五个阶段：

第一阶段（1978—1991 年），改革开放初期

个体工商业伴随商品经济的活跃恢复发展，非公有经济禁区逐渐被打破，个体工商户的法律地位得到明确。三中全会以后，党的十二大和1982 年《宪法》明确了个体经济的地位和作用。国务院先后发布了《关于城镇非农业个体经济若干政策性规定》（1981 年)、《〈关于城镇非农业个体经济若干政策性规定〉的补充规定》（1983 年）和《关于农村个体工商业的若干规定》（1984 年）等政策性规定。个体工商业率先得到了恢复和发展。在城市，大量无业人员和返城知青通过开展零售、服务等行业的个体经营实现了就业。在农村，家庭联产责任制促进了农业生产，解放了一部分农村剩余劳动力，村镇里出现了走街串巷的小商贩、摆摊设点的小摊贩。个体经济伴着初级的商品经济星火燎原一般发展起来。

党的十三大根据社会主义初级阶段理论，提出了包括个体私营经济，特别是私营经济等非公有制经济存在和发展的必要性。1986 年，《中华人民共和国民法通则》确立了个体工商户作为从事工商业经营活动的自然人的基本法律地位。

1987 年，国务院发布了《城乡个体工商户管理暂行条例》，为个体经济的健康发展提供了法制保障。这一阶段，个体经济恢复并稳定发展。

第二阶段（1992—2001 年），社会主义市场经济体制确立

个体经济获得更大发展空间，持续高速发展，实力不断壮大。1992 年，邓小平同志南行讲话提出了关于社会主义市场经济基本观点和"三个有利于"的标准，突破了单纯用生产关系作为衡量标准的做法，将生产力摆在特别重要的位置，这为包括个体私营经济在内的非公有制经济的健康发展扫除了思想上的障碍。党的十四大确立了社会主义市场经济体制，提出多种经济成分共同发展的方针。1997 年，党的十五大确立了以公有制为主体、多种所有制经济共同发展的基本经济制度，明确了非公有制经济是我国社会主义市场经济的重要组成部分。这一阶段，中国特色社会主义市场经济体制的确立，进一步扫除了个体经济发展的思想障碍，激发了广大群众投资创业的积极性，极大地促进了个体经济的发展。个体经济在数量和质量上都有飞跃性进展。

第三阶段（2002—2007 年），经济社会体制机制改革进一步深化

国家越来越重视个体私营经济在经济社会发展中的重要作用，个体私营经济不断突破发展瓶颈，转型升级，向更高层次发展。2002 年，党的十六大提出了要毫不动摇地鼓励、支持和引导非公有制经济发展方针。六届四中全会又提出了"正确处理坚持公有制为主体和促进非公有制经济发展的关系，使两者在社会主义现代化建设进程中相互促进、共同发展"。第十届全国人大二次会议通过的宪法修正案中规定"国家保护个体经济、私营经济等非公有制经济的合法的权利和利益。国家鼓励、扶持和引导非公有制经济的发展，并对非公有制经济依法实行监督管理"。这样就以国家根本法的形式，把鼓励、支持和引导非公有制经济发展的基本方针确定下来。2005 年，国务院发布《关于鼓励支持和引导个体私营等非公有制经济发展的若干意见》，总结归纳了历年来促进个体私营等非公有制经济发展的方针、政策和措施，提出“毫不动摇地巩固和发展公有制经济，毫不动摇地鼓励、支持和引导非公有制经济发展”，这个中央文件的发布也标志着我国个体私营等非公有制经济的发展进入了一个新的历史时期。

这一阶段，中央高度重视和充分认可个体经济在全面建设小康社会和加快社会主义现代化进程中的重要作用，鼓励、支持和引导个体私营等非公有制经济发展成为党和国家工作的重要内容。

第四阶段（2008—2012 年），全球经济形势的复杂化给我国经济发展带来诸多不确定因素

2008 年国际金融危机爆发，我国原有的经济发展方式已不再适应形势需要，党的十七大审时度势，提出加快转变经济发展方式、推动产业结构优化升级的重大战略。中央高度重视发挥个体私营等非公有制经济、中小企业在实施这一重要战略过程中的作用。经国务院批准，财政部、发展改革委、工商总局决定从 2008 年 9 月 1 日起，停止征收个体工商户管理费和集贸市场管理费。以 2007 年度征收基数为参照，每年可以为个体工商户群体减负 100 多亿元。2009 年，国务院出台了《关于进一步促进中小企业发展的若干意见》。2010 年，国务院又出台了《关于鼓励和引导民间投资健康发展的若干意见》，强调消除个体私营经济的发展瓶颈，为个体私营经济转变发展方式指明了前进方向。2011 年 4 月，国务院颁布了全新的《个体工商户条例》，充分体现了“以人为本”的科学发展理念。2011 年 6 月，工业和信息化部等四部委联合印发了新的《中小企业划型标准规定》，将中小企业划分为中型、小型、微型三种类型，规定个体工商户也参照这个标准进行分类，将支持个体工商户发展和促进中小企业发展同等重视。

这一阶段，国家经济转型和产业升级拉开了序幕，各级政府越来越重视个体工商户在扩大就业和促进经济社会协调发展方面所起的重要作用，积极为个体经济营造宽松发展环境。可以说，随着改革深化和社会主义市场经济体制建立完善，国家对个体经济的地位、作用越来越重视，对个体经济的管理也越来越科学。

第五阶段（党的十八大以来），中国民营经济迎来新历史机遇，进入新发展阶段

习近平同志在党的十九大报告中就鼓励支持民营经济发展做出许多新的重大论述，为我国民营经济持续健康发展指明了方向，标志着我国民营经济将迎来新的历史机遇和进入一个新的发展阶段。一是再次重申坚持“两个毫不动摇”。习近平同志在报告中指出，“必须坚持和完善我国社会主义基本经济制度和分配制度，毫不动摇巩固和发展公有制经济，毫不动摇鼓励、支持、引导非公有制经济发展”。二是第一次提出要支持民营企业发展。习近平同志在报告中指出，“要支持民营企业发展，激发各类市场主体活力，要努力实现更高质量、更有效率、更加公平、更可持续的发展”。这是习近平同志直接使用“民营企业”的概念，既表明我们党对民营企业认识的逐步深化，又对民营企业为改革开放和经济社会建设做出的贡献给予充分肯定。三是强调把发展经济的着力点放在实体经济上来。党的十九大报告中强调，必须把发展经济的着力点放在实体经济上，这对引导广大民营企业保持定力，坚守实体经济，做到不焦躁、不灰心、不动摇，加快技术、产品、管理、商业模式等创新，培育以创新驱动为核心的竞争新优势，安心、专心、用心创业创新，将产生积极的推动作用。四是提出要打破行政性垄断，清理废除妨碍统一市场和公平竞争的各种规定和做法。由于受所有制的歧视和偏见，民营企业发展特别是在各种生产要素获取和进入垄断领域等方面，不能得到一视同仁和平等对待。随着党的十九大精神的贯彻落实和全面深化改革的推进，一切妨碍市场公平竞争的各种规定和做法必将不断被清除，民营经济的市场主体地位将会得到尊重，民营经济发展的活力和创造力一定会被充分激发出来。五是提出要加强对中小企业创新支持。按照党的十九大精神，引导中小企业加大研发投入力度，努力掌握关键核心技术和自主知识产权，特别是要通过技术创新带动产品创新和生产经营模式创新，努力将价值链向研发、标准制定、销售服务等方面拓展，发挥科技创新在全面创新中的引领作用，不断开发新技术、涉足新领域、推出新产品，通过产品创新引领消费创新。六是提出进一步激发和保护企业家精神。习近平同志在报告中指出，“激发和保护企业家精神，鼓励更多社会主体投身创新创业。建设知识型、技能型、创新型劳动者大军，弘扬劳模精神和工匠精神，营造劳动光荣的社会风尚和精益求精的敬业风气”。七是提出要构建“亲”“清”新型政商关系。习近平同志在报告中指出，“构建‘亲’‘清’新型政商关系，促进非公有制经济健康发展和非公有制经济人士健康成长”。构建新型的政商关系，对于营造良好的政治生态、经济生态和社会生态，对于促进非公有制经济健康发展和非公有制经济人士健康成长，具有重大和深远的意义。

16.3 目前我国民营实体经济困难主要表现在哪些方面?

目前，作为经济发展的基础，我国民营实体经济持续走低，主要有以下四个表现：

第一，受国际经济危机影响，国外市场需求持续下降，订单大幅减少，加上国内需求不振，国内、国外因素的双重作用致使我国民营实体经济的发展环境越来越恶劣。国内企业产能过剩，致使实体中小企业生产和经营困难增加。

第二，虚拟经济不断挤占民营实体经济的利润。相对于实体企业利润微薄来说，银行利润却很高，使得制造业的生产利润仅够偿还贷款利息。上游企业侵占下游企业利润。能源、电力、材料和交通等上游企业具有垄断性，其可以利用雄厚资金、政策优势，将生产成本转移到下游企业，挤占下游企业的利润空间，并出现上、下游企业“两极分化”严重。

第三，民营实体经济发展要素流失严重。实体企业发展环境不断恶化，使得企业人才大量流失和迁徙，造成大量实体经济发展要素流失。投资带来的丰厚暴利，使企业家缺少安全感和工作耐心，企业家的实业精神不断衰退，而“快速赚钱”的急躁心态逐渐显现。

第四，民营实体经济运行的货币支撑不足。近年来，我国新增货币流向实体经济部门的比例持续降低，而流向房地产等资产市场和股票等资本市场的比例不断提高。实体经济部门的货币需求并没有得到充分满足。贷款难的直接后果就是部分企业因为资金短缺而陷入经营困境。

16.4　我国民营经济融资困难主要表现在哪些方面？

20 世纪 90 年代以来，我国民营经济作为社会主义市场经济的重要组成部分，在国民经济中占据重要地位。随着我国市场化程度的不断提高，以及国内、外贸易环境的变化，民营企业在增加财政收入、经济增长引擎、扩大就业以及优化调整产业结构等方面发挥着重要作用。目前，我国民营企业的数量已经占全国企业总数的 99.8%，GDP 的 60%、税收的50%、就业的75%均来源于民营企业。另外，民营企业已占到专利发明的65%、技术创新的75%、新产品开发的80%。随着民营企业数量的增加和实力的提高，其作为民营经济的主要表现形式，在整个国民经济建设中的作用将日益突显。可以这样讲，民营企业的发展状况，将直接影响到我国未来经济的整体竞争能力。而与之形成鲜明对照的是，由于受企业现状、金融机构业务创新、诚信环境建设等多方面因素影响，民营企业融资难的现状在总体上并未得到根本改观。民营企业融资难问题，已成为制约民营企业发展、抑制其活力的“瓶颈”。

在民营企业快速发展的同时，影响和制约其进一步发展的因素也很多。长期以来，民营企业的发展主要依靠自有资金进行。

民营企业融资难主要表现在：一是银行对民营企业贷款占比不高。因贷款交易和监控成本高等原因，银行不愿对民营企业放贷。同时，民营企业因资信等级低，缺乏抵押资产，融资成本高等原因，难以得到银行资金支持。尽管近年来，国家从政策等方面加大了对民营企业的支持，银监会亦于2005年颁布了《银行开展小企业贷款业务指导意见》，但总体而言，民营企业贷款相对于大中型企业而言，占比仍然很小。二是民间融资尚未纳入正常渠道。特别是企业成长期对民间融资的需求更为旺盛，民营企业在难以得到金融机构足够信贷支持的情况下，往往更多地选择民间融资。但是，民间借贷融资成本高，运作不规范，其中蕴含着较高的风险，不利于和谐社会的建设。三是民营企业离直接融资条件尚有较大差距。企业的融资通道过窄。由于证券市场门槛高，创业投资体制不健全，公司债发行的准入障碍，企业难以通过资本市场公开筹集资金。据中国人民银行有关调查报告显示，我国民营企业融资供应的98.7%来自银行贷款，即直接融资仅占1.3%。由于我国创业投资体制不健全，缺乏完备的法律保护体系和政策扶持体系，影响创业投资的退出，企业也难以通过股权融资。四是信用担保体系尚未形成构架。尽管在国家相关政策的大力支持下，全国各地方均成立了不同形式的担保公司，但总体而言，担保机构少，担保品种单一，制度不完善，进入门槛高，担保收费不透明的状况并能得到根本改观。五是整体金融生态建设尚不理想。部分民营企业缺乏诚信意识，加之相关企业信用信息征集与评价体系尚不健全，造成金融机构对民营企业“惜贷”现象。同时，我国金融制度不健全、融资体制不完善等外部原因，以及银企之间的信息不对称也加剧了民营企业的融资难问题。

16.5 民营经济海外投资的前景如何？

随着“一带一路”建设蓬勃开展，民营企业赴海外投资呈现快速增长态势。一批优秀企业在世界舞台上崭露头角，将中国产品、中国技术、中国资本、中国经验带到海外。引导、支持和鼓励民营企业积极发展、广泛参与到“一带一路”国际产能合作中来，在服务国家建设的同时实现自身发展，是各级政府、有关部门积极推动新一轮改革开放的应有之义。引导民营企业全产业链国际化布局，增强国际竞争优势。积极引导民营企业“抱团出海”，突出大企业和中小企业优势互补、协同推进，持续整合和延伸产业链；善打“组合拳”，将装备、技术、管理、标准和资本等尽可能多地“打包”，与合作对象深度融合；注重创新对外投资方式，形成面向全球的贸易、投融资和生产服务网络，切实增强竞争优势。民营企业的新使命就是走出去、国际化。在我们中国市场和国际市场边界越来越模糊的背景下，用好两个市场的力量，对民营企业来讲是非常重要的一个出路。“一带一路”，国际产能合作与“走出去”，在这个过程中一定会创建更多的具有中国血统的跨国公司。要支持民营企业海外项目拓展，促进“走出去”行稳致远。政策性金融机构应进一步加大对民营企业融资支持，鼓励民营企业在海外投资建设产业园区、经济合作区等；推动创新国际化投融资模式，进一步发挥产能合作基金等金融平台作用，为民营企业创造良好外部环境；进一步扩大出口信用保险覆盖面，为民营企业海外投资提供更多保障。

16.6 减税会对民营中小企业产生什么样的影响?

民间投资占中国全部投资比重超过六成，近年其增速明显放缓。民间投资增速下滑有四方面原因。国务院发展研究中心主任李伟说，一是在“去产能、去库存”的政策背景下，一些产能严重过剩行业民间投资下降明显。二是信贷资源匹配失调，融资成本居高不下。三是人民币贬值预期影响下，民营企业加大海外投资力度，出现“内冷外热”。四是改革不到位，阻碍了投资热情。对很多民营企业来说，“没钱投”和“没处投”是最棘手的问题。为了缓解中小企业的生存压力，政府连续出台了针对中小企业降低税负的相关微调性减税政策：国务院常务会议做出了进行增值税制度改革试点的决定，逐步将目前征收营业税的行业改为征收增值税。财政部宣布，提高增值税和营业税的起征点，以应对目前我国部分小微型企业经营困难而税负偏重的局面。中小企业面临着营运成本居高不下，内需及出口持续低迷，资金充足性差，融资途径窄、成本高、额度小的困境，减税政策的制定与实施必将如甘霖降临久旱的中小企业生长的土壤。目前小、微企业占中国企业总量的96% ~ 98%。企业活则经济活，要让企业活起来必须先搞活占逾九成的小、微企业。小、微企业纳税额在国家财政收入中占比小，为其减税对财政收入影响较小但对其自身影响却相对较大，于国于民都是一件好事。

16.7 如何扩大行业门槛让民营投资进入?

（一）行业实行公开、公正、公平的投资政策，进一步放宽民营投资的产业进入领域，切实落实民营投资的“国民待遇”。凡是已对外商开放的投资领域，都要对民营企业开放，如电信业、银行业、保险业、专业服务业等。此外，凡是对国有、外资投资实行优惠政策的领域，其优惠政策对进入该领域的民营投资同样适用，如对国有企业的贴息技改政策也要对民营投资同等对待。

（二）稳定民营企业投资信心至关重要。江苏省政府有关人士说，我们正在进一步找到民间投资“痛点”，逐一“对号入座”，帮助企业爬坡过坎。在全国人大常委、财经委副主任委员辜胜阻看来，要在放开更多领域的同时破除“隐形门槛”，也要保证政策的连贯性，稳定投资预期，提振投资信心，让民企想投资、敢投资、能投资。

（三）协调民营投资的地区平衡发展，大力改善中西部投资的政策体制环境，实行中西部非国有投资民营化的模式。目前，中西部地区（特别是西部）存在的最大问题是还没有营造好民营投资体制制度，所以要想提高西部民营投资主要是转换思想。其次，要推进民营投资产业进入的广度和深度。

（四）进一步深化投资体制改革，建立健全民营投资进入的法律法规，不断强化政府对民营投资产业的政治指导和信息咨询服务的支持力度。出台民营投资的产业规章，全面清除不合理的法律法规，使民营投资的一切政治待遇与其他所有制一视同仁，不受限制。法律法规要适应新形势下的需要，真正为民营投资进入市场做出贡献与服务。例如，可调整《公司法》有关注册资本限额的规定；适当放宽民营企业的注册标准；应调整税费水平（包括降低税率、税收减免、提高折旧等），降低投资成本，提高投资收益。

16.8 从民间投资看我国经济有哪几个趋势性特征？

农业表现出产业化、智能化的发展趋势，不断焕发出农业发展新活力。制造业结构正呈现出优化调整的趋势。城市逐渐向集约化和服务化的方向发展，城市的功能不断提升。新技术与消费服务业快速发展，经济增长动力日渐强劲。创新创业充满活力，社会流动性不断提高。

16.9 第一产业民间投资比重增加表现在哪些方面？

从民间固定资产投资比重的变化情况来看，2017 年与 2015 年相比，民间投资占总投资的比重下降了 3.78 个百分点。这种下降分产业来看，第一、二、三产业分别贡献了 -9.76%、67.56%、42.20%。相比之下，第一产业的民间投资占比没有减少而是有所增加，农业对民间投资的吸引力，一方面来自农业产业化的推进。当前是产业化、规模化的农业经营方式吸引着民间资本的进入。现在，随着“互联网 + 农业”的推进，农产品的生产和消费可以以更低的成本便捷地对接起来，农业的智能化发展促进了高品质农产品的发展，农产品的附加值得以提升。总之，当前民间资本对第一产业增加投资，实际上意味着农业正在向规模化、产业化和智能化方向发展，中国农业开始展现新的活力。

16.10 为什么说制造业结构正呈现出优化调整的趋势？

从制造业细分行业民间投资变动情况来看，2017 年与 2015 年相比，民间投资正在进入汽车行业以及与新经济相关的制造业，并不断从非金属矿物质、黑色金属、有色金属冶炼及压延加工业、通用设备、专用设备、铁路等运输设备行业中退出。其中，非金属矿物质下降比例最大，贡献了20.47%；其次，通用设备和专用设备下降比例也较大，分别贡献了15.83%和13.99%。也就是说，民间资本在传统制造业的投资比重在下降，在汽车和新经济相关的制造业投资比重在不断上升，制造业内部结构正在实现优化调整。

16.11 新技术与消费服务业快速发展，经济增长动力日渐强劲表现在哪里?

根据我国企业家财富排名的相关数据，十年前排名居前的企业家所处的行业以制造业为主，现在是以科技行业为主，比如2017年排名前十位的企业家中有半数以上从事互联网综合服务，由此可见，新技术在中国经济增长中的驱动力日益增强。另外，来自医药生物行业、数字新媒体产业、消费行业的企业家数量也在增加，说明在新技术产业增强的同时，消费行业也正在创造巨大的财富。中国是人口大国，伴随人们收入水平的不断提高，人们的消费也正在不断升级，同时也催生了巨大的服务需求，消费成为中国经济增长的重要驱动力。中国经济呈现出新技术和消费服务业双轮驱动的经济增长态势，这不同于仅靠新技术驱动，也不同于仅靠消费拉动，双轮驱动的经济增长结构将更有助于推动中国经济持续稳定增长。

参考文献

[1]江涛,范起兴.泉州金融服务实体经济综合改革试验若干问题的

探讨[J]. 福建金融,2013(4).

[2]陈敬慧. 积极财政政策对民营资本的挤出效应研究[J]. 中国乡镇企业会计,2011(11).

[3]田林海. 公共投资对民营投资的挤出效应研究[D]. 北京:中国财政科学研究院,2017.

[4]史晋川. 中国民营经济发展报告[M]. 北京:经济科学出版社,2006.

[5]国务院关于鼓励和引导民间投资健康发展的若干意见(国发[2010]113 号)[S].

[6]国务院关于进一步促进中小企业发展的若干意见(国发[2009]36 号)[S].

[7]何惠林. 个体私营经济发展的现状、问题和建议[J]. 经济师,2001(11).

[8]江苏省经信委.2017 年上半年全省民营经济发展情况[EB/OL]. www. jseic. gov. cn,2017 - 07 - 27.

[9]王立新. 支持民主海外拓展扩大出口信用保险覆盖[N]. 人民日报. http://world. people. com. cn/n1/2018/0615/c1002 - 30060156. html.

[10]王忠明. 新常态下民营经济发展前景七大展望[EB/OL]. http://www. sohu. com/a/70468489 - 390729,2016 - 04 - 20.

[11]杨卫华."上海版"增值税改革的未竟之问[N]. 广州日报,2011 - 10 - 31.

[12]国务院. 明年上海试点增值税改革[EB/OL]. 中国新闻网,2011 - 10 - 27.

[13]财政部、国家税务总局调整增值税和营业税起征点[EB/OL]. 新华网,2011 - 11 - 01.

[14]张昌彩. 如何向民营投资敞开大门? [J]. 宏观经济管理,2001(09).

[15]李清亮. 中国民营经济发展研究[D]. 上海:复旦大学,2012.

[16]http://epub. cnki. net/kns/brief/default_result. aspx.

[17]打破阻碍民营经济发展的隐形门槛[N]. 贵州日报,2013-11-26.

[18]顾天辉, 孙启伟. 基于博弈论的民营经济进入能源行业的可行性分析[J]. 经济与管理评论, 2009, 25(2).

[19]范从来. 从民间投资看我国经济的几个趋势性特征[N]. 光明日报. 2018-06-27.

17 稳健的货币政策

[案例]

3000亿定向降准为普惠金融“解渴”

2017年9月30日央行发布《中国人民银行关于对普惠金融实施定向降准的通知》。此前测算的数据显示，此次定向降准释放的流动性估计在3000亿元左右，显然对小微企业、个人工商户等都是很大的利好。

自2014年央行引入定向降准机制以来，这是首次定向“普惠金融”降准。近一年来，国内市场一直处于紧平衡状态，尤其是在季末考核等时点，市场一片“喊穷”的声音，机构都希望央行可以为自己“解困”，“降准”二字变得异常敏感。而此次降准，其实可以回溯到去年9月份。根据国务院部署，为支持金融机构发展普惠金融业务，聚焦单户授信500万元以下的小微企业贷款、个体工商户和小微企业主经营性贷款，以及农户生产经营、创业担保、建档立卡贫困人口、助学等贷款，人民银行决定统一对上述贷款增量或余额占全部贷款增量或余额达到一定比例的商业银行实施定向降准政策。凡前一年上述贷款余额或增量占比达到1.5%的商业银行，存款准备金率可在人民银行公布的基准档基础上下调0.5个百分点；前一年上述贷款余额或增量占比达到10%的商业银行，存款准备金率可按累进原则在第一档基础上再下调1

个百分点。另外，值得一提的是，此次降准的工具创新，以往的降准多在一个星期内开始生效，而这一次央行则是提前一个季度告知。吴琦认为，提前一个季度通知，一方面是给金融机构留下一定的业务调整空间，另一方面降准是在原有定向降准政策的基础上放松，并不代表货币政策基调的转变，以合理引导市场预期。央行有关负责人此前表示，按现有数据测算，对普惠金融实施定向降准政策可覆盖全部大中型商业银行、约90%的城商行和约95%的非县域农商行。此举并不改变稳健货币政策的总体取向。

另外，据了解，对普惠金融实施定向降准政策建立了增加普惠金融领域贷款投放的正向激励机制，有助于促进金融资源向普惠金融倾斜，优化信贷结构，属于结构性政策。同时，定向降准政策释放的流动性也符合总量调控要求，银行体系流动性保持基本稳定。2005年，联合国正式提出普惠金融的概念，指的是“能够有效、全方位地为全社会所有阶层和群体提供金融服务的体系”。无疑，定向降准正是从商业可持续原则出发，采取正向激励措施鼓励银行提供更多更好的普惠金融服务。严哲铭向记者分析道：“普惠金融是政策鼓励的大方向。但是，当前整个金融市场政策环境的大基调是强监管，资金利率成本实际在收紧。在这种情况下定向降准，可以实现对整体利率环境收紧的对冲，维持稳健中性的货币政策环境。”吴琦则认为，定向降准是对商业银行的正向激励措施，在小微和“三农”贷款政策支持的基础上，进一步延伸到脱贫攻坚和“双创”等其他普惠金融领域，在提升政策精准性和有效性的同时，有利于缓解小微企业、个体工商户、农户、创业者、贫困人口等“融资难融资贵”的问题，引导银行优化信贷投放，将更多的资金投向普惠、小微和扶贫领域。记者梳理发现，党中央、国务院高度重视发展普惠金融，“普惠金融”这一关键词连续三年出现在政府工作报告之中，也被写入“十三五”规划，成为金融行业未来发展的重要着力点。近年来央行按照“广覆盖、低成本、可持续”的原则，积极引导资金向普惠金融领域倾斜，取得了突出成果。有专家认为，国家之所以重视普惠金融的发展，不仅仅是因为普惠金融代表着金融业未来方向，更因为它在覆盖社会各阶层、各群体方面，有着传统金融服务所不具备的优势。普及大众，惠及民生。普惠金融能够有效促进宏观经济的发展和稳定，未来普惠金融在国民经济中扮演日益重要的角色，为推进供给侧结构性改革、加速中国经济的转型升级发挥出重要的作用。

资料来源：http：//wemedia. ifeng. com/46167229/wemedia. shtml. 有改动.

17.1 凯恩斯和货币学派关于货币政策的不同观点及对我国的影响有哪些?

凯恩斯（Keynes）及凯恩斯学派（Keynesian School）对关于货币政策是否有效及效果强弱问题总的观点描述如下：①货币数量的变动在短期内影响就业、产出和收入等实质经济变量，而在长期内只影响价格。②在不同的经济背景下，货币政策的有效性是截然不同的。在经济过度繁荣情况下，为了抑制通货膨胀的加剧，紧缩性货币政策的有效性则十分明显，如果经济衰退属温和性衰退，扩张性的货币政策效果也较为明显和可靠，如果经济衰退属严重性衰退，扩张性的货币政策效果则极为微弱和不可信。③当经济处于衰退时期，扩张性货币政策的效果与货币需求的利率弹性、投资需求的利率弹性、社会公众灵活偏好、资本的边际效率、货币的流通速度等因素有关。④在经济严重衰退时期，财政政策比货币政策更为有效。⑤在货币政策操作方面，凯恩斯学派主张

"相机抉择"论，根据各个时期具体市场情况和经济形势机动地选择货币政策，以避免经济的周期性波动。

货币学派的弗里德曼（Milton Friedman）认为，评价货币政策有效性的标准不是利率、失业率和价格，而是货币供应量。货币学派的主要观点包括：①货币政策的首要目标是保持物价稳定，诸如充分就业、经济增长等其他目标则应该由市场调节。②货币学派把货币供应量作为货币政策的中间目标，他们将公开市场操作视为唯一有效的货币政策工具，反对准备金率和再贴现政策。③货币学派认为，货币政策的传导机制是通过货币实际余额的变动直接影响支出和收入，而不是通过利率间接地影响投资和收入。货币数量的变动短期内影响的是资产价格、真实产出及真实收入水平，长期内影响的是绝对价格本平。④货币政策比财政政策更为重要，货币政策的有效性更高。

田桂贤、段薏君（2008）认为，由于我国处于经济体制转变之中，我国货币政策传导机制存在一定的外部时滞问题，货币政策通过利率变动进而对投资的利率弹性产生效应的这一传导机制没有发挥应有的效应。准确来说，这主要是我国社会经济结构、产业结构等现实原因所造成的，并不能为央行所左右，应该属于外部因素范畴。而赵宏程（2010）则在其《货币政策有效性综述》一文中，指出信贷渠道是我国货币政策传导的主要渠道。他认为，在通货紧缩时期，信贷渠道存在着渠道收缩和阻滞的问题，在经济繁荣或者过热时期，信贷渠道又存在过度扩张，这使得我国货币政策效果大打折扣。文也（2002）立足货币政策传导机制理论，认为货币政策产生的效果主要取决于货币政策传导机制的灵活性与通畅性，然而我国至今尚未探索出一条适合我国国情的货币政策传导途径，凯恩斯学派的传统利率传导途径不符合我国国情，货币学派的资产相对价格变动传导路径在我国缺乏金融市场支持，故对我国货币政策有效性产生了削弱作用。

17.2 什么是宽松和稳健的货币政策？

宽松的货币政策是指中央银行采取像降低再贴现率与法定存款准备金率，或者在公开市场操作赎回债券释出资金等方式，借以提高货币供给成长率，增加市场的可借贷资金，应付企业对资金的需求，刺激经济。稳健的货币政策是指根据经济变化的征兆来调整政策取向，当经济出现衰退迹象时，货币政策偏向扩张；当经济出现过热时，货币政策偏向紧缩。最终反映到物价上，就是保持物价的基本稳定。

当中央银行决定采行宽松的货币政策时，宽松的货币政策需要综合利用货币政策工具，保持货币供给适度增加和合理的贷款结构，支持经济稳定增长。灵活地运用货币政策工具，增加货币供给，一是适度增加新发行货币。二是充分发挥公开市场操作传递货币政策的作用，推进宏观调控方式的转变。随着国债发行量的扩大，给扩大公开业务提供了有利的条件，可以根据金融机构流动性，不断改进公开市场业务技术和操作水平。三是加强再贷款管理，灵活使用中央银行再贷款，对金融机构合理的资金需求、农副产品收购资金的合理需要给予政策支持，适当扩大再贷款的对象，探索抵押担保再贷款形式。四是稳步发展再贴现业务，适当扩大再贴现对象，引导商业银行增加票据资产，支持企业扩大票据融资。五是完善存款准备金制度，切实加强金融机构存款准备金的存款账户的监督和管理。

17.3 货币政策对我国经济增长的作用表现在哪里？

货币政策引导商业银行进一步优化贷款结构，促进结构调整，刺激经济增长。具体讲，一是增加对农业的信贷，促进农民增收，提高农民消费水平。二是放宽个人消费信贷政策，扩大个人消费信贷规模。三是银行积极给中小企业发放贷款扶持中小企业的发展。四是继续支持基础设施建设和外贸出口，促进经济较快增长。五是大力支持科技创新和技术改造，推动技术发展。六是对已经转变经营机制的、资产负债率比较高的国有企业，银行可以暂时实行降息或停息或挂息，帮助国有企业脱困，增加就业，刺激消费和经济增长。七是做好债权转股权工作，减少国有商业银行的呆坏账减轻企业债务负担。八是继续运用出口信贷筹措措施，加快外贸企业结构调整，促进对外贸易。

17.4　改革开放以来我国货币政策（截至 2008 年）经历了哪几个阶段？

第一阶段是从 1979 年到 1992 年。这一阶段的中国经济在高速增长的同时，也呈现出有效供给不足的特征，资金需求一直有较大缺口，因此货币政策配合更多着眼于影响总供给，并且以“松”为主的扩张性政策搭配出现更多。具体来看，从 1979 年到 1981 年，是货币政策松的配合；1982 年到 1984 年，表现为两大政策“双松”配合；1985 年则是货币政策紧的配合；1986 年到 1988 年，仍表现为货币政策松的配合；1989 年到 1991 年，又是货币政策紧的配合；1992 年到 1993 年上半年，再次出现货币政策松的配合。

第二阶段是从 1993 年到 1996 年。该阶段中国经济的市场化程度开始迅速提高，经济总量不断扩大，微观经济主体的活跃程度也在提高。但与此同时，在有效供给不足的背景下，经济过热也导致了通货膨胀的风险积累。从 1993 年下半年到 1996 年，货币政策一直采取紧的配合，政策协调目标就是通过紧缩性政策，来控制赤字、减少发债、压缩政府开支、控制货币总投放量等。与此同时，货币政策配合也逐渐获得制度改革方面的基础，1995 年通过的《中国人民银行法》也使得货币政策制定进一步得以独立。应该说，这期间倾向政策的协调出现了一些新的变化，包括调控手段多样化配合、调控技巧改善、驾驭宏观经济能力有所提高，这对于实现经济“软着陆”起到了较大作用。需要指出的是，始于 1994 年的外汇体制改革，使得货币政策开始考虑开放经济条件下的新问题。

第三阶段是从 1997 年到 2002 年。1997 年开始，由于增长基础发生了根本性变化，中国经济发展逐渐从资源约束过渡到需求约束，有效需求不足成为经济调控的新问题。而亚洲金融危机的爆发，进一步促使中国经济的周期性低谷来临，物价走低、投资低迷、失业增加等通货紧缩迹象开始令人担忧。面对这种情况，1997 年以后，货币政策由适度从紧快速转为稳健的配合。这期间“稳健”货币政策的实质则是通过多次降低存贷款利率和存款准备金率，不断增加货币供应量，并在 1998 年年初取消国有商业银行的贷款规模限制。集中在为建设项目和企业共同提供流动性和信用支持方面，试图通过刺激微观主体的活力，来带动有效需求的提高。

第四阶段是从 2003 年到 2008 年。2003 年开始，中国经济形势再次发生变化，出现了通货膨胀压力加大、信贷和投资增长过快、外资流入偏多等问题。在这一背景下，从 2003 年起，稳健货币政策的内涵也发生了变化，主要是适当回收流动性，最终确定“稳中适度从紧”的政策思路。五年来央行多次上调存款准备金率，同时提高利率，这些都是紧缩银根的措施，旨在控制货币供应量。进入 2007 年，经济过热和通货膨胀成为中国经济面临的最大问题，而中央政府也把 2008 年的宏观调控思路定为“从紧货币政策”，这也体现了政府对较大通胀压力的担忧。

17.5 2008年国际次贷危机期间我国货币政策有什么变化?

2008年3月，贝尔斯登被摩根大通以2.4亿美元低价收购，次贷危机持续加剧首次震动华尔街。7月，美联储和财政部宣布救助两大房贷融资机构房利美和房地美，美国国会批准3000亿美元住房援助议案，授权财政部无限度提高“两房”贷款信用额度，必要时可不定量收购其股票。美国政府宣布接管“两房”；雷曼兄弟宣布申请破产保护。由此，国际金融危机达到白热化阶段，国内外经济形势逐步发生变化。我国经济发展势头急转直下，出口大幅下滑，部分企业陷入困境，就业压力明显加大，恰逢国内发生汶川大地震等严重自然灾害，许多企业纷纷宣布破产。9月中旬，国际上美国次贷危机加剧，急剧恶化为百年难遇的国际金融危机。面对国际金融危机加剧、国内通胀压力减缓等情况，2008年7月至2008年年底，我国央行调整金融机构宏观调控措施，连续三次下调存贷款基准利率，两次下调存款准备金率，取消对商业银行信贷规划的约束，并引导商业银行扩大贷款总量。并于2008年11月5日，在国务院常务会议上提出了“适度宽松的货币政策”。

所谓“适度宽松的货币政策”，一是调减公开市场对冲力度，引导中央银行票据发行利率适当下行，保证流动性供应。二是于9月和10月连续三次下调基准利率，两次下调存款准备金率，释放保经济增长和稳定市场预期的信号。三是取消了对商业银行信贷规划的约束。四是坚持区别对待、有保有压，鼓励金融机构增加对灾区重建、“三农”、中小企业等贷款。五是扩大商业性个人住房贷款利率下浮幅度，支持居民首次购买普通自住房和改善型普通住房。

2008 年爆发的全球性的经济危机，为了应对此次危机，我国货币政策向全面宽松转变，央行实施多次降息，降低存款准备金率，增加贷款以及货币发行量等措施刺激总需求，防止经济进一步下滑。我国仅在一年之后便稳定了经济形势，物价、房价等指数开始回升并开始了新的上涨。在 2009 年 4 月到 6 月，我国经济开始出现了好转的情况，到 2010 年，为了与经济的发展相适应，国家全面宽松的货币政策调整为适度宽松的货币政策，央行也适度调整了利率。这种具体情况具体分析的调整经济的方法有利于经济的稳定发展。从这一时期我国货币政策的实施到收到效果再到转变的过程也可以看出，我国在货币政策运作这一块儿已经愈发的灵活。

17.6 央行长期实施稳健货币政策的背景是什么?

中央提出稳健货币政策的背景主要有这样几个方面：一是经过 20 世纪 90 年代初的房地产和开发区热，到 1997 年、1998 年，部分中小金融机构的风险问题已相当突出，当时中国政府和中国人民银行面临化解金融风险和防范出现新的更严重金融风险的重要任务。二是当时尽管社会总需求不足的矛盾已经暴露，但是最突出的还是结构性问题，实际有效贷款需求不足。三是由于过去我国长期实行以银行间接融资为主的金融体制，企业高负债经营，自有资金比例很低，再继续大幅度增加贷款，不良贷款问题会更加突出。四是实行积极的财政政策本身包括了对货币政策的运用，财政增发国债，银行参与购买，其本身就包含了运用货币政策支持经济增长的内容。1998 年以来实行稳健的货币政策取得了巨大的成功，主要表现在四个方面：一是货币信贷总量平稳增长。二是信贷结构有了大幅度的调整，这种调整有力地促进了国民经济结构的调整。三是保持了国内的金融稳定和人民币汇率的稳定。四是基本实现了货币政策直接调为稳健的货币政策。

在走出了2008年的金融危机困境之后，我国政府希望通过货币政策的转变，来带动新的经济增长动力，促进人们生活水平的提高。所以从2011年开始，我国根据经济发展情况又实施了稳健的货币政策，这一政策一直持续到2015年，但在2015年后半段，我国国内多家企业倒闭甚至于还有继续恶化的情况，国内外环境不稳定使我国在2016年又实施了适度宽松的货币政策来稳定经济形势。通过之前我国对货币政策的运用，发现我国货币政策已经成熟，国家对货币政策已经不再停留于发生问题再去颁布应对政策的地步，而是希望通过货币政策的改变去带动经济增长，通过对未来经济预期的判断去先一步调整货币政策，以避免将来可能发生的经济问题，这是一种对货币政策自信的表现，而且从近几年的GDP增速来看，货币政策的调整和经济的发展密不可分。2017年12月，中央经济工作会议指出，稳健的货币政策要保持中性，管住货币供给总闸门，保持货币信贷和社会融资规模合理增长，保持人民币汇率在合理均衡水平上的基本稳定，促进多层次资本市场健康发展，更好为实体经济服务，守住不发生系统性金融风险的底线。

17.7　我国广义货币供给近几年的增速情况如何？

根据央行统计，截至2007年12月末，广义货币（M2）余额为15.8万亿元。十年之后的2017年12月末，M2增长至85.2万亿元，增长69.4万亿元，增幅达到440%。其实，最近几年中国M2的增速一直保持在14%以上。照此速度，M2突破100万亿元指日可待。更有甚者，有了这一庞大的基数，即使M2增速以后下降至10%的水平，以此增速增长七年之后，也就是2024年，M2余额将有可能达到200万亿元。毫无疑问，这是一个庞大的数字。从另外一个指标，即M2与GDP之比来看，也证明了中国货币供应量规模的庞大。截至2017年12月，中国按M2口径统计的货币数量为85.2万亿元，与当年的GDP之比约为180%。同期，美国M2与GDP之比只有86%左右。中国社科院金融所银行研究室主任曾刚在接受《第一财经日报》采访时称，M2快速增长，一方面，实体经济有这个需求；另一方面，外汇占款的持续增加则赋予了银行这个能力。经济规模的增长，要求吸纳更多的货币。更为重要的是，中国经济自改革开放以来，货币化进程日益深化，也提出了新的货币需求。

M2朝着100万亿元行进中，M2/GDP也很有可能突破200%的水平。根据货币学派的观点，通胀是一种货币现象，货币的大量发行最终都将体现在物价上。事实上，一直以来，不少学者曾认为中国存在“货币超发”的情况，理由之一就是M2的增长速度超过GNP增速与通货膨胀率之和。对此，2017年，时任央行副行长的马德伦曾公开回应过有关货币超发的问题：“那种简单地用M2总量减去GDP得出超发货币多少的说法是不准确的。”马德伦当时称，现在的M2是一个累积的数字。货币的多少，还与改革开放以来经济货币化全面深化有关，必然会占用更多的货币；货币周转速度的快慢、货币沉淀也与货币多少有关。马德伦还强调，此外，由于我国金融市场不发达，直接融资规模小，M2总量就会大。当然，还有一些其他的因素会影响货币总量。“人民银行作为中央银行，不会放任通货膨胀。”

进入21世纪，我国的流动性过剩问题越来越严重，这主要和国内外经济形势有关。从国际因素看，我国作为“世界加工厂”，吸引了大量国际资本流入我国；其次，近些年以来，一些发达国家为了应对房地产行业泡沫和全球性经济危机的冲击，纷纷实行较为宽松的货币政策，增加了货币供应量，使得我国流动性过剩问题加剧。从国内因素看，我国在加入WTO后实施的是“出口导向”战略，我国的对外资金存量快速积累，而且近几年我国的国内投资与储蓄比例失衡，流动性过剩问题愈发凸显出来。因而可得，仅仅依赖央行通过运用一系列的货币政策工具只能少量地缓释流动性过剩的问题，并不能从根本上解决这一问题，想要达到治本的效果，还得加快经济发展方式的转变。“消费、投资、出口”是拉动经济增长的有利因素，但是在之前我国的经济发展模式中，我国的经济增长主要是依靠投资和出口来带动，并没有认识到“消费”的重要性，所以应该大力扩大内需，加快推动我国经济由投资、出口向着消费、投资、出口改变才能从根本上解决流动性过剩问题。

17.8　我国金融风险的类型有哪几种？

（一）市场存在的隐患，易引发风险。市场自身的不稳定性具有一定的风险性，市场上的不稳定因素有许多，它们往往都可以使市场投资者赚取利润或者造成损失，如银行的利率，股票市场的涨与跌，本币对外币的汇率，商品价格上涨与下降等。这些因素都能给生产者、投资者造成一定的经济影响，也可能波及竞争者，甚至消费者也会受到一定的影响。所以，市场是一个不稳定的因素，随时都可能引发金融危机，要保证市场的稳定，国家实行宏观调控十分必要。

（二）金融服务业的不稳定性，易引发信用借贷风险。信用借贷风险指的是，借款人将一定的资金贷借给需要资金的人，需要资金的人在一定的时间内将资金还付给借款人，但是交易对手存在着许多不稳定性因素，都可能导致借款人资金的风险。近几年来，随着网络技术的发展，互联网已经成为许多行业不可缺少的“工作用品”。网络市场日益繁荣，也日益暴露出网络市场信用风险问题。金融服务业的主营业务就是贷借资金、理财投资。金融服务机构要对投资或贷款对象进行信用评估，但是“人非圣贤，孰能无过”，金融服务机构的判断也不可能百分之百正确，金融服务机构需要承担着很大的信用风险，也就是投资对象无力偿还约定的资金。近几年，不仅仅是银行承担了很大的信用风险，随着证券股票市场的发展，证券股票市场也面临着十分严峻的信用风险。所以，在我国金融服务业的信贷信用风险也是我国主要面临的风险之一。

（三）资金的流动性，也带有一定的风险。流动风险就是说，金融参与者资金流动性的降低有可能造成一定的损失，金融参与者资金流动性降低致使无法将资金转变成为现有资产，当他们无法有足够的现产资金现金还付债务方的资金时，这就等于发生了流动性风险。流动风险的引发对象主要就是两方面：出资方与负债方。负债方引发的流动风险就是无法及时还付资金导致金融机构的资金短缺运转困难。出资方引发的流动风险一般都是贷款承诺无法兑现导致的流动风险。

17.9 如何化解我国的金融风险？

一方面，建立更多的金融体系，多元化发展。我国的金融体系太过单一，我国资金需求量大，这就造成金融体系的服务效率太过低下，所以，提高我国金融体系的工作效率十分必要，不能单单凭借改善金融企业的内部调整与改革，要强化金融体系的竞争。消除银行的垄断，多元化发展金融体系。建立多元化的金融体系，需要政府认识到是否有必要让金融体系保持着垄断的状态。许多西方发达国家都已经将金融体系划定为民营企业，政府只是能承担风险的发生，无法避免风险的发生，风险的发生政府承担，一次次的很容易引起更大的金融危机，后果十分严重。因此，垄断经营金融体系来防范危险不可靠，多元化的金融体系让内部产生竞争性，每个体系都想经营得好应对风险，这样就可以很大程度上减少金融风险的发生。所以说，多元化的金融体系十分必要，可以有效避免金融风险的发生，降低金融风险发生的可能。

另一方面，完善我国商业银行的管理。我国的金融风险不断加深与商业银行密不可分，商业银行的运营效率低下是导致风险增加的主要原因之一。只有不断完善商业银行的管理体制，提高商业银行的运营效率，是化解我国金融风险的主要手段之一。我国商业银行要不断完善运营管理体制，借鉴一些先进的管理经验，加以改革利用到我国商业银行管理机制当中。强化我国商业银行的利润目标，用利润的多少来评定我国商业银行的经济程度，但是目前我国许多商业银行都不是很重视利润的多少，利润的多少与员工的薪酬没有太大的影响。这是导致银行运行效率低下的原因之一。

17.10　在通货紧缩情况下，如何运用一般性货币政策解决这一问题?

通货紧缩是货币经济条件下一种与通货膨胀相对应的宏观经济现象。在实体经济方面表现为物价水平持续下跌，其本质是货币价值升值的过程。通货紧缩既是一种货币现象，又是一种实体经济现象。从社会总供求曲线移动分析通货紧缩的成因，得出有伴随产出提高、经济增长的通货紧缩，有伴随产出水平降低、经济衰退的通货紧缩，也有不影响产出水平的通货紧缩，深刻阐述了通货紧缩与经济周期的关系。通货紧缩通常发生在经济周期的经济收缩阶段，是发生在康德拉季耶夫经济周期长波中的正常现象。通缩反映的矛盾需要相当长时间来消化。一般来说，判断通货紧缩有两个标准：一个是价格同比下降，一个是货币供应量增长率下降或负增长。

通货紧缩是个长期的问题，反映的是经济增长中的长期矛盾，特别是供需双方结构矛盾，这个矛盾需要一个相当长的时间来消化。结构性矛盾对应的是价格持续下跌，这不是一个正常的现象，它打乱了人们的预期。

从投资者及消费者角度看，人们喜欢买涨不买跌，这就形成恶性循环，其危害是巨大的。虽然没有通货膨胀来得快，但通货紧缩的慢性特点使得它的破坏力也是巨大的，这种力量积累起来，在短期的危害就是大量的生产力不能释放出来，大量的资金无法利用，就业成问题，消费需求也就上不去。但是消费启动却是个慢变量，政府下力气的重点应是解决消费需求不足。

货币政策则与银行有关，解决紧缩可以降低存款利率，促进消费，降低贷款利率，刺激投资，降低银行准备金率。紧缩就是缺乏货币，投资减少，生产下降，事业增加。货币政策的手段是一样的，其区别只在于资金量的大小。紧缩的时候投放货币就可以，现在这是共识，来源是对 20 世纪 30 年代大崩溃的反思。投放货币就是降低利率，银行增加贷款，减少国债发行和股票上市等等。

专家认为应当放松货币政策，中国社会科学院经济研究所宏观经济研究室主任袁钢明则认为，通货紧缩的一个重要原因是货币政策过于谨慎。近几年，央行一直采取的是针对通货膨胀的货币政策。而日本、美国等国家在发现价格下降、需求不旺时，都是马上采取积极的货币政策。

表 17－1　通货紧缩的相关解释

含义	物价总水平持续下跌的现象
实质	社会总需求小于社会总供给
表现	物价全面持续下跌，通常伴随着经济衰退出现
原因	宏观经济环境变化，货币供应量增长乏力等
后果	适度的通货紧缩有利于抑制经济过热和物价上涨，过度的通货紧缩会导致市场疲软，消费不足，不利于生产的发展和投资的扩大
解决方法	一方面必须扩大需求，特别是国内需求，适当增加货币供给量；另一方面必须推进经济结构的战略性调整，改善供给，一般可采取扩张性财政政策和适度宽松的货币政策

17.11　货币政策对房价的影响体现在哪两个方面？

近几年来，我国大部分地区城市的房地产价格的迅速发展使其积极地带动了中国 GDP 的增长，但是房地产价格的这样快速增长，有时候也会为社会的经济埋下隐患，产生负面影响。因此，如果正确控制房地产价格成了我们目前急需解决的一个经济问题。国家为了有效控制房地产市场价格，利用了一系列货币政策和非货币政策。央行不仅多次调高法定存款准备金率和利率，还出台了一系列如“限购令”等其他非货币性政策，希望通过对房地产价格的宏观调控，可以让房价产价格在理性的范围而不是大幅度超出理性范围的增长。如果不能及时控制房地产价格，将会影响国民经济的稳定发展和人民的生活质量。

我国的房地产自从 1998 年进入市场化，房地产产业链长，波及面长，几乎国民经济中的所有产业和房地产业都有所关联，并且还关系到民生的问题。房地产的价格也经历了较长时间的增长，从整体的数据上来看，还没有出现持续下跌的趋势，房地产价格的快速增长，房地产产业的投资收益远远高于其他产业的投资收益，使得更多的投资者倾向投资这个产业，导致大量的闲置资金进入这个产业，但是这种“过热”的投资必定会使得这个产业的价格失去平衡，这时候就需要国家的宏观调控，把对房地产的调控作为最重要的重点，使得房地产价格回到平衡的合理价格。

中央银行所实施的货币政策主要是通过利率途径和信贷途径两个途径影响房地产价格的。

（一）利率途径。从理论上来说，利率的上调对于房地产开发商而言，意味着资金负担进一步加大。利率的上调对于投资者和购买群体而言，其交易费用进一步增大。美国的次贷危机告诉人们，加息的持续最终会导致那些贷款买房者无力承担高涨的利息负担。房贷违约现象的增加会通过证券化机制传导到整个金融资本市场。

（二）信贷途径。中央银行可通过公开市场业务，改变再贴现率、法定存款准备金等货币政策工具来改变货币供应量。银行贷款的变化会直接影响到房地产贷款的难易程度，从而增加或减少房地产的需求，引起房地产价格的变化。由于金融机构的短视行为，贷款大量地投向了房地产业，投资者和消费者能够很容易地从银行等金融机构获取充足的资金购买房地产，产生投机行为和风险转嫁，不断推动房地产的价格上涨。一旦市场出现某些不确定因素引起房地产价格下跌，以房地产为抵押品的贷款项目随之下降，银行对房地产的投资需求或消费需求都将会减少，从而导致房价的进一步下跌。

17.12　货币政策有效性欠缺及提升路径有哪些？

（一）中央银行职能亟待完善。中央银行是国家赋予其制定和执行货币政策，对国民经济进行宏观调控，对金融机构乃至金融业进行监督管理的特殊的金融机构。一个由政府组建的机构，负责控制国家货币供给、信贷条件，监管金融体系，特别是商业银行和其他储蓄机构。中央银行至尊的地位和性质，决定它是政府的银行，以国家名义制定金融政策，掌握国家财政大权；它又是银行的银行，集中了各银行存款储备金，是各银行的最终贷款人；它是发行的银行，发行信用货币；同时它还是代表国家管理金融活动的银行，制定并执行货币政策，领导管理并监督各金融机构。

（二）行政政策、财政政策与货币政策缺乏配合。货币政策的实施过程中，需要其他各个部门的密切配合。可是，我国的货币政策由中央银行来策划、制定、执行和监督，我国的财政政策则由财政部来负责，而行政政策又由政府来全权谋划和执行。这三个部门相对独立，之间各自为政，互不干涉，这样常常发生政策协调性差，步调不一致，致使货币政策的有效性大打折扣。

为此，一是优化中央银行体制。社会主义市场经济体制要求有相应的金融体制与它相适应，完善中央银行的职能成为必要，优化中央银行的体制，对其组织结构进行改革，精简结构，缩短工作流程；建立健全监督体制，保障货币政策的正确有效；同时要言而有信，增强中央银行信誉度，取信于民。二是提高商业银行水平。各商业银行是我国金融系统的心脏，完善货币政策，必须先始于对各商业银行的科学完善。坚持科学发展观，积极提高管理和服务水平，努力实践自己的社会职责，为社会经济的稳步发展保驾护航。三是协调好货币政策同行政手段、财政政策的关系。注重货币政策、行政手段以及财政政策三者是相辅相成的。只有协调好三者关系，才能有效降低物价水平。央行从货币政策入手，政府从综合治理入手，财政部门从税务入手，三管齐下，各司其职，团结协作，定能稳定物价，促进经济发展。

参考文献

[1]刘启峰,张凯,廖慧杰．我国货币政策有效性影响因素研究综述[J]. 山西财经大学学报,2007(S2).

[2]孙丽,解风敏．我国财政当局与货币当局的博弈对货币政策有效性的影响——兼评当前的货币政策[J]. 市场周刊·财经论坛,2004(12).

[3]刘丽君. 央行加息的深层次分析[J]. 中国总会计师,2007(08).

[4]易宪容. 从最近央行加息看货币政策走势[J]. 董事会,2007(10).

[5]王颖,陶加强. 当前货币政策工具使用情况探析[J]. 管理科学文摘,2007(10).

[6]周英章. 转型期中国货币政策的有效性及其提升途径——基于以货币供应量为中介目标的货币政策有效性的理论与实证研究[D]. 杭州:浙江大学,2002.

[7]吴军. 经济转轨与货币政策的有效性[C].//第三届中国金融论坛论文集,2004.

[8]黄诺楠. 制约我国货币政策有效性的因素及建议[J]. 北方经贸,2007(05).

[9]滕永洲. 影响我国货币政策有效性的因素分析[J]. 黑龙江金融,

2008(02).

[10]王春雷.通货紧缩时期的财政政策与货币政策[M].大连:东北财经大学出版社,2004.

[11]徐滨,杨明炜,段树军,杨良敏.年中经济述评:积极财政政策何时淡出[N].中国经济时报,2002-07-11.

[12]戴根有.中国稳健货币政策的基本经验和面临的挑战[J].中国金融,2002(08).

[13]丛明.正确认识我国实施的积极财政政策和稳健货币政策[J].思想理论教育导刊,2002(4).

[14]丁涛,赵昕东.货币政策对通货膨胀影响的区域效应研究[J].宏观经济研究,2012(05).

[15]易纲.中国的货币供求与通货膨胀[J].经济研究,1995(5).

[16]罗乃利.我国货币供应量与通货膨胀关系实证研究[J].陕西行政学院学报,2011(12).

[17]董萌.央行加息对我国经济的影响[J].合作经济与科技,2008(2).

[18]文莉萍.房产税改革对我国住房市场影响之探析[D].成都:西南财经大学,2014.

[19]史夏阳.浅析货币政策对我国经济增长的作用[J].经贸实践,2017(19).

[20]王健.宽松的货币政策与积极的财政政策[J].中国改革,2017(6).

[21]新浪财经.今天的大新闻!中国央行定向降准　市场解读:今年可能还有大动作[EB/OL].http://ifinance.ifeng.com/16351819/news.shtml?srctag=pc2m&back.

[22]网易财经.降准之冷静篇|一片唱多声中　这是少有的质疑者[EB/OL].http://pg.jrj.com.cn/acc/Res/CN_RES/MAC/2018/4/18/4a739337-fbfa-45a1-93c2-e781f90171cc.pdf.

[23]林后春.金融风险及其防范[M].北京:中国发展出版社,2009.

18 更好发挥政府宏观调控作用

[案例]

高质量发展是中国经济发展主线

政府工作报告提出，全面开展质量提升行动，推进与国际先进水平对标达标，弘扬工匠精神，来一场中国制造的品质革命。今年政府工作报告中关于高质量发展的表述非常多，这体现了经济从高速发展到高质量发展的转型需要。

3 月 11 日，全国政协委员、国务院发展研究中心原副主任刘世锦做客中国经济网在线访谈特别节目，围绕“中国经济高质量发展”相关话题做了解读。

正确看待发展速度与质量关系

高质量发展是今年两会出现的高频词，也是全社会关注的焦点。正确认识高质量发展，首先需要正确看待中国经济发展质量与速度之间的关系。谈到高质量发展，刘世锦委员认为，几年间，中国经济从 10% 左右的高速增长，逐步转向中速增长。在中速增长阶段，要更加注重提升经济质量和效益，做实做优中国经济，不能简单地盯着速度不放，更不能不顾实际、人为地推高增速。“经济高速增长的阶段已经过去，将 GDP 摆在至高无上的位置恐怕不可持续，这就需要及时补充可反映经济发展特别是高质量发展的新指标。”刘世锦委员认为，今年的政府工作报告有个亮点，将就业指标作为经济发展目标中的预期性指标。“如果就业指标表现不错，说明一个国家的宏观经济中各种资源、要素的利用程度较充分。从经济学角度来讲，就业情况是反映国家资源是否得到有效、充分利用的最重要指标之一。”

实现高质量发展机遇与挑战并存

“目前来看，高质量发展存在几个特征，一是产品质量高，二是生产过程效率高，三是整个发展过程可持续。”刘世锦委员表示，一方面，我国实现经济的高质量发展有不少有利条件。比如，经过多年发展，各部门间生产率提升已有较好的基础；比如，包括中高端人才在内的劳动力成本并不高，这些都是支撑我国高质量发展的有利因素。另一方面，经济由高速增长转入高质量发展并非完全“水到渠成”，转换期内，仍有不少问题、矛盾和挑战亟待面对和解决。刘世锦委员认为，首先，要重视风险的防控。经历 30 多年高速增长，经济发展过程中确实存在着风险因素；同时，风险出现和发生的背景、条件也在发生变化，这都要引起注意。“如若一些风险和问题处理不当，将会给中国经济带来冲击。因此，中央才将防控风险摆在很重要、很突出的位置。”刘世锦委员表示。其次，降成本的呼声日益突出。比如，舆论中讨论较多的税收问题，企业呼吁能否进一步减税降负，老百姓也有类似需求。“但还有另外一方面的成本不应忽视，就是包括土地、能源、通信、物流、融资在内的五大基础性成本，降低这些方面的成本意义更为重要。”刘世锦委员认为，不论制造业还是服务业，整个实体经济以及百姓生活都与这些成本息息相关。经测算，这五大成本与美国相比，我国大概要高出一倍甚至更多。按照党的十九大报告的要求，要打破行政性垄断，加快要素价格市场化改革。“高质量发展必须要从降成本开始，降成本不过关，高质量发展无从谈起。”刘世锦委员说。再次，高质量发展需要好的机制做保障。好机制不能仅靠计划和想象，还要靠来自市场一线的探索、经验、比较和竞争。“过去多年的高速增长，地方竞争起了很大作用，很多有效的办法也是在竞争中摸索出来的。”刘世锦委员表示，下一步高质量发展还应该多鼓励地方竞争，给地方较大的自主权，让他们有比较多的“自选动作”，鼓励有特点、有个性、有差别的地方发展。

需要处理好政府与市场关系

面对高质量发展的目标和要求，还需正确处理政府与市场之间的关系，前提是要对经济发展的各种要素所发生的变化有所认知。刘世锦委员表示，与过去高速增长阶段相比，如今的土地、环境、人力、技术等要素都已经发生变化。“过去，可以把成熟、成型的技术直接拿来用，现在技术需要自己创新，土地、环境等要素的使用也不再那么宽松。”“这给政府提出了挑战：如何组合新的要素，使其发挥最大效用。我认为，核心是要更好地发挥企业家的作用。到了创新和高质量发展的时代，企业家的作用比过去更加重要。”如何把舞台搭好，如何有效组合各种要素，这就要求政府努力创造比较好的营商环境，吸引和集聚各种创新要素；同时，为确保各要素能够更加顺畅地流动，政府还要在保护知识产权和其他产权方面下功夫，提供更好的公共服务以及创新基础设施。

资料来源：暴媛媛. 高质量发展是中国经济发展主线 [N]. 经济日报，2018-03-19.

18.1 为什么说加强宏观调控是社会化大生产的客观要求?

按比例分配社会劳动，是一切社会生产的共同规律。尤其是社会化大生产，更要求按一定比例分配社会劳动，要求按比例地发展生产。因为，在社会化大生产条件下，整个国民经济分为许许多多不同的生产部门，如农业、工业、交通运输业、建筑业等等。每一部门内部又分成若干个行业。在这样的条件下，一件产品或一条生产线，往往由几个乃至成千上万个零部件组成，由几个乃至许多工种的大批工人的协作配合而进行加工完成，甚至由几家、几百家企业、跨行业、跨国家、跨洲共同完成。在社会化大生产条件下，国民经济各部门、各行业之间，在社会再生产过程中，既相互独立，又相互依存、相互制约，任何部门或行业都不能脱离其他部门或行业而独立发展。这就要求国民经济各部门、各行业之间彼此密切配合、相互协调，根据社会需要，按照一定的比例分配生产资料和劳动力。社会主义经济是建立在生产资料公有制基础上的社会化大生产，我们所要实现的社会主义市场经济是商品经济高度发展、生产社会化的现代化市场经济。因此，必须加强国家的宏观调控，以协调国民经济各部、各行业之间的比例关系，否则就会造成经济混乱和资源的浪费，社会再生产就不能顺利进行，整个国民经济就不能健康发展。

18.2 市场机制负面效应需要加强宏观调控吗?

市场机制调控经济存在缺陷。首先，这种调节是一种事后调节。它是在供求关系已经发生变化以后才来进行的调节。此时经济失衡已经给社会造成了巨大的损失。其次，这种调节带有盲目性。市场机制调节供求关系主要依据市场的价格信号。而市场价格信号往往存在失真的现象。因此，商品生产者依据价格信号决定自己的生产行为，不可避免地带有盲目性。再次，这种调节适应短期性调节。市场机制只有在生产适应需求变化的时间比较短的条件下，才能发挥好的作用。从长期看，生产与需求不均衡是常态，在此条件下市场机制很难发挥作用。最后，市场机制在某些领域“失效”，无法起到调控作用。公共基础设施建设中，市场机制的作用难以发挥；教育、医疗、社保等领域不能搞市场机制调节；许多重大经济问题，如失业、通货膨胀和收入分配不公问题等，都是市场机制无法解决的。

18.3 宏观调控的目标、对象和手段是什么？

现代市场经济中国家对社会经济运行的调节，是在市场机制作用的基础上进行的，国家调节的对象是社会经济总量。国家对经济宏观调节的目标是实现充分就业、价格稳定、经济持续增长和国际收支平衡。国家调节经济的主要手段是经济手段、法律手段，同时结合运用行政手段以及实行经济指导计划。在国家调节经济运行的经济手段中最主要的是财政政策、货币政策、产业政策和收入分配政策等。财政政策，即政府为影响宏观总量均衡关系对财政和财政支出水平所做的决策即相应的财政支出、税收和国债规模所进行的选择。货币政策，是政府通过中央银行调整利率和货币供给量，进而影响经济发展和宏观总量的决策。产业政策，是一种调节供给的政策。收入政策，是政府为了控制社会总需求，调节经济运行，对个人收入的总量和结构进行调节的政策。

18.4 我国宏观调控的五大目标有哪些?

（一）适度的经济增长率。经济增长率对一国来讲十分重要。保持一定经济增长率，对创造社会财富、安排就业、提升国民信心非常重要。但经济增长率不能始终维持高速度，高速度的经济增长会带来资源约束、能源供给不足、通货膨胀等。因此，经济增长率应该保持适度。对于我国来说，“十三五”规划期间维持每年6%左右的经济增长率是合适的。

（二）合理的固定资产投资规模和投资结构。投资、出口和消费是拉动经济增长的“三驾马车”。长期以来，我国注重用投资推动经济的增长，取得了较好效果。改革开放三十年来，经济增长率维持较高的增长。但过于注重用投资推动经济增长，会影响居民的消费水平。财政资金是有限的，当我们把大量资金用于基础设施建设，用于生产领域投资时，用于民生领域的投资就会减少，就会形成经济增长率上去了，而老百姓却没有得到更多经济实惠的尴尬局面。因此，固定资产投资规模要合理，投资要尽量用于改善民生的领域。

（三）国际收支平衡。开放经济条件下，一国经济政策的效果要受到国际因素的影响。当国际收支失衡，就会直接影响国内经济发展。当国际收支出现巨额逆差时，国外投资不足，对本国商品需求不足，就会导致国内经济发展缓慢；当国际收支出现巨额顺差时，国际投资充足，对本国商品需求旺盛，就会带动本国经济高速增长，引发国际贸易摩擦。因此，过多的贸易逆差和过多的贸易顺差都是不符合经济发展规律的，要力争做到国际收支平衡。

（四）保持物价总水平的相对稳定。物价水平关切百姓切身利益，事关社会稳定。温和的物价上涨，对于拉动企业生产，促进就业，推动经济增长是有利的；但是超过一定限度的通货膨胀，就会严重影响百姓的生活，百姓会怨声载道。因此，政府作为管理者，要千方百计稳定物价总水平，让物价上涨保持在一个合理的区间。

（五）充分就业。就业是最关乎百姓利益的民生大事。就业形势稳定，社会就稳定，就业好，天下安。我国每年有近千万人需要就业。这是民生的头等大事。政府要加强企业转型升级步伐，大力发展服务业，为众多百姓创造工作岗位。从目前实际情况看，在以上五个宏观调控指标上，就我国而言，就业问题应列第一位。

18.5　我国宏观调控政策主要由哪几部分组成？

社会主义市场经济必须有健全的宏观调控体系。通过有效的宏观调控，保证国民经济健康运行。宏观调控的主要任务是：保持快速、健康发展，推动社会全面进步。宏观调控主要采取经济办法，要加快财税、金融、投资和计划体制的改革，建立计划、金融、财政之间相互配合和制约的机制，加强对经济运行的综合协调。计划部门提出国民经济和社会发展的目标、任务，以及需要配套实施的经济政策。中央银行以稳定币值为首要目标，调节货币供应总量，并保持国际收支平衡。运用财政预算和税收手段，着重调节经济结构和社会分配。运用财政政策和货币政策，调节社会总供给和总需求的基本平衡。并与产业政策相配合，促进国民经济和社会的协调发展。

（一）财政政策和货币政策。财政政策即政府为影响宏观总量均衡关系对财政和财政支出水平所做的决策即相应的财政支出、税收和国债规模所进行的选择。包括扩张性财政政策和紧缩性财政政策。货币政策是政府通过中央银行调整利率和货币供给量，进而影响经济发展和宏观总量的决策。包括扩张性货币政策和紧缩性货币政策。当经济出现过热时，可以实行紧的财政政策和紧的货币政策为经济降温。通过缩小财政支出，提高银行存款准备金等手段，推动经济软着陆；当经济过冷时，可以实行积极的财政政策和宽松的货币政策为经济升温。通过扩大财政支出，增加货币的流动性，增强经济的活力。如何更好使用财政政策和货币政策调控经济，政府可根据宏观经济形势进行适度的微调，避免经济大起大落。

（二）价格政策和产业政策。价格政策具有利益的导向性，是与产业发展密切相关的。当需要增加某个行业的社会总供给时，政府可以适当调高该行业的价格水平，引导产量的增加。比如粮食生产对我国意义重大。对13亿多中国人来讲，吃饭的问题比天大，粮食是安天下的重要战略产业。近几年，我国政府对粮食收购实行最低保护价，并且不断上涨。粮价的稳定，调动了农民种地的积极性，粮食生产实现了连续八年的增产，为稳定全社会奠定了坚实的基础。

（三）收入分配政策。政府为了控制社会总需求，调节经济运行，对个人收入的总量和结构进行调节。收入分配问题单靠市场机制调节效果是不理想的。政府必须介入收入分配领域，努力做到劳动者收入与经济增长同步，初次分配与劳动生产率同步。当前收入分配差距过大，成为百姓关注的焦点。政府要积极进行收入分配体制的改革，提高低收入阶层收入，扩大中等收入阶层比例，减少高收入阶层财富的过多积累，坚决取缔非法收入。

（四）转变政府职能。改革政府机构，是建立社会主义市场经济体制的迫切要求。政府管理经济的职能，主要是制定和执行宏观调控政策，搞好基础设施建设，创造良好的经济发展环境。同时，要培育市场体系、监督市场运行和维护平等竞争，调节社会分配和组织社会保障，控制人口增长，保护自然资源和生态环境，管理国有资产和监督国有资产经营，实现国家的经济和社会发展目标。政府运用经济手段、法律手段和必要的行政手段管理国民经济，不直接干预企业的生产经营活动。

（五）社会保障政策。我国的民生工作取得了显著成绩。建立了灾害救助制度；全面建立了城乡社会救助体系，城市低保实现了动态管理，农村开启了低保的新时代；医疗救助做到了基本全覆盖；社会福利向适度普惠型迈进；连年大幅度提高抚恤优待标准。民生的改善，为保障人民权益和促进社会稳定发挥了重要作用，推动了社会发展和文明进步。但我们也要看到，部分群众的生活还比较困难，老年人口已经达到1.78亿人，占总人口的13.3%。在全球气候变化的背景下，我国极端天气事件频繁发生，发生自然灾害的可能性增加，还有大量残疾人需要扶持和优待。要充分认识保障基本民生对全面建设小康社会的关键意义，要把社会保障工作作为加强社会建设的重点工作来抓。要进一步完善城乡社会救助体系，强化城乡低保的规范化；要进一步完善灾害救助体系，提高救助效率；要加快发展扶老、助残、济困为重点的社会福利事业，推动社会福利向普惠型转变；要进一步做好优抚安置工作，完善优抚经费增长机制。要把保障基本民生作为一项重要的民心工作，开拓创新，使人民群众共享经济社会发展进步的成果，促进社会和谐稳定。

18.6　我国社会主义市场经济体制框架的主要内容是什么?

市场经济体制是经济运行方式与政府管理经济形式的统一制度。它是指在微观层次上要充分发挥市场机制在配置资源方面的基础性主体作用，给企业压力和动力，从而激发经济内在活力；在宏观层次上要发挥政府宏观调控作用，根据宏观经济情况，采取灵活的财政和货币政策，有针对性调控经济活动，保持市场经济又好又快发展。社会化大生产条件下市场配置资源的主体性地位和政府宏观调控的作用是有机统一、缺一不可的。只有正确处理好政府与市场的关系，才能为市场经济大发展提供体制的优势。社会主义市场经济体制框架主要包括企业主体、市场体系、政府调控和社会保障制度等四个部分。进入 21 世纪后，中国经济继续保持稳步高速增长。市场经济体制已经初步建立，市场在资源配置中起决定性作用，宏观调控体系日趋完善；以公有制经济为主体，个体、私营、外资等非公有制经济共同发展的格局基本形成，经济增长方式逐步由粗放型向集约型转变。

18.7　2017 年中国政府宏观调控主要成效表现在哪些方面？

2017 年中国经济实现了两个重要的“首次”：GDP 增速自 2011 年来首次回升；GDP 总量首次突破 80 万亿元大关。在这份全球瞩目的中国经济“成绩单”中，两个首次尤为重要。这两个首次都离不开国家在 2016 年经济战略上做出的调整。2017 年的中国经济数据反映新时代的一些特征，而新时代需要高质量发展。深化供给侧结构性改革，才能为高质量发展提供支撑。2017 年，“三去一降一补”扎实推进，且成就突出。在去产能上，钢铁、煤炭年度去产能任务圆满完成。全国工业产能利用率为 77.0%，创 5 年新高。在去库存上，商品房库存水平持续下降，12 月末商品房待售面积比上年末减少 10616 万平方米。在去杠杆上，工业企业杠杆率不断降低，11 月末规模以上工业企业资产负债率为55.8%，比上年同期下降0.5个百分点。在降成本上，企业成本继续下降，1—11月规模以上工业企业每百元主营业务收入中的成本为85.26元，比上年同期减少0.28元。在补短板上，短板领域投资加快，全年生态保护和环境治理业、水利管理业、农业投资分别比上年增长23.9%、16.4%和16.4%，分别快于全部投资16.7、9.2和9.2个百分点。高质量发展还离不开创新。创新可以为中国经济持续增长提供重要推动力。2017年，除了常规的技术创新之外，航空航天、人工智能、深海探测、生物医药等领域的一批重大科技成果涌现，高端技术创新成绩显著。可以更全面体现创新成绩的工业战略性新兴产业增加值比2016年增长11.0%。

18.8 2018年我国经济增长率预期是多少?

一边是经济发展稳中向好、好于预期，一边是发展不平衡不充分的突出问题仍未解决。2018年政府工作报告从推进高质量发展的角度出发，合理设置发展预期、优化财政资源配置。2018年我国GDP增长目标设置在6.5%左右，拟安排2.38万亿元财政赤字，赤字率较上一年回调0.4个百分点到2.6%，赤字规模维持不变。全国政协委员、国家行政学院经济学教研部主任张占斌认为，这些指标背后，保持经济运行在合理区间的同时，我国更加注重就业、物价、居民收入和环境改善等效益指标，同时更加注重防范化解重大风险，体现了高质量发展的要求。

18.9 我国对经济增长动力改革有什么新要求?

无论是推进国有企业优化重组和央企股份制改革，还是深化财税体制改革、推进中央与地方财政事权和支出责任划分改革，或是健全地方税体系、稳妥推进房地产税立法，2018 年《政府工作报告》对基础性关键领域改革做出一系列安排。专家指出，报告提出的改革，无一不是“硬骨头”，难啃，又必须啃。全国政协委员、中国财政科学研究院院长刘尚希说，改革越是到了深水区，越是需要战略定力和耐心。实施好关键领域的改革，中国就能继续开创和巩固质量效益明显提高、稳定性和可持续性明显增强的发展新局面。部署集成电路、第五代移动通信、飞机发动机、新能源汽车、新材料等产业发展，明确将创建“中国制造 2025”示范区，在大幅压减工业生产许可证的同时，全面开展质量提升行动。全国人大代表、浪潮集团董事长孙丕恕表示，打造优质产品是高层次供给补短板的重要途径，《政府工作报告》提出加快制造强国的建设、破除无效供给，将推动供给侧质量得到进一步提升，促进中国制造加快迈向中高端。创新是引领发展的第一动力。报告提出改革科技管理制度，使绩效评价加快从重过程向重结果转变；对承担重大科技攻关任务的科研人员，采取灵活的薪酬制度和奖励措施。同时，我国还将推过“双创”示范基地建设，打造“双创”升级版。

18.10 如何做到推进农业农村现代化和生态保护协调发展?

新增高标准农田 8000 万亩以上、落实第二轮土地承包到期后再延长 30 年的政策、新建改建农村公路 20 万公里、推进“厕所革命”。2018 年《政府工作报告》提出，2018 年我国将大力实施乡村振兴战略，包括推进农业供给侧结构性改革、全面深化农村改革、推动农村各项事业全面发展等方面。

18.11 为什么说民生改善是根本?

2018 年房地产市场怎么调控?消费者“舌尖上的安全”怎样守护?中小学生课外负担重怎么破解?以房地产调控为例,政府工作报告再次明确坚持房子是用来住的、不是用来炒的定位,落实地方主体责任,继续实行差别化调控,建立健全长效机制,促进房地产市场平稳健康发展。报告还提出提高个人所得税起征点,增加子女教育、大病医疗等专项费用扣除,合理减负。全国人大代表、甘肃陇南徽县“陇上庄园”淘宝网店负责人梁倩娟说,报告充分体现以人民为中心的发展思想,促进创业就业、发展公平而有质量的教育、解决好群众住房问题等都切中老百姓的需求。当前我国社会欣欣向荣、社会安定。社会稳定是政治经济发展的基石,没有稳定的、安全的社会环境,何谈发展?

18.12 “十三五”期间国家宏观调控新的目标包括哪些?

一是经济发展转向“高质量”。保持经济运行在合理区间的同时,我国更加注重就业、物价、居民收入和环境改善等效益指标,同时更加注重防范化解重大风险,体现了高质量发展的要求。二是改革直指“新突破”。无论是推进国有企业优化重组和央企股份制改革,还是深化财税体制改革、推进中央与地方财政事权和支出责任划分改革,或是健全地方税体系、稳妥推进房地产税立法,对基础性关键领域改革做出一系列安排。实施好关键领域的改革,中国就能继续开创和巩固质量效益明显提高、稳定性和可持续性明显增强的发展新局面。三是制造强国建设“快步伐”。部署集成电路、第五代移动通信、飞机发动机、新能源汽车、新材料等产业发展，明确将创建“中国制造 2025”示范区，将推动供给侧质量得到进一步提升，促进中国制造加快迈向中高端。四是跑出中国创新“加速度”。创新是引领发展的第一动力。推进“双创”示范基地建设，打造“双创”升级版。五是乡村发展瞄准“新动能”。全面深化农村改革，推动农村各项事业全面发展。六是生态保护“攻坚战”持续加力。生态环境改善是各方面协作的结果，只要久久为功，污染防治攻坚战就一定能打好，就能建设天蓝、地绿、水清的美丽中国。七是民生改善要有“新亮点”。充分体现以人民为中心的发展思想，促进创业就业、发展公平而有质量的教育、解决好群众住房问题等都切中老百姓的需求。

参考文献

[1]刘铮,吴雨,徐博,李延霞. 八大目标引领 2016 年中国经济走向[N]. 新华社,2012-07-02.

[2]叶晨晖. 2017 年经济“成绩单”抢眼　创新驱动提升经济“含金量”[EB/OL]. http://www.sohu.com/a/219025558_11512.

[3]透过 2017 年经济数据看中国的未来[EB/OL]. 人民政协网. http://www.rmzxb.com.cn/c/2018-01-19/1935958.shtml.

[4]张南山. 从政府工作报告看 2018 年社会经济发展八大走向[EB/OL]. https://wenku.baidu.com/view/f19e8ab2 d5d8d15abe.

[5]刘吉双. 经济学选讲与当今中国[M]. 北京:中国农业出版社,2013.

19　创新是第一动力

[案例]

“黄金五年”书写大国创新奇迹——党的十八大以来科技创新成就综述

这是大国工程实现历史性跨越的5年。中国桥、中国路、中国港、中国车、中国楼……一个个奇迹般的工程，编织起人民走向美好的希望版图，托举起中华民族伟大复兴的中国梦。这是创新前所未有的“黄金五年”。“天眼”探空、神舟飞天、墨子“传信”、高铁奔驰、北斗组网、超算“发威”、大飞机首飞……中国“赶上世界”的强国梦实现了历史性跨越。全球创新指数报告显示，中国成为进入前25名的唯一中等收入国家。在浩瀚的历史长河中，创新决定着文明的走向。随着中国在创新领域由“追赶”逐渐变为“并跑”甚至“领跑”，中国带给世界的惊喜会更多。

创新奇迹：成果“井喷”实现历史性跨越

这是一个堪称世界桥梁建设史上的巅峰之作。全长55公里的港珠澳大桥，由跨海桥梁和海底隧道组成，是目前世界上最长的跨海大桥。兰渝铁路的建设构想，一百年前，就出现在孙中山先生的《建国方略》中。没有足够的技术实力，这条铁路就只能停留于想象。历经9年的攻坚克难，2017年9月29日，长达886公里的兰渝铁路全线通车。跨越塞北风区，蜿蜒岭南山川……5 年来，越来越多的省份填补了“高铁空白”。中国高铁通车里程超过 2 万公里，跃居全球第一。创下最高运营时速、最低运营温度纪录的中国高铁，又开始“走出去”，兴建土耳其第一条高铁、俄罗斯第一条高铁……“蛟龙号潜得越来越深了。”在“蛟龙号”潜航员唐嘉陵眼中，这是整个深潜团队最为骄傲的事。从南海 50 米海试起步，到马里亚纳海沟 7000 多米的世界最深处的跨越，“蛟龙号”的一举一动，吸引着人们的目光。

瑞士洛桑管理学院不久前发布的报告显示，在全球最具竞争力的经济体排名中，中国内地的全球竞争力上升至第 18 位，在“经济表现”中高居全球第 2 位。“总体上看，在主要科技领域和方向上我们实现了‘占有一席之地’的战略目标，为我国成为一个有世界影响的大国奠定了重要基础。”科技部部长万钢表示。“天上飞的，地上跑的，海里游的，我们从无到有，一步步见证祖国的强大。”当自主创新的速度和进度频繁被刷新，中国人的创新自信也一次次被“点燃”。“科研成果涌现，是多年来在科技创新重点领域长期坚持研发取得成果的集中体现；也是深化改革激发活力、加强政策引导激励，以及科技创新投入、金融等协同推进的结果。”中国科学院院长白春礼说。

激荡热土：中国创业者拥抱“黄金时代”

北京海淀，玉渊潭畔。科技部火炬中心的展示墙上，用火炬标注的创新示范区建设情况，格外醒目。从孵化器到众创空间，从自主创新示范区建设到科技成果转化……创新火炬熊熊燃烧，照亮“大众创业、万众创新”的神州。逾 40 亿元的投资基金、全国性双创品牌“硬科技创业营”、国内首个科技创业生态系统……西安光机所一系列走在前列、干在实处的举措，让创新驱动发展的蓝图找到了现实依据。中科院科技促进发展局局长严庆介绍，据不完全统计，中科院推荐的 9 个示范基地建设单位已累计发起和管理基金逾20支，基金总规模超过50亿元。创新创业是一所没有围墙、没有边界的“大学”，“双创”工作者不断扩大辐射范围，传递更多创业创新的基因密码。蓬勃发展的新经济越来越展现“魔力”。中国国家信息中心发布的报告指出，到2017年7月，中国共享单车累计投放量约1600万辆，带动10万人就业。平均每辆共享单车的骑行频次超过3次，达到3.125次。

科技创新从未像今天这样深刻地影响着中国社会。一项针对20国青年的调查显示，高铁、网购、支付宝、共享单车，成为这些在华外国人心目中的中国“新四大发明”。这些闪亮的“中国名片”，也为解决人类问题贡献了中国智慧。“中流击水，奋楫者进。”不久前，《金砖国家综合创新竞争力发展报告（2017）》黄皮书在京发布。以中国为代表的金砖国家对世界科技创新的贡献率逐渐提高，已经成为所在地区的标杆和“领头羊”。“正是时代赋予我们的创新气质和潜能，使得中国的科技创新奇迹写在世界各地。”中国科学技术交流中心副主任赵新力说。

驱动发展：改革书写历史答卷

“机者如神，易遇难失。”建设世界科技强国是党中央在新的历史起点、面向未来做出的重大战略决策。唯有敢于创新的国度，才是充满希望的热土——从上海张江到深圳南山，从武汉光谷到成都天府……创新之花开遍神州大地，这些创新正在塑造着面向未来的新型经济，助推中国在新一轮科技革命和产业变革中实现弯道超车。唯有勇于追梦的民族，才能创造光明的未来——激励自主创新、突出价值导向，国家科技奖励制度迈入“深改时间”；把握新一轮科技革命战略主动，出台国家级人工智能规划；破击难点堵点，改革新突破进一步激发科技人员积极性和创造性；东中西部协同发展，形成各具特色的区域科技创新总体格局……

寻找中国发展的创新动力，“改革引擎”强劲发力。“必须解好创新驱动发展的时代方程。”科技部有关负责人表示，从实施创新驱动发展的国家战略，到促进科技成果转化的“三部曲”，再到构建国家技术转移体系，创新不断融入经济社会发展全局；从增加以知识价值为导向的收入分配，到为科研人员松绑减负，全面深化科技改革蹄疾步稳，科技体制改革谱写出“多重奏”“交响乐”，改革释放出的新动能和新活力不断迸发涌流。世界向东看，日益成为世界目光的一个习惯性视角。科技兴则民族兴，科技强则国家强。“我们比历史上任何时期都更接近实现中华民族伟大复兴的目标，比历史上任何时期都更有信心、更有能力实现这个目标。”中华民族伟大复兴之路将会越走越宽。

资料来源：陈芳，胡喆．“黄金五年”书写大国创新奇迹——党的十八大以来科技创新成就综述［EB/OL］．中华人民共和国中央人民政府网站．http：//www. gov. cn/xinwen/2017－10/10/content_ 5230759. htm.

19.1 试述熊彼特创新理论以及我国产业结构存在的问题。

熊彼特认为，创新就是建立一种新的生产函数，把一种从来没有过的关于生产要素和生产条件的新组合引入生产体系。他非常强调生产技术的革新和生产方法的变革在市场经济发展中至高无上的地位。技术创新可以大大提高生产水平，因此创新是产业结构调整最直接的动力。

我国产业结构存在的问题：一是农业基础薄弱。例如很多水利设施都是“文化大革命”时期留下的，现在已年久老化。现在从事农业的劳动力素质较低，一般都是老人和孩子在家务农，导致农业基础设施停滞不前。二是工业素质不高。我国被称为“世界工厂”充分说明了我国工业在世界上的重要地位，但是我国现在面临的问题是工业素质不高，主要体现在产能过剩上。例如，现在的钢铁水泥产业供过于求，这些产业对能源的耗用很多，能源浪费现象还很严重。长期以来，依靠大量消费能源，推动了中国经济的高速增长，但是，近年来我国的经济增长越来越受到了能源的约束。三是第三产业发展滞后，在国民经济中比重低。例如，在服务业内部结构方面，新兴的现代服务模式并没有形成规模。尤其是生产性服务业比较落后，像电信、运输、基础设施等行业的垄断现象都很严重。

19.2 如何看待科技是第一生产力，创新是第一动力?

“科学技术是生产力”是马克思主义的基本原理，而习近平总书记在广东代表团参加审议政府工作报告时指出：发展是第一要务，人才是第一资源，创新是第一动力。之所以说科技是第一生产力是因为以下三点：

第一，科学技术是推动现代生产力发展的重要因素和重要力量。马克思明确指出：机器生产的发展要求自觉地应用自然科学，“生产力中也包括科学”，“劳动生产力是随着科学和技术的不断进步而不断发展的。”马克思的这一论断已经为不断发展的社会实践所证实。科学技术为劳动者所掌握，极大地提高了人们认识自然、改造自然和保护自然的能力，提高了生产劳动能力。在生产力系统中，科学技术已经成为推动生产力发展的关键性要素和主导性要素。

第二，科学技术是现代生产力发展和经济增长的第一要素。过去，生产力发展和经济增长主要靠劳动力、资本和自然资源的投入，而现代社会，随着知识经济时代的到来，科学技术、智力资源日益成为生产力发展和经济增长的决定性要素，生产力发展和经济增长主要靠的是科学的力量、技术的力量。从发达国家经济发展的实践来看，更是如此。

第三，现代化科学技术的超前性对生产力发展具有先导作用。19世纪末发生的第二次技术革命，是科学、技术、生产三者关系发生变化的一个转折点。在此之前，生产、科学、技术三者的关系主要表现为，生产的发展推动技术进步，进而推动科学的发展。例如，蒸汽机技术革命主要是从工匠传统发展而来，在生产经验积累的基础上摸索出技术发明，然后才总结出热力学理论。以电力技术革命为标志的第二次技术革命以来，这种生产带动科学技术发展的情况发生改变，现在是科学推动技术进步，再推动生产的发展。科学技术越来越走在社会生产的前面，开辟着生产发展的新领域，引导生产力发展的方向。如电磁学理论的建立，它先主要是通过科学实验探索出电磁学理论，然后通过促进电力技术的革命，并最终引发电力在生产中的广泛应用。

在党的十九大报告“加快建设创新型国家”中，习近平指出，“创新是引领发展的第一动力，是建设现代化经济体系的战略支撑。要瞄准世界科技前沿，强化基础研究，实现前瞻性基础研究、引领性原创成果重大突破。加强应用基础研究，拓展实施国家重大科技项目，突出关键共性技术、前沿引领技术、现代工程技术、颠覆性技术创新，为建设科技强国、质量强国、航天强国、网络强国、交通强国、数字中国、智慧社会提供有力支撑。加强国家创新体系建设，强化战略科技力量。”按照党中央的决策部署，把加快建设创新型国家作为现代化建设全局的战略举措，坚定实施创新驱动发展战略，强化创新第一动力的地位和作用，突出以科技创新引领全面创新，具有重大而深远的意义。

19.3　创新发展——如何在全球化背景下实现经济转型?

在知识经济一体化的发展趋势下，我国现代化进程已成为不可逆转的潮流，而在现代化进程中，经济现代化是最为核心的内容和关键的表征。当前，中国正处于经济现代化进程中的关键转型时期，而如何进行经济转型，则是现在中国需要面对的关键问题。创新驱动战略无疑是经济转型的关键战略，现有的环境存在诸多不利于创新的障碍。仅仅加强知识产权保护并不能够完全保证创新力提高。最关键的是提高创新能力。创新是一个民族的灵魂，是一个国家兴旺发达的根本。转变经济发展方式再一次把自主创新提高到一个新的高度，我们应该把握住机会进行创新。破除现在社会普遍存在的急功近利的心态，建立有利于研究创新的鼓励机制，拨发相应经费，改变传统的闭塞落后的教学方式，完善教育体制，积极倡导鼓励创新，设置创新科研项目，提高我国整体的创新能力。为转变经济发展方式和产业结构的转型升级提供技术和智慧支持。全力推进中国经济的产业结构升级，要使中国的产业结构由低级向高级转变，在技术进步和经济发展的前提下，实现对产业结构的升级，主要指：轻纺工业为主转变为以重化学工业为主；原材料为主转变为以加工组装为主；低附加值的劳动密集型产业为主提升为高附加值的技术密集型产业为主。从中国国民经济的整体来看，要实现由第一产业向第二、三产业的升级，尽快实现由制造大国向制造强国的转变。同时，还要深度融合工业化和信息化技术，充分运用各种智能化、网络化、数字化的技术和方法，推进产业结构的升级。

中国经济的转型是一个艰难且长期的过程，必须要坚持正确的方法并有着坚决贯彻的决心。从政府方面，必须推行一些政策保障转型顺利进行，例如：保护知识产权的政策、鼓励保障创新研究的政策、不动产登记的政策、减税的政策、环境保护的政策、消除垄断的政策等等。转型过程需要上到国家下到每个个人的共同努力。相信中国的经济转型一定能够顺利进行，建立更加合理的产业结构和经济发展方式，让中国发展得更好更和谐。

19.4 如何看待“大众创业，万众创新”？

大众创业指中国大众借助中国改革的政策优势来创立起自己的家业，积累自己的有形资产和财富。“创”就是开始做。“业”就是“成就”。大众创业即大众持续为自己做产生个人成就和个人财富的工作。

（一）“大众创业，万众创新”的背景。从国际上看，一方面，国际经济情况不容乐观，世界经济发展放缓，国际经济形势不稳定，国际市场需求减弱，传统产品国际竞争压力进一步增大，因此，我们必须增加国内市场需求来促进经济稳定发展，那么，通过“大众创业，万众创新”来激发国内市场需求就成了必然的选择；另一方面，国际市场需求要求增加，对产品本身的质量、技术含量和使用效能要求增加，对创新技术和创新产品的需求增加，因此，这也必然要求我们通过“大众创业，万众创新”来创造出新的技术、新的产品和新的服务，从而稳定和增加我国产品在国际市场的需求及份额。

从国内来看，一方面，经济下行压力还在加大，国内市场需求有待进一步开发，经济发展环境“硬约束”进一步加强，那么，我们就必须走集约发展、高科技含量发展、高附加值发展的道路，因此，我们必然要通过“大众创业，万众创新”来推动经济的转型发展；另一方面，全面深化改革要全面深入推进，就必然要通过增强经济内生动力来支撑和促动体制和机制改革，因此，我们必然要通过“大众创业，万众创新”来增强全面深化改革的动力和活力。

（二）“大众创业，万众创新”的内涵。“大众创业，万众创新”的目的是推动经济良性良好发展。李克强总理说：“打造大众创业、万众创新和增加公共产品、公共服务‘双引擎’，推动发展调速不减势、量增质更优，实现中国经济提质增效升级。”一方面，只有通过万众创新，才能创造出更多的新技术、新产品和新市场，也就才能提高经济发展的质量和效益；另一方面，只有通过大众创业，才能增加更多的市场主体，才能增加市场的动力、活力和竞争力，从而成为经济发展的内在原动力引擎。

“大众创业”与“万众创新”是相互支撑和相互促动的关系。一方面，只有“大众”勇敢地创业才能激发、带动和促动“万众”关注创新、思考创新和实践创新，也只有“大众”创业的市场主体才能创造更多的创新欲求、创新投入和创新探索；另一方面，只有在“万众”创新的基础上才可能有“大众”愿意创业、能够创业、创得成业，从某种意义上讲，只有包含“创新”的创业才算真正的“创业”，或者说这种创业才有潜力和希望。

（三）“大众创业，万众创新”的重点。首先，重点要打通科技成果转化通道。科学技术要转化成生产力，关键是如何促进“万众”的创新用于“大众”的创业，这就要求我们减少对创新转化的限制，加强创新转化的对接，增强创新转化的活力，因此，我们就必须打通科技成果转化渠道，鼓励各式各样的创新，直接用于创业，合作参与创业，转让促进创业等。进一步来看，促进科技成果转化关键在于激励人们主动创造新成果和愿意转化新技术。因此，我们要加快科技成果使用、处置和收益管理改革，扩大股权和分红激励政策实施范围，完善科技成果转化、职务发明法律制度，使创新人才分享成果收益，从而促进科技人员愿意创新、愿意创业、愿意转化。正如李克强总理所说："着力打通科技成果转化通道，扩大中关村国家自主创新示范区试点政策实施范围，推进科技资源开放共享，科技人员创新活力不断释放。"

其次，重点要引导新兴科技产业发展。新兴产业是先进生产力的代表，是高科技创新的前沿，是高附加值创业的重点。因此，我们要重点支持扶持新兴科技产业的发展，引领万众向高科技方向创新，带动大众向高科技新兴产业上创业汇聚，从而促进我国经济深层次上转型升级。正如李克强总理所说："要实施高端装备、信息网络、集成电路、新能源、新材料、生物医药、航空发动机、燃气轮机等重大项目，把一批新兴产业培育成主导产业。"

最后，重点要推进各项产业"互联网化"发展。信息化是当今时代的突出特点，互联网已经成为人们生产和生活的重要组成部分，这就必然要求我们各项产业要适应"互联网化"的时代要求，更要求我们各项产业要主动地、广泛地、深度地与互联网结合，在"互联网化"发展中创造更多更大的经济和社会价值。正如李克强总理所说："制定'互联网+'行动计划，推动移动互联网、云计算、大数据、物联网等与现代制造业结合。"

不积跬步，无以至千里；不积细流，无以成江海。当前，全球新一轮科技革命和产业变革蓄势待发，我国经济进入速度变化、结构转型和动力转换的关键时期。面对新的形势，我们必须深入推进大众创业、万众创新，着力营造有利于杰出科学家、发明家、技术专家和企业家不断涌现，大众创业、万众创新蔚然成风的社会环境和文化氛围，让每一个充满梦想并愿意为之努力的人获得成功，实现经济平稳持续增长、国家强盛、人民富裕和社会公平正义。

19.5　为什么说创新驱动的实质是人才驱动？

2018年5月28日，习近平总书记在中国科学院第十九次院士大会、中国工程院第十四次院士大会上的重要讲话中指出，要牢固确立人才引领发展的战略地位，全面聚集人才，着力夯实创新发展人才基础。国以才立，政以才治，业以才兴。创新驱动实质上是人才驱动，科技创新最重要、最核心、最根本的是人才问题。只有拥有一流的创新人才，才能产生一流的创新成果，才能拥有创新的主导权。

近年来，全国上下高度重视人才工作，各地纷纷制定政策措施吸引和培育人才，打造人才高地，开通引进人才的“直通车”，“抢人才”成为一道风景线。但是，毋庸讳言，很多地区人才的结构性矛盾也很突出：一是传统产业的人才利用率下降，新型的高层次、高技能和复合型人才匮乏。二是人才分布不均衡。例如，人才主要集中在大中城市，其他地方人才数量少而且处于净流出状态。人才问题的根本症结是市场化程度低，市场在人才资源配置中的决定性作用发挥不够，人才资源开发的体制性障碍尚未消除，引才、用才方面的观念还较落后。

加强和改进人才工作是建设世界科技强国的根本保证，也是实施创新驱动和人才强国战略的重要任务。因此，我们必须正确认识并解决好当前面临的人才矛盾，以调整人才结构为主线，把人才工作纳入科技创新和结构调整的总体布局，牢固树立科学的人才观，实现人才工作的观念、体制和机制的全面创新。实行劳动、资本、技术和管理等生产要素按贡献参与分配，真正使人才资本的价值得以体现。完善科技奖励制度，让优秀科技创新人才得到合理回报，释放各类人才创新活力。

当今世界，创新资源全球化配置的趋势日益明显。科技人才在全球自由流动，吸引优秀的科技人才日益成为各国加速科技创新、占领制高点的重要手段。美国先后数次修改移民法，吸引全世界所有受过高等教育的移民到美国；欧盟 2011 年 5 月开始实施吸引杰出人才移民的“蓝卡工程”，吸引非欧盟国家的高素质人才……创新驱动实质上是人才驱动，我们要致力于完善集聚吸引各类高端科技人才的载体和机制，建设世界一流高校、科研院所，培育和集聚顶尖科技创新人才；出台明晰产业政策，发展企业、集聚人才；建立人才市场体系，完善市场配置机制；积极发展人力资源服务业，充分发挥市场配置决定性作用，有效引才聚才。

19.6 如何在对外开放的背景下进行创新？

我们要深度参与全球科技治理，贡献中国智慧，着力推动构建人类命运共同体。科学技术是世界性的、时代性的，发展科学技术必须具有全球视野。不拒众流，方为江海。自主创新是开放环境下的创新，绝不能关起门来搞，而是要聚四海之气，借八方之力。要深化国际科技交流合作，在更高的起点上推进自主创新，主动布局和积极利用国际创新资源，努力构建合作共赢的伙伴关系，共同应对未来发展、粮食安全、能源安全、人类健康、气候变化等人类共同挑战，在实现自身发展的同时惠及更多国家和人民，推动全球范围平衡发展。

我们更要坚持以全球视野谋划和推动科技创新，全方位加强国际科技创新合作，积极主动融入全球科技创新网络，提高国家科技计划对外开放水平，积极参与和主导国际大科学计划和工程，鼓励我国科学家发起和组织国际科技合作计划。要把“一带一路”建成创新之路，合作建设面向沿线国家的科技创新联盟和科技创新基地，为各国共同发展创造机遇和平台。要最大限度用好全球创新格局中的优势，提高我国在全球创新格局中的优势，提高我国在全球科技治理中的影响力和规则制定能力。

19.7　创新在中国经济动能转换的重要作用体现在哪里?

中国经济已经从高速发展阶段转向高质量发展阶段。推动新旧动能转换，通过创新创业培育壮大新兴产业，转型升级改造提升传统产业，以此为创新驱动，进而实现高质量发展。新旧动能转换是调整经济结构、转变发展方式的重要内容，也是积极应对经济新常态、推进供给侧结构性改革的必要途径。必须解放思想，转变观念，扬长避短、扬长克短、扬长补短，主动转换经济发展思路，着力培育市场竞争新主体，激活旧动能，发展新动能，构建以创新驱动为引领、适应经济新常态和产业发展新趋势的新产业格局。由此可见，创新在中国经济动能转换中发挥着重要作用。

一方面，在从量的增长向质的提升转变过程中，创新发展不断为经济增长提供新的动力。另一方面，全球经济正快速转向新经济，中国的创新增长方式不是传统意义上增加研发就能解决问题的，而是发展新经济，发展创业，发展新业态，提供新动能。从这个意义上讲，中国的创新增长方式是应对全球化最新趋势的探索。这种探索不但要保证增长，而且要起到引领作用。

2016 年以来，中国加快推进“三大战略”从蓝图向现实转化。一是推进“一带一路”建设，一批交通、能源、通信等产能合作和重大标志性工程落定。二是新增长带、增长极支撑作用显现，京津冀协同发展重大项目加快实施，北京城市副中心加快规划建设，长江经济带生态保护，通用航空、城市轻轨等新兴综合交通建设进一步加强。三是新产业、新业态、新模式等新经济形态快速发展，如基于互联网、大数据、物联网和生物技术的应用创新快速拓展，制造业企业数字化车间、智能工厂改造提速。

全国人大代表、山东艺术学院副院长刘晓静指出："新旧动能转换的关键在于实现创新发展。"在新经济时代，创新创业生态是一个区域新经济发展的基础。新经济的创新创业生态系统形成后，一旦越过发展的"奇点"，产业就会呈现爆发式增长。近年来，移动互联网、大数据产业、新能源产业、人工智能产业、3D 技术产业、无人驾驶技术产业、生命技术与生命科学产业等都正在发生和将要发生爆发式成长。新常态下，原有发展模式所依靠的比较优势消失殆尽，要想获得发展的新动能，关键在于放开市场准入，充分释放民智民力。众创空间实现了创业服务的市场化、专业化、便利化、低成本化，推动了新一轮科技创新政策和经济政策的融合，有望促成深化改革带来的新的"人口红利"。

虽然我国经济已有较大程度的发展，但创新紧迫性仍存。要充分发挥创新驱动在推进新旧动能转换、增强经济持续发展后劲中的原动力作用，在创新的力度、深度、广度和速度上下更多、更足的功夫，大力依托"无中生有"的新工艺、新技术、新产品，加快"有中出新"的传统产业升级，形成新业态、新商业模式和新产业链，提升经济增长内涵，持续打造新的经济增长点和增长极。

19.8 如何从"中国制造"到"中国智造"?

如何提升"中国制造"的质量水平，夯实"中国制造"的质量基础是当前亟须解决的重大问题，同时也是实现"中国智造"的重要保障。曾几何时，“中国制造”给外国消费者最普遍的印象是“海量生产”与“质量差”，甚至许多出国旅游的国人十分担心买回的物品印着“Made in China”。但随着中国提出由制造业大国向制造业强国转变的百年目标，“中国制造”开始向“中国质造”与“中国智造”大步迈进，为中国经济发展注入新动力，向全世界亮出“中国智造”新形象。

“中国制造”与“中国智造”最主要的区别是在技术层面上，前者指的是在中国造出来的商品，技术可能是从外面传进中国的，也就是不是中国自主研发的，而后者指的是技术是中国自己的，也就是中国自主研发的。2017 年很火的一个词语“工匠精神”，中国智造就是需要重拾匠人精神，不断创新，不断完善。中国科学院计算技术研究所高级工程师程伯群表示：“‘智造’就是在不同的行业、不同的环节做到工业大数据的资源整合和聚合，同时要把大数据、物联网、云计算、个性化定制这些技术在工业制造行业当中应用起来。‘智造’的特点就是信息深度自感知、智慧优化自决策、精准控制自执行的先进制造系统和模式。其主要特征以智能工厂为载体，以全流程的智能化为切入点，以端对端的信息流为基础，以网络互联为支撑。”

从“中国制造”到“中国智造”，是我国由制造业大国走向制造业强国的必经之路。“中国智造”的发展，正是要破解“中国制造”所面临的困难与挑战，为我国经济发展注入新动力，向全世界亮出“中国智造”新形象。而注入的新动力便是要学会创新，墨守成规是没有用的，学会创新才会改变，才有发展的可能。2018 年 3 月 5 日，李克强总理在全国两会上做 2017 年政府工作报告时提出，要深入实施《中国制造 2025》，加快大数据、云计算、物联网应用，以新技术新业态新模式，推动传统产业生产、管理和营销模式变革。把发展智能制造作为主攻方向，推进国家智能制造示范区、制造业创新中心建设，深入实施工业强基、重大装备专项工程，大力发展先进制造业，推动中国制造向中高端迈进。制造业是国民经济的主体，是科技创新的主战场，是立国之本、兴国之器。前几年的“圆珠笔头之问”引起了人们对“中国制造”如何升级换代的思索，这个问题说明的问题便是创新对于一个国家的发展具有十分重要的意义。

19.9 为什么中国坚持走自主创新道路？

世界科技发展的实践告诉我们，一个国家只有拥有强大的自主创新能力，才能在激烈的国际竞争中把握先机、赢得主动。2018 年 5 月 28 日，习近平在两院院士大会开幕会上强调，“要矢志不移自主创新，坚定创新信心，着力增强自主创新能力”，“在更高起点上推进自主创新”。“天行健，君子以自强不息。”自力更生是中华民族自立于世界民族之林的奋斗基点，自主创新是我们攀登世界科技高峰的必由之路。坚持走中国特色自主创新道路是我们建设世界科技强国的出发点和落脚点。

“自强为天下健，志刚为大君之道。”中国特色自主创新道路是现代化建设最可依靠的支撑、最安全的道路。因此，坚持走中国特色自主创新道路则显得尤为重要。

自主创新道路非走不可。“国之利器，不可以示人。”习近平指出：“面向未来，增强自主创新能力，最重要的就是要坚定不移走中国特色自主创新道路，坚持自主创新、重点跨越、支撑发展、引领未来的方针，加快创新型国家建设步伐。”坚持走中国特色自主创新道路，反映了我们党对世界科技发展趋势的准确把握。在科学技术的引领和推动下，人类正经历着从工业社会向知识经济社会的演进。面对世界科技发展的大势和日趋激烈的国际竞争，我们必须把科学技术真正置于优先发展的战略地位，加快自主创新步伐，增强国家核心竞争力，带动我国社会生产力实现质的飞跃，努力在国际竞争中赢得和保持发展的主动权。自主创新，是从增强国家创新能力出发，加强原始创新、集成创新、引进消化吸收再创新；重点跨越，是坚持有所为有所不为，选择具有一定基础和优势、关系国计民生和国家安全的关键领域，集中力量，实现跨越式发展；支撑发展，是从现实的紧迫需求出发，着力突破重大关键技术和共性技术，支撑经济社会持续协调发展；引领未来，是着眼长远，超前部署前沿技术和基础研究，创造新的市场需求，培育新兴产业，引领未来经济社会发展。这一指导方针必须贯穿于我国科技事业发展的全过程。

中国特色自主创新道路的最大优势。中国特色自主创新道路为什么能行？习近平指出："这条道路是有优势的，最大的优势就是我国社会主义制度能够集中力量办大事，这是我们成就事业的重要法宝，过去我们搞'两弹一星'等靠的是这一法宝，今后我们推进创新跨越也要靠这一法宝。"我国社会主义制度具有集中力量办大事的政治优势。"两弹一星"是在政治环境异常严峻、经济条件异常艰苦的条件下，举全国全民之力集中力量办大事的历史丰碑。改革开放以来，我国依靠这个法宝，有所为、有所不为，自主实现了科技发展的重点突破。习近平指出："我国很多重大科技成果都是依靠这个法宝搞出来的，千万不能丢了！要让市场在资源配置中起决定性作用，同时要更好发挥政府作用，加强统筹协调，大力开展协同创新，集中力量办大事，抓重大、抓尖端、抓基本，形成推进自主创新的强大合力。"

面对世界科技发展的大势，面对日趋激烈的国际竞争，我们只有把科学技术真正置于优先发展的战略地位，把科技进步和自主创新作为经济社会发展的首要推动力量，把推动自主创新摆在科技事业发展的突出位置，把增强自主创新能力作为调整经济结构、转变经济发展方式、提高国家竞争力的中心环节，把建设创新型国家作为面向未来的重大战略选择，更加自觉、更加坚定地走中国特色自主创新道路，真抓实干，急起直追，才能把握先机，赢得发展的主动权。

习近平指出："我们走的是一条中国特色自主创新道路，这是一条必由之路，必须坚定不移地走下去。"

19.10 人工智能是如何引领智能化趋势的?

人工智能引领的智能化革命趋势。目前排名全球市场价值前十位的公司，有七家是互联网科技公司，合计的市值超过 3 万亿美元：苹果、谷歌、亚马逊、Facebook、微软、阿里巴巴和腾讯。这七家全球性的公司有几个共同的特点：第一，拥有海量用户。第二，拥有高频交易。一个典型的美国人，每天用苹果手机从亚马逊购物，用 Facebook 聊天，用谷歌搜索，用微软的软件办公。在中国，数亿的中国人不仅使用智能手机，每天还会使用阿里和腾讯的软件来完成衣食住行等基本的生活过程。第三，每一家都有公共云的业务，其中亚马逊、微软、阿里、谷歌作为全球前四位的云计算厂商，已经把公共云作为未来的战略重心，成为包括人工智能、物联网在内的自身业务的基础设施。第四，每一家公司都拥有多元化的海量数据。第五，七家公司都大规模投资人工智能，平均与人工智能有关的工程师超过 5000 人，2017 年以来，几家公司明确了从移动优先转为人工智能优先。

在这一代人工智能与物联网引领的趋势里面，同时产生了智能化技术的集聚爆发和各行各业的场景革命两个趋势。在人工智能与相关芯片、物联网技术等方面，需要产学研联动的一体化“大工程”模式，而在智能化技术与各行各业融合方面，需要一种开放的平台模式做“场景化创新”。实体经济与互联网、大数据、人工智能融合，需要广义的公共云服务才能承载这个“大工程 + 大平台”模式，人工智能等智能化技术才能最终兑现它的价值。

中国的制造业有两大难题，一个是精细化的客户导向，一个是核心竞争力的不足。2017 年阿里的“淘富成真”计划，做了很多智能硬件，比如可以直播的智能烤箱。不太会使用烤箱的用户可以用智能手机不断下载新的烘焙程序，对于妈妈这个群体，直播的照片还可以发朋友圈。我们还把自动驾驶技术叠加到登机箱上，在机场你走到哪儿它就跟着你到哪儿。还有可以全方位感知你睡眠的床、用恰当的脑电波频率干预，提高午睡效率的眼罩等。很多传统产品叠加智能功能具有非常大的潜力。我们为这类企业构建了一个双创生态，提供科技赋能、人才赋能、市场赋能和生态赋能，阿里作为首批国家双创示范基地中唯一的互联网企业，也构建了服务智能硬件、云计算、大数据和人工智能创业公司的生态体系。

阿里的人工智能近期在生产制造方面的应用是工艺优化，我们叫“工业大脑”。先期主要体现在工艺优化和提升良品率方面。比如，我们和协鑫光伏合作，通过对生产线上参数的深度学习，破解工艺最佳组合，提升了协鑫光伏的良品率。我们和中策橡胶也有类似的合作，提升了轮胎生产厂混炼胶的生产效率。两个不同行业的应用背后有通用的算法，证明“人工智能 + 大数据”模式可以跨行业解决制造业智能生产的问题。

当前，新技术、新产业取代旧技术、旧产业的拐点周期变短，速度也在加快。要实施创新驱动发展战略，促进经济转型升级，推动高质量发展，就要按照党的十九大报告提出的“互联网、大数据、人工智能和实体经济深度融合”的要求，着力推动以人工智能为核心的技术创新、以智能制造为重点的产业升级、以智慧城市为基础的应用示范，以大数据智能化引领创新驱动发展，推动经济发展质量变革、效率变革、动力变革，重塑经济发展竞争新优势。

19.11 如何看待科技引领生活，人工智能的发展？

随着时代的发展，人们的生活与科技渐渐密不可分起来。例如，用你身边的手机，可以随时随地交流；用你眼前的电脑，可以在网上阅读、网上聊天等，科技带给我们的便利数不胜数，所以说科技引领生活，科技引领未来。谈到科技，就必须要谈到人工智能了。

人工智能（Artificial Intelligence，AI）。它是研究、开发用于模拟、延伸和扩展人的智能的理论、方法、技术及应用系统的一门新的技术科学。该领域的研究包括机器人、语言识别、图像识别、自然语言处理和专家系统等。1950 年，一位名叫马文·明斯基的大四学生与他的同学邓恩·埃德蒙一起，建造了世界上第一台神经网络计算机。巧合的是，同样是在 1950 年，被称为“计算机之父”的阿兰·图灵提出了一个举世瞩目的想法——图灵测试。按照图灵的设想：如果一台机器能够与人类开展对话而不能被辨别出机器身份，那么这台机器就具有智能。而就在这一年，图灵还大胆预言了真正具备智能机器的可行性。1956 年，在由达特茅斯学院举办的一次会议上，计算机专家约翰·麦卡锡提出了“人工智能”一词。

人工智能近几年正处于飞速发展的阶段，数据显示，人工智能市场规模在 2024 年将达到 470 多亿美元。随着规模的不断扩大，该领域的竞争也变得越发激烈。各国也纷纷制订了相关计划和实施方案从国家战略层面推进人工智能技术的发展。在中国，2016 年 5 月，国家发改委科技部、工信部、中央网信办联合发布了《“互联网 +” 人工智能三年行动实施方案》，指出到 2018 年，打造人工智能基础资源与创新平台，人工智能产业体系、创新服务体系、标准化体系基本建立，基础核心技术有所突破，总体技术和产业发展与国际同步，应用及系统级技术局部领先。2017 年 7 月，国务院印发了《新一代人工智能发展规划的通知》。2016 年 10—12 月，美国白宫科技政策办公室陆续发布了《为人工智能的未来做好准备》《国家人工智能研究和发展战略计划》和《人工智能、自动化与经济报告》3 份以人工智能为主题的报告。还有英国等各个国家都在关注人工智能的发展。根据以上情况可以看出，人工智能的发展对于各国来说都是非常重要的，与此同时我国在人工智能领域也取得重要进展，国际科技论文发表量和发明专利授权量已居世界第二，部分领域核心关键技术实现重要突破。360 公司相关负责人在接受《新民周刊》采访时指出，AI 国家规划从总体指导思想、“三步走”战略目标、六大重点任务、资源配置、保障措施和组织实施具体而详尽解说了中国新一代人工智能的整体战略部署和蓝图，为学术界的基础研究、企业的产业发展、社会服务的智能化、军民融合等给出了明确的指引方向。我国是一个发展中国家，我国的经济在不断地快速发展，与此同时科技也在进步中，人工智能的发展有利于我国在世界上站稳脚跟，让世界看到中国在不断成长，不断进步。例如，2016 年 Google 子公司 DeepMind 研发的基于深度强化学习网络的 AlphaGo，与人类顶尖棋手李世石进行了一场“世纪对决”，最终赢得比赛，这被认为是深度学习具有里程碑意义的事件，极大地激励了人们在人工智能技术上的学习和研究。

正如中国人工智能学会理事长李德毅所说，“中国正迎来 AI 发展的黄金时代”。人工智能技术在技术不断创新的变化之下，人工智能会发展的越来越好，人工智能所带给人们的便利也会越来越多，如果说科技是第一生产力，那么人工智能将是科技最强有力的展现了。

19.12 “双创”背景下的大学生创业教育如何进行?

在 2014 年夏季达沃斯论坛和 2015 年首届中国“互联网 +”大学生创新创业大赛上，“大众创业、万众创新”（简称“双创”）的口号被多次提及。作为有第三本“教育护照”之称的创业教育，现已普遍被世界各国纳入教育发展战略规划，这也迫切要求我国高校进行高等教育改革，培养大学生创业能力是高等教育改革的重要内容之一，是“双创”背景下教育改革和发展的必然。它既是建设创新型国家、缓解就业压力、未来国家经济发展的根基，又是高等教育改革的大势所趋，也是大学生实现自身价值、寻求自身发展的需要。创新创业是民族昌盛的原动力，培育大学生创业能力是高校的首要任务，不仅能有效缓解就业压力，还能有效推动创新型国家的建设，且更好地与国际教育接轨。当代大学生有着强烈的自我意识，希望能在工作中充分展现自己的才华，勇于追求个性发展和自我价值的实现，故良好的创业能力素养不可或缺。

国内高校大学生创业教育起步较晚，故大学生创业能力的培育也落后于世界先进水平。我国大学生创业能力培养方面存在很多不足，具体分析既有来自大学生创业者自身的原因，也有源自高校创业教育自身的因素，同时也有不可忽略的国家政策环境和社会环境因素。

创业能力的培养是一个系统而复杂的过程，创业能力的强弱直接影响创业的成功与否。培养大学生创业能力是一项系统而庞杂的工作。

（一）深化高校创业教育体制改革，将创业教育融入人才培养方案。高校应积极提升其对创业教育的认识，将创业教育理念融入高等教育体制改革的人才培养方案之中，而不仅仅是简单机械地增加一些创业教育教学环节，要将深化创业教育体制改革落到实处。具体措施如下：完善创业教育课程体系建设和教材建设，注重教育的创新性和实用性，构建创业教育的专业知识平台；加强创业师资队伍建设，组建一支由专任教师、辅导员和校外创业教育咨询专家组成的科研教学团队，给予大学生创业者全方位的创业指导；完善创业教育实践体系，构建创业教育的产业孵化基地，组织开展形式多样的创业实践活动；营造宣传创业、支持创业、践行创业的校园文化环境，激发学生创业意识，鼓励学生积极参与创业，助力学生成为高素质创业人才。

（二）提升大学生自身综合素养，促进创业能力的自我提升。大学生创业者应能够客观地进行自我评价，充分考虑外在因素，选择合适的创业时机和创业项目，做好创业策划，积极、乐观、自信地面对创业过程中的一切挑战。大学生自主学习能力是对高校创业教育缺失的有益补充，是创业活动萌芽、成长和发展的源泉，故大学生创业者应注重培养自主学习能力。此外，积极投身于创业实践活动是提升创业能力的又一良策，因为创业能力的形成源自知识、经验与技能，而经验与技能则是于实践中获取。

（三）孕育创业能力培养的外化环境，呼吁政府和社会各界的大力支持。政府部门应加快建立健全创业教育相关政策和法规的步伐，简化创业活动开展过程中的各种审批手续，为大学生创业活动扫清障碍。同时，组织银行、高校和企业形成合力为大学生创业提供资金支持和实践平台，积极开展创业项目咨询、交流和指导服务，加快创新创业成果转化，有效推进大学生创业能力培育工作的开展。

19.13 如何看待“互联网+”模式下的创新构建？

随着社会经济的快速发展，经济模式的不断翻新，“互联网+”模式早已被人们熟知。“互联网+”实际上是创新2.0下的互联网发展新形态、新业态，是知识社会创新2.0推动下的互联网形态演进。新一代信息技术发展催生了创新2.0，而创新2.0又反过来作用于新一代信息技术形态的形成与发展，重塑了物联网、云计算、社会计算、大数据等新一代信息技术的新形态，并进一步推动知识社会以用户创新、开放创新、大众创新、协同创新为特点的创新2.0，改变了人们的生产、工作、生活方式，也引领了创新驱动发展的“新常态”。

我们来看下近几年几则关于“互联网+”模式下创新成功的例子。

首先是苏宁云商的案例：“门店到商圈+双线同价”。苏宁的O2O模式是以互联网零售为主体的“一体两翼”的互联网转型路径。苏宁利用自己的线下门店，以及线上平台，实现了全产品全渠道的线上线下同价，帮助苏宁打破了实体零售在转型发展中与自身电商渠道左右互搏的现状。O2O模式下的苏宁实体店不再是只有销售功能的门店，而是一个集展示、体验、物流、售后服务、休闲社交、市场推广为一体的新型门店——云店，店内将开通免费WiFi、实行全产品的电子价签、布设多媒体的电子货架，利用互联网、物联网技术收集分析各种消费行为，推进实体零售进入大数据时代。

还有一个成功案例是美邦公司：“生活体验+上网环境”的互联网计划。美邦先是与微信合作，后面又开始与支付宝、微淘合作。最近美邦提出了以“生活体验店+美邦App”的O2O模式，并在全国推出了6

家体验店。美邦期望通过这些体验店提供的舒适上网服务将消费者留在体验店内，店内提供高速 WiFi 环境和惬意的咖啡，有大量的公用平板供用户使用，用户喝着咖啡登录美邦 App 购买商品，也可在 App 下单后选择送货上门，以此实现线下向线上导流量。

分析以上两个案例。首先，苏宁主要以线上零售为主，推动线下主营的影响，创新模式较单一。但苏宁“店商 + 电商 + 零售服务商”的 O2O 模式未来能否在 O2O 行业压力下长足发展，还有待时间的检验。而美邦则在实体店上下功夫，以实体店发展推动 App，拓展生活体验店模式下，门店成为购物和上网、休息的场所。用户手机直接下单，可以加强线下向手机 App 的导流，加强用户的移动 App 沉淀。但是咖啡桌和上网环境会占用了店面大量空间，以“生活体验”和“上网环境”为核心进行店面改造，推动了企业发展。

得出的规律是，传统行业与互联网结合的成功模式，其实只是借助了互联网这个新的销售工具而已。互联网有快速、个性化、跨界融合等线下销售无法比拟的巨大优势。但我们不容忽视的是，与互联网结合的另一半，其创新才是真正的立命之本。所以，创新推动“互联网 +”的快速发展，在现代社会经济中占有较大比重。“互联网 +”成了产业发展的新常态，“互联网 +”带来的新技术也逐渐惠及千家万户。

不断推动创新，有利于“互联网 +”模式的拓展，推动经济快速发展，可见“互联网 +”模式下的创新构建需要我们的不断努力，才能更好地运用于大众，造福社会。

参考文献

[1]习近平. 在中国科学院第十九次院士大会、中国工程院第十四次院士大会上的讲话[C]，2018 - 05 - 28.

[2]创新加快动能转换　支撑中国经济快速发展[EB/OL]. http://finance. ifeng. com/a/20170103/15120517_0. shtml.

[3]以改革创新推动新旧动能转换[EB/OL]. http://epaper. hljnews. cn/hljrb/20171010/307691. html.

[4]习近平讲解中国特色自主创新道路[EB/OL]. 中国新闻网,2018 - 05 - 30.

[5]新一代信息技术趋势与智能化革命[EB/OL]. http://www. sohu. com/a/201881778_355043.

[6]以大数据智能化引领创新驱动发展　让创新成为第一动力[EB/OL]. http://www. cqrb. cn/html/cqrb/2018 - 01/22/003/content_192354. htm.

[7]张新生,张英海,毛谦,唐雄燕,等. 人工智能[CP]. 科普中国,2016(08).

[8]正在崛起的变革力量——2016 中国人工智能产业发展报告[R],2016 - 10 - 27.

[9]陈冰. 中国正迎来 AI 发展的无限前景[N]. 新民周刊,2017 - 07 - 29.

[10]曹瑞明,冉清文. 关于深化大学生创新创业教育的思考[J]. 中国青年社会科学,2016(1).

[11]李亚员. 大学生创新创业教育的目标、原则及路径优化[J]. 思想理论教育,2015(10).

[12]邹建良. 探索大学生创新创业教育途径[J]. 中国高等教育,2015(5).

[13]http://guba. eastmoney. com/news,300036,752076841. html.

[14] https://www. sohu. com/a/160779395_318740.

[15]依靠创新驱动加快新旧动能转换[EB/OL]. http://www. jjckb.

cn/2018 - 04/23/c_137129878. htm.

[16]王昌林. 大众创业万众创新的理论和现实意义[J]. 科技创业月刊,2016(2).

[17]廖元和. 全球化下中国对外开放战略的改变与创新[J]. 改革,2002(4).

[18] http://finance. sina. com. cn/zl/china/20160208/150924277664. shtml.

[19]http://finance. sina. com. cn/stock/t/2016 - 06 - 27/doc - ifxtmwri4526907. shtml.

20 中国经济的可持续发展

[案例]

十九大“新”观察：“新目标”怎么干？

在中国特色社会主义进入新时代的历史关键期，中国共产党做出“两个阶段”“两步走”的战略安排。“两步走”全面建设社会主义现代化国家的新目标，是基于我们党对社会主义现代化目标的全面认识和实践总结，描绘制定了我国社会主义现代化建设的精准路线图和时间表，是十九大报告的重中之重。

未来的中国什么样？

十九大报告提出，从现在到2020年全面建成小康社会，实现第一个百年奋斗目标；到2035年基本实现社会主义现代化；到21世纪中叶全面建成富强民主文明和谐美丽的社会主义现代化强国。这是对中国未来发展的全新谋划展望。“两个阶段”怎么划？“两步走”怎么走？未来的中国什么样？对照报告，我们可以清晰地看到，2020年全面建成小康社会的中国将是：完成“十三五”规划，国内生产总值和城乡居民人均收入比2010年翻一番，国防和军队基本实现机械化，农村贫困人口实现脱贫，贫困县全部摘帽，解决区域性整体贫困。“特别是要坚决打好防范化解重大风险、精准脱贫、污染防治攻坚战，使全面建成小康社会得到人民认可，经得起历史检验。”2035 年的社会主义现代化中国将是：跻身创新型国家行列，国家治理体系和治理能力现代化基本实现，中华文化影响更加广泛深入，居民生活水平差距显著缩小，基本实现国防和军队现代化，美丽中国目标基本实现。21 世纪中叶的社会主义现代化强国将是：物质文明、政治文明、精神文明、社会文明、生态文明全面提升，成为综合国力和国际影响力领先的国家，全体人民共同富裕基本实现，人民享有更加幸福安康的生活，中华民族以更加昂扬的姿态屹立于世界民族之林。这幅全面建设社会主义现代化国家的蓝图，分为近期、中期和远期三个阶段，从时间与空间、中国与世界的坐标系上，标注出了承前启后的历史方位、继往开来的前进方向。

中央党校原副校长李君如认为，新目标有两个突出变化：首先，从“国家”到“强国”，一字之变，显示了我们从站起来、富起来到强起来的信心，显示了对中国特色社会主义的道路自信、理论自信、制度自信和文化自信；其次，现代化目标内容不仅包括经济上的富强、政治上的民主、文化上的文明、社会上的和谐，还包括生态上的美丽，充分体现了“五位一体”战略布局与目标之间的联系。中国国际经济交流中心总经济师陈文玲说，十九大报告中这些重大判断不是凭空提出来的，而是通过实践概括总结出来的。我们国家已保持了近 40 年高速增长，五年来，以习近平同志为核心的党中央带领全中国人民奋斗创造了新的奇迹。这是开启新时代的物质基础。虽然它只是历史长河中的一瞬间，但却是为未来奠定基础伟大瞬间，让我们看到中国的更大希望。

伟大梦想始于“牢牢立足”

党的十三大系统阐述了社会主义初级阶段理论，并对我国社会主义现代化建设做出“三步走”的战略部署：第一步是解决温饱，第二步是奔小康，第三步是现代化；社会主义初级阶段是个相当长的历史发展过程，到社会主义现代化实现至少需要上百年。从十三大报告提出这一重大判断后，历次党代会报告都会重申，并对新的发展阶段予以新的表述。党的十五大报告重申了社会主义初级阶段理论，首次提出“两个一百年”奋斗目标，“到建党一百年时，使国民经济更快发展，各项制度更加完善；到建国一百年时，使国民经济更快发展，基本实现现代化”；党的十六大提出，紧紧抓住21世纪头20年战略机遇期，全面建设小康社会，“2020年国内生产总值力争比2000年翻两番”“到21世纪中叶基本实现现代化”；党的十七大提出，为实现全面建设小康社会奋斗目标提出“五个新要求”“2020年人均国内生产总值比2000年翻两番”；党的十八大提出，2020年实现全面建成小康社会宏伟目标，“国内生产总值和城乡居民人均收入比2010年翻一番”“在新中国成立一百年时建成富强民主文明和谐的社会主义现代化国家”……

从“小康社会”到“全面建设小康社会”，到“全面建成小康社会”，随着中国经济社会的不断进步，“小康社会”的要求愈加丰富，路径愈加清晰。党的十九大，是在决胜全面建成小康社会、开启全面建设社会主义现代化国家新征程的关键时期召开。在解决人民温饱问题、人民生活水平总体上达到小康水平这两个目标已经提前实现的基础上，党中央综合分析国际国内形势和我国发展条件，将“实现现代化”的目标又分为两个阶段来安排：“基本实现社会主义现代化”目标定于2035年，过15年建成“社会主义现代化强国”。李君如认为，改革开放后提出的“三步走”战略，目标是21世纪中叶基本实现现代化，成为中等发达国家。现在把基本实现现代化放到2035年，提前了15年。后面15年的目标则是建成富强民主文明和谐美丽的社会主义现代化强国。“两步走”战略适应了中国发展的新趋势，它是在科学分析社会主要矛盾变化基础上，以及适应人民群众对美好生活向往的要求上得出的科学结论；它的坚持和发展，实际上又超越了邓小平同志提出的“三步走”战略，为中国人“站起来”“富起来”基础上设计了“强起来”的行动纲领。

与此同时，十九大报告提出，中国社会主要矛盾已经转化为人民日益增长的美好生活需要和不平衡不充分的发展之间的矛盾。但主要矛盾变化没有改变我们对我国社会主义所处历史阶段的判断，我国仍处于并将长期处于社会主义初级阶段的基本国情没有变，我国是世界最大发展中国家的国际地位没有变。报告用三个“牢牢”提醒全党，要对基本国情保持清醒认识：牢牢把握社会主义初级阶段这个基本国情，牢牢立足社会主义初级阶段这个最大实际，牢牢坚持党的基本路线这个党和国家的生命线、人民的幸福线……站在新的历史方位上，正确认识中国国情和发展阶段，是制定和执行正确路线和政策的根本依据。保持清醒头脑与自觉认识，保持“而今迈步从头越”的激情和勇气，是实现伟大梦想的战略定力。

现代化经济体系与“两步走”相呼应

主要矛盾的历史性变化，对中国经济、政治、社会等方方面面提出了新要求。报告指出，要贯彻新发展理念，建设现代化经济体系。这是一个充满新意的要求，意味着对中国经济所处发展阶段的新认识、新判断，未来经济建设的主题将发生重大转变。报告明确指出，我国经济已由高速增长阶段转向高质量发展阶段，正处在转变发展方式、优化经济结构、转化增长动力的攻关期，建设现代化经济体系是跨越关口的迫切要求和我国发展的战略目标。陈文玲认为，现代化经济体系和“两步走”的目标相呼应，也是“两步走”目标的重要组成部分。到2035年基本实现社会主义现代化，就意味着建成现代化经济体系。“我们原来强调社会主义市场体系，强调的是‘起步’和‘特色’。经过几十年发展将完成长周期的经济体制转型，建成现代化经济体系，是将中国放在全球大视野中，强调的是国际标准。”陈文玲说。

现代化经济体系是什么？十九大报告对建设现代化经济体系提出了很多具体要求，包括把着力点放在实体经济上、把提高供给体系质量作为主攻方向、显著增强我国经济质量优势等等。报告明确指出，必须坚持质量第一、效益优先，以供给侧结构性改革为主线，推动经济发展质量变革、效率变革、动力变革，提高全要素生产率，着力加快建设实体经济、科技创新、现代金融、人力资源协同发展的产业体系，着力构建市场机制有效、微观主体有活力、宏观调控有度的经济体制。受访专家们认为，这从目标任务、战略支撑和制度安排三方面全面定义了现代化经济体系的内涵。陈文玲说，实现科技强国、质量强国、航天强国、网络强国、交通强国、数字中国，需要有完善的现代化经济体系才能保证支撑。建成现代经济体系才能实现伟大梦想，建成现代化经济体系，社会主义建设伟大工程才有物质基础。实现经济体系现代化，才能真正实现从大国向强国的飞跃。中央党校教授韩庆祥认为，十九大报告对新的发展阶段给予充分阐释，做好理论准备，并把理论准备上升为党的指导思想，实现了马克思主义中国化的新飞跃，这是十九大报告的重要历史意义。

资料来源：http：//www. xinhuanet. com/politics/2017 - 10/23/c _129724802. htm. 有改动.

20. 1　新古典经济学家经济增长理论的主要观点有哪些?

新古典经济学家对经济增长和发展的前景是比较乐观的。资源相对稀缺和配置效率理论一直是新古典经济学的核心。英国著名经济学家阿尔弗雷德·马歇尔承认资源的相对稀缺将导致产品价格的上升，人口的增长将导致对生活资料的压力，但他不认为这种情况会构成对经济增长的约束。因为制度和组织的创新和知识的递进将有效缓解资源的稀缺。他认为“资本大部分是由知识和组织构成的，知识是我们最有力的发动机，具有很大的和日益增长的重要性。”但是，他的局限性在于忽视了在政府干预、外部性导致市场失灵的情况下，市场价格出现扭曲，难以反映可耗资源的相对稀缺性。阿瑟·庇古最先进行了环境污染的分析。他在其著作《福利经济学》中指出政府有必要干预环境污染等外部性问题。并建议应当根据污染所造成的危害程度对排污者征税，以实现外部成本的内部化。对环境污染征税又称庇古税。今天，许多国家实行所谓的排污收费原则 PPP 原则（污染者负担原则）依据的就是庇古税的基本原理。它的开创性研究对环境保护和资源可持续利用做出了重大贡献。

20.2　现代可持续发展理念的产生背景是什么?

20 世纪 50 年代，美国海洋生物学家蕾切尔·卡逊发表了关于化学杀虫剂对生态环境造成污染和危害情况的报告。1962 年，卡逊发表了小说《寂静的春天》从污染生态学角度阐明了大气、海洋、河流、土壤、动植物与人类的关系，揭示了环境污染对生态系统影响的深度和广度，提出了现代生态学所面临的生态污染问题，得出了一个极为重要的结论，我们必须与其他生物共同分享我们的地球。这是一部划时代的作品，该书对于提高公众的环境保护意识，促进环境科学的产生和关于可持续发展的研讨起到了积极的推动作用。1987 年，挪威前首相布伦特兰夫人发表的《我们共同的未来》研究报告对当代经济发展与环境保护两方面存在的问题进行了全面系统的分析，提出我们需要选择一条全新的发展道路——自然资源持续利用，生态环境保护与经济社会发展相协调的道路即可持续发展的道路。研究报告把可持续发展定义为既满足当代人的需要，又不对后代人满足其需要的能力构成危害的发展，实际上已经初步构建了可持续发展理论和战略的基本框架。1972 年 6 月 5 日，联合国人类环境会议在瑞典首都召开。这是联合国历史上首次研讨保护人类环境的大会。这次会议标志着全人类对环境问题的觉醒，是公认的世界环境保护史上的第一个里程碑。6 月 5 日定为世界环境日。通过了联合国人类环境宣言，作为在保护和改善人类环境方面的权利和义务的总宣言。所达成的共识和提出的共同原则，成为各国环境保护和立法的重要依据。发达国家对绿色产业的多个领域早有涉猎，1994 年 6 月，在加拿大温哥华市举行的首次环保工业和贸易展览会上，有世界各国 400 多家公司的环保产品成交额达到近 3000 万美元。据不完全统计，全球绿色产业的市场已超过 3560 亿美元，到 21 世纪末有可能达到 6000 亿美元。其中，绿色环保工业技术产品的全球市场已超过 2500 亿美元。面对绿色产业中所充满着的巨大商机，欧、美、日等发达国家和地区为促进该产业的发展作为世界新经济发展的重要组成部分，掀起了绿色产业革命浪潮。

20.3 世界工业化和经济增长带来的生态环境危机的主要表现有哪些?

自从工业革命以来，人类进入工业文明时代。据估计，全世界工业生产能力的 80% 以上是 20 世纪 50 年代以后出现的。发展的环境出现了危机。主要表现在人口膨胀、环境污染、生态退化、能源危机、南北差距扩大。自1950年以来，世界人口翻一番。预计在21世纪中叶会再翻一翻。1999年，世界人口已达60亿人，而且每年以8600万人的速度增长，预计到2030年，世界人口将达100亿人。20世纪80年代已演变为全球性问题七大环境问题：全球气候变暖、臭氧层的破坏、生态多样性锐减、土地的荒漠化、森林植被破坏、水资源危机、有毒化学品转移。随着世界经济的快速发展，人类生活质量和消费层次的不断提高，以及人类对减少环境污染的日益增长的强烈要求，使绿色产业蕴藏着无限商机，一场绿色产业革命浪潮从20世纪80年代起席卷全球，它将是21世纪世界新经济发展的重要目标及内容。

20.4 为什么说粗放型增长下中国环境问题日益突出?

中华人民共和国成立初期，我国经济建设长期严重依赖“高投入、高消耗”的发展模式。“高投入、高消耗”必然导致“高污染和生态破坏”。由于没有建立健全环境和自然资源的产权制度以及相应的管理体系，我国经济生活中的资源浪费现象以及由此导致的环境污染和生态破坏更加加剧。我国的经济高速增长也加剧了自然资源的破坏、环境污染和生态破坏。我国人口、环境资源与社会经济发展之间矛盾重重，难以协调。若突然爆发出来，会给我国社会经济和人民生命财产造成巨大灾害。例如，1998年我国发生了历史上罕见的特大洪涝灾害；广西、云南、贵州出现罕见干旱。

20.5 中国土地资源、水资源、能源、人力资源的制约因素体现在哪里?

（一）耕地面积减少，分布不均。由于近十几年城镇发展加快，基础设施建设项目多，大量占用耕地，耕地面积持续减少。目前与1957年比较，已净减耕地2000多万公顷。全国人均耕地仅为0.08公顷，不及世界人均水平的1/4。我国耕地不仅数量少，而且分布还极不均衡。东北、西北地区人均耕地较多，可达0.2～0.34公顷，而东南沿海和京津人口密集区原本人均耕地偏低，近几年建设用地数量过大，耕地锐减，人均仅0.06公顷左右，有的地区已低于联合国粮农组织提出的人均0.05公顷的最低界限，耕地最少的地区人均只有0.02公顷多。

（二）水资源紧缺的影响。水资源利用率低，灌溉用水利用率仅占30%，世界发达国家为70%～80%，每年农业用水缺水量达3000亿立方米。一方面水资源地区分配相差大；另一方面，降水时空分配不均，夏秋降水多，冬春降水少，汛期雨量过于集中。

（三）能源短缺的影响。我国化石能源储量是极为有限的。据资料统计，石油储量占世界1.8%，天然气占世界0.7%，铁矿石占世界9%，铜占世界5%，铝土占世界2%，人口却占世界22%，人均化石能源居世界平均水平以下。

（四）人力资源的不利影响。我国农村人口不但数量多，而且人口素质较低。据统计，我国文盲占世界文盲的1/5，而其中大多数为农民。全国4.9亿农村劳动力中，具有高中及以上文化程度的只占13%，小学文化程度的占29.2%，不识字或识字很少的占7.5%。农村人口素质低，不仅影响着农业劳动生产率的提高，而且还严重阻滞着我国经济发展水平的提高。

党的十七大第一次把生态文明建设作为一项战略任务明确提出来，为经济起飞提供了一个新的战略思路。生态文明是对工业文明的超越，是在工业文明的基础上建设更加进步的文明。要在尊重自然，不破坏生态的前提下搞开发建设，需要依赖先进的科学技术来解决经济系统与生态系统的和谐发展问题，走科技含量高、资源消耗低的生态集约型的经济发展之路。

20.6 什么是库兹涅茨环境曲线？

库兹涅茨曲线又称库兹涅茨倒 U 形曲线假说，是由库兹涅茨在 1955 年提出的重要经济概念，即收入分配状况变化在经济发展过程中的曲线。库兹涅茨通过对西方发达国家的大量经济资料进行数据分析，并比较部分第二次世界大战前后发达国家和发展中国家的经济发展与收入差距。库兹涅兹通过研究认为：“假设长期收入分配的发展过程为：经济刚刚开始发展时期收入差距迅速变大，到达经济充分发展的时候差距开始得到改善。”在以纵轴表示为基尼系数，用来衡量居民收入分配的公平程度，横轴表示为国民人均收入的坐标系的关系图中，库兹涅茨曲线呈现倒 U 形，如图 20－1 所示，其中 A 点为拐点，收入差距最大。

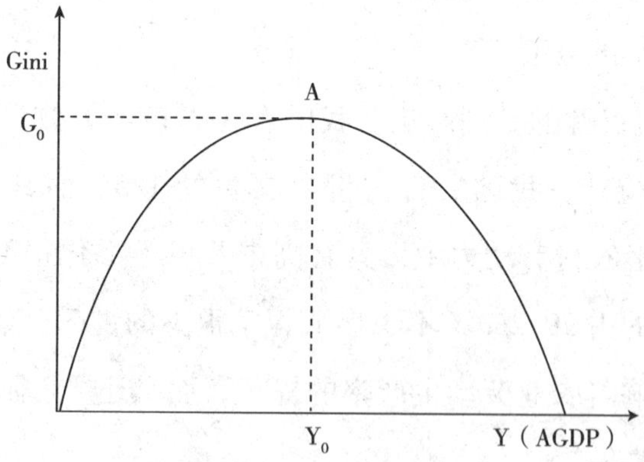

图 20－1　收入差距与国民收入增长关系曲线

资料来源：姚斌，富雷．关于库兹涅茨倒 U 曲线的修正研究［J］．山东工商学院学报，2008，22（06）．

20 世纪 90 年代，以格鲁斯曼为代表的经济学家基于研究大量具体污染物，提出了库兹涅茨环境曲线——经济的发展和生态环境的污染两者呈倒 U 字形关系。一国经济发展起步时，环境问题较少；而后环境污染随经济发展而增加；当一国经济发展水平进入繁荣期后，环境问题随经济的发展而开始得到改善。

20.7 发达国家生态保护与经济发展关系历史阶段性划分有哪几个?

世界历史经验证明，发达国家经济发展符合库兹涅茨曲线的划分，在人均国民收入 10000 美元之前，生态保护与经济发展是相分离的；当人均国民收入达到 10000 美元之后，生态保护与经济发展逐渐开始融合，表现为以下四个阶段的历史进程：

（一）18 世纪末到 20 世纪初，为生态和发展矛盾初现期。工业革命时期，煤为主要燃料。截至 1900 年，煤炭在世界五大先进国家（英国、美国、法国、德国、日本）的产量已经达到了 6. 641 亿吨。煤炭作为主要燃料对工业发展提供了极大的贡献，为蒸汽机等机器运转提供了动力燃料，还为人类生活提供了很大的便利，但是煤的大量燃烧会释放很多出有害气体（二氧化硫、一氧化碳等），给生态环境带来了极大的压力。此外，矿藏工业在一些先进国家的迅速发展，如淘金等，也污染了大气、土壤和水域。还有化学工业的发展、水泥工业与造纸业等，都是此时期内对环境污染的重要原因。

（二）20 世纪 20—40 年代，为生态和发展矛盾加剧。发达国家的工业化加快，对于煤炭等能耗的使用量也越来越多。据 20 世纪 40 年代相关统计，每年工业和家庭燃烧燃料产生的二氧化硫排放量达到了几千万吨，污染范围进一步扩大，由燃烧煤炭引起的事故也越来越频繁。比如1930年马斯河谷烟雾事件，发生在比利时，由于被工厂排出的有毒气体如二氧化硫、一氧化碳等长期凝聚在地表附近雾气中，有的人直接死亡，另有上万只禽类死亡、几千人中毒，后果相当严重。但是当时正处于世界经济大萧条时期，大家都陷入经济的恐慌之中，就没有关注环境污染所带来的严重后果。此外，从20世纪20年代以来，有机化学（石油、天然气等）在西方国家迅速发展，虽然给人类生活带来极大的便利，但是有机化学却对土壤、水质等环境造成了污染。

（三）20世纪中叶至70年代，为生态和发展矛盾爆发期。第二次世界大战以后，各国政府加强对经济的干预，工业化、城镇化进程加快，使得经济持续高速稳定增长，但是这种增长模式带来的却是生态环境的严重污染。因为工业化与城镇化的进程加快，一方面消耗了大量的资源，另一方面使得工业生产和城市生活产生的废弃物排向土壤、河流和大气之中，质变引起量变，导致环境污染问题频发，为世界生态环境蒙上了阴影。

（四）20世纪70年代至今，为生态和发展融合发展期。20世纪70年代后，生态问题日益成为人们越来越关心的话题，人们希望发展经济的同时注重生态保护，使生态与发展和谐共进。各发达国家成立了生态环境保护机构，制订了节能减排方案，加大了环保资金补助力度。

发达国家生态保护与经济发展关系进程表明，人类对于自然环境的了解经历了从否定到肯定，随着工业文明突飞猛进，生态文明已然成为产业发展后期的高级形态，绿色生态文明将战胜白色工业文明。人类对生态保护和经济发展的关系将从不科学到科学，逐渐明确生态问题对于人类自身的重要性，以生态优先为根本原则，发展绿色产业，才是最好的协调生态与经济发展关系的有效途径。

20.8 发达国家绿色产业发展现状如何?

（一）绿色机械工业的发展。它是以改造传统机械制造业，减少其对环境污染为内容的。最主要的是汽车工业的绿色化。自20世纪80年代以来，发达国家就加紧了对该工业领域绿色汽车的研究与开发，汽车不再使用汽油而靠电力和其他能源驱动。而对传统的汽车尾气进行净化与处理器的生产，不但没有加大汽车制造商们的生产成本，反而使世界汽车集团取得了可观的经济效益。其次是工业废气、废渣、噪声治理控制大型机械制造的绿色化。这一机械制造业涉及化工、冶金、取暖、汽车、造纸建筑工业领域。美国、日本、德国等发达国家的绿色机械制造，已成为世界绿色产业的巨头，分享了绿色工业的胜利果实。

（二）绿色能源产业的发展。它是世界能源工业生存与发展的新亮点。从20世纪90年代以来，发达国家一方面对众多的燃煤电厂进行脱硫治理和烟尘治理，使其逐步减少对大气中废气的排放量，洁净了空气。另一方面美国、日本等国家通过对燃煤电厂进行脱硫除尘技术的研究和开发，不但为自身环境保护提供了技术与产品，且对发展中国家这一巨大的市场提供了技术与产品，从而获得了高额利润。

（三）绿色高科技产业的发展。自20世纪70年代以来，人类社会由传统产业的发展逐步向生物工程、计算机、新材料技术研究和应用的高科技产业转变，它们与传统产业相比较是一种环保、节能、少污染的产业。

（四）城市垃圾处理产业的发展。城市生活垃圾是困扰世界各国城市污染的难题，通过堆肥、分类回收利用、采用生物质能技术等处理工业，是新兴绿色产业的重要组成部分。到20世纪90年代初期，在西方发达国家中已形成了新的绿色产业。日本、美国是城市垃圾处理工业发展最快的国家，有75%以上的城市垃圾得到有效处理，并形成了运用先进的技术对生括垃圾（废金属、废纸等）回收利用、供热、制冷、发电、资源建材、有机肥料等的加工和销售产业化。

（五）绿色农业产业的发展。进入20世纪80年代以后，无土栽培技术已在许多国家推广，美国、英国、日本、德国、法国、荷兰、丹麦等发达国家先后在许多城市中建立起“都市农庄”。在1978—1998年的20年间，工业发达国家“都市农庄”的面积年平均递增12%，其产值由不足5000万美元，增加到75亿美元。拉美、东南亚及东欧等国家和地区近年来都市农业的发展也十分迅速。目前，全世界城市绿色农业所提供的蔬菜、鲟鱼、肉类和鸡蛋能满足各国城市人口所需的1/3左右。世界各国从20世纪90年代起，竞相生产无公害绿色食品并认证绿色食品品牌。不仅如此，绿色食品在欧美发达国家其经济效益比普通食品要高50%～150%，这是绿色食品之所以能够成为各国竞相发展的动力之一。

（六）绿色旅游产业的发展。绿色旅游业由“观光农业”和休闲旅游两部分组成。据有关资料统计，2015年，全世界旅游业收入可达到7000～8000亿美元，从世界旅游产业发展看，美国、法国、英国、意大利、奥地利、西班牙、瑞士、德国、中国香港和东南亚的新加坡、泰国等国家和地区的旅游业收入占世界总收入的约60%，特别是近5年来，在世界各国城市中所掀起的“观光农业”“生态农业”旅游的热潮，使都市居民走进了自然怀抱，反映了人们追求绿色，崇尚环保的意识与行为在不断增强和实施。可以预见，这种设立在城郊农村山区的以自然保护区森林公园、野生动物园植物园、“观光农业园”等为基地的绿色旅游，正在形成一条条崭新的国际旅游风景线，其市场前景十分广阔。

20.9 英国是如何治理环境污染的?

英国大力发展绿色城市。英国由于自身地理特点及经济较发达等原因，在绿色城市、绿色建筑方面充分体现了绿色发展的理念和实践。英国首都伦敦在1965年之前曾先后发生过12起重大烟雾事件，其中1952年的烟雾事件造成12000多人因空气污染而丧生。严重的环境问题引起英国政府的高度重视，为净化城市空气，加快环境立法，英国相继出台了《洁净空气法》和《工作场所健康和安全法》，并采取一系列环保措施优化城市环境。经过长期有效的环境治理，曾经世界有名的“雾都”，已经变成了一座空气新鲜、环境整洁、绿色宜居的国际名城。伯丁顿低碳社区，是世界自然基金会和英国生态区域发展集团倡导建设的首个“零能耗”社区。在社区能源利用方面，规划结合环境、社会、经济等不同方面的需求，运用节能技术降低能耗、水耗和汽车使用量，减少碳排放，现在已经成为引领英国乃至全球绿色城市建设与可持续发展的典范。

良好的生态环境极大地提升了英国人的生活质量，并吸引了大量的海外游客。据英国官方统计，在2012年的伦敦奥运会和残奥会期间，英国共吸引海外游客59万人次。节能低碳已成为英国社会生活的时尚。英国零售业巨头乐购率先建设了一些“零碳”超市，通过自备生物质发电机、建筑节能、循环利用雨水等方式打造低碳购物环境。伦敦南部的“贝丁顿零碳社区”更是声名远扬，这个约百户居民的小区是英国最大的低碳社区，是上海世博会零碳馆的原型，其建筑、生活等许多方面的低碳设计已成为标杆。生态文明是一个全新理念，包含了环境保护、经济发展、生活方式等很多内容，具有丰富的内涵。在探索生态文明的建设中，作为工业革命发源地的英国是一个很好的样本。

20.10 德国是如何治理环境污染的?

随着全球气候变暖加剧、极端天气及自然灾害频发，德国工业开始走上绿色发展之路，将重点放在新能源发展领域和可再生能源领域，主要包括有风能、生物质能、地热能和太阳能等可利用绿色能源。在一系列法律法规有力的支持下，德国可再生能源发展举世瞩目，目前全世界已经有约50个国家效仿德国推出了可再生能源法。在可再生能源行业迅猛发展的基础上，德国各行业都在积极转型，以争取尽早搭乘上这辆绿色经济的未来列车。其中最值得注意的是德国最大的工业产业——汽车业。德国政府正式启动了“国家电动汽车计划”，从电池技术、驱动技术、基础设施建设、标准化与认证、材料与回收、人员与培训和政策条件7个方面对电动汽车进行全面研究，让汽车摆脱至少是减轻对石油的依赖，减少二氧化碳的排放，创造一个绿色健康的环境。2013年，德国将“工业4.0”项目纳入了《高技术战略2020》的十大未来项目中，计划投入2亿欧元资金，支持工业领域新一代革命性技术的研发与创新。基于信息物理系统的智能化，开启人类步入以智能制造为主导的第四次工业革命。

经过多年的努力，德国的环保技术产品在世界市场的份额以18.7%独占鳌头。在欧洲，德国钢铁工业的环境保护已经达到了很高的水平。而德国钢铁工业环境保护的重点仍是维护空气质量，在此目的下进行除尘处理，主要是控制粉尘扩散和减少细小微粒的排放。而其钢铁工业环境保护的关键策略就是循环利用，起到与环境协调一致的作用，解决相关工艺中需要的大量的原料问题。以德国的蒂森克虏伯钢厂为例，现在炉渣的综合回收率水平已接近 95%，其中冶金渣的回收利用率尤为突出。在德国，高炉渣利用率达到了 100%，同时炼钢渣的利用率也超过了 90%，每吨粗钢的耗水量也控制在 100 立方米的范围内。大量的努力不仅保证了有效的回收和再生利用工序，而且冷却水的利用也保证了新水的补充率降低到每吨粗钢 15 立方米左右，远超世界平均水平。

20.11 美国是如何治理环境污染的?

鉴于绿色能源的巨大优势及其经济社会效益，世界各国都在对其加紧开发利用。美国把绿色发展战略的重点放在提升绿色能源领域的核心竞争力，培育新的经济增长点和提供就业机会上，促进整个社会经济向绿色能源为代表的低碳经济转型，开启了重塑美国经济竞争力的新方向、新路径。美国政府绿色经济政策可分为节能增效、开发新能源、应对气候变化等多个方面。其中，新能源的开发是其绿色新政的核心。在全球能源趋紧和节能减排的双重压力之下，美国政府把开发绿色能源列入经济刺激计划的重要内容 ，提出将美国传统的制造中心转变为绿色技术发展和应用中心。从长远看，美国政府新的能源战略将推动经济实现增长模式的转变，进而影响世界其他地区经济，对世界绿色产业革命产生重要影响。预计到 2020 年，绿色产业将创造 500 万个就业岗位。重点发展领域为电动汽车、生物燃料、太阳能光伏、风能、智能电网、水处理。预计到 2025 年，总计将投入 1500 亿美元。

20.12 韩国是如何治理环境污染的?

与我们隔海相望的邻居韩国，从 1987 年就开启了新能源和可再生能源时代，当时的韩国政府就计划未来能源将完成由石油天然气到清洁能源及可再生能源（即绿色能源）的转变。为了综合推进替代能源的开发，1987 年 12 月，韩国政府制定并公布了《替代能源开发促进法》，开始全面支持绿色能源技术开发。后来，2008 年时又提出了以绿色技术与清洁能源创造新增长动力及工作岗位的“低碳绿色发展”作为韩国新的国家发展模式，进一步加强了以太阳能、风力、燃料电池为中心，发展绿色能源产业的扶持政策。这些集中投资绿色能源的举措成了绿色能源产业全面发展的契机。

太阳能产业是韩国绿色能源产业发展的主轴产业。太阳能产业借助政府的扶持政策及全球太阳能市场的发展获得了巨大的发展，在韩国国内产业已形成完整的价值链（多晶硅 - 锭 - 晶圆 - Cell - 模块）并发展成为连接半导体和显示器产业的核心产业。韩国 OCI 通过生产比普通质量 8 - Nine 更优秀的 10 - Nine 级以上高纯度高效率多晶硅产品，获得了全球客户对其质量的认可，另外，还生产更高纯度的 11 - Nine 级产品供应给半导体晶圆企业。OCI 不仅涉足多晶硅事业，还进军到了太阳能发电事业。为进入中国太阳能发电市场，其也正在逐步加强与中国的合作。

除了太阳能产业之外，风力产业和燃料电池产业是推动韩国绿色能源产业发展的另外两大产业。

20.13　发达国家发展绿色产业对中国有哪些借鉴?

发达国家绿色产业的良好发展，不仅证明了绿色产业发展的无限光明前景，也给了我们经验和启示。

首先，构建绿色产业发展的宽松环境。我国的绿色产业是一个幼稚产业，它的发展和壮大需要有一个良好的发展环境保护与推动。鉴于我国绿色产业的一个重要特点是它的分散性和小规模、新兴性，要采取切实措施，大力发展绿色产业，即在投融资、税收、用地、补贴等优惠政策方面扶持企业壮大和发展，并积极引导传统过剩型产业向绿色产业转移，推动产业内部企业兼并联合，同时鼓励国有民营大中型企业进入绿色产业尤其是环保产业之中，尽快改变我国绿色产业总体规模偏小、企业分散的局面。绿色产业的主力军是环保产业。环保产业包括生产环保设备、垃圾回收和处理。这是一个发展潜力巨大的产业市场。

其次，建立健全绿色产业发展的法律体系，加强执法力度。建立完善绿色产业发展的法律体系，是确保产业快速、规范发展的前提。绿色产业特别是环保产业，其兴起的初期阶段主要受到政府的驱动，即受到政府的产业法规的驱动，才能促进对环境破坏责任者接受环保产品和服务。OECD 关于环保产业的报告认为，环保法规是发达国家环境产业发展的首要因素。尽管在过去 20 多年中我国对绿色产业发展责任确认、产业税费、产业保护等法律法规颁布了 1000 多个，初步形成了适应市场经济体系的产业、环境和标准体系，但有法不依、执法不严的状况还未彻底扭转，有必要在 21 世纪初加大执法力度，使产业产品企业管理发展走向法制化的良性轨道。

最后，制定适合国家绿色产业的发展战略。绿色产业发展战略的制定要立足于加强对资源的规划利用和严格管理，立足于克服浪费资源求发展的短期行为，有利于合理使用和保护资源，切实提高资源综合利用效率，既要满足目前经济发展和消费需求，又要顾及子孙后代的发展问题。对于老的传统产业企业，要提供末端控制的产品与技术服务；对新企业则应采取通过变更生产工艺采用洁净生产技术，以消除污染或最大限度地减少污染即治本战略。绿色产品开发战略从绿色产业发展的经济效益的排序上看，绿色产品和食品高于洁净技术，洁净技术高于末端污染控制，因此，在我国现行绿色产业资源技术日益发展条件下，以开发绿色产品和绿色食品为主，既可取得较高的经济效益，又能获得良好的社会效益，还可吸引地方政府、企业、个人和外资进行产业投资，推动绿色产业的快速发展。

20.14 我国生态保护与经济发展关系历史阶段性划分有哪几个？

目前，我国人均 GDP 已经快达到 10000 美元，正处于高度重视生态环境保护的关键期，国内生态与经济发展关系大致可划分为以下四个阶段：

（一）生态与经济发展基本协调期（1978—1989 年）。党的十一届三中全会提出把党的工作重心转移到经济上来。于是，我国开始开发利用自然资源使经济获得了长足的进步，我国人均国民生产总值总体呈上升趋势，经济持续增长。到 1989 年我国人均国民生产总值达到了 404 美元，是 1978 年的 1.8 倍，我国经济呈现高速发展状态。我国地大物博，资源总量在世界范围内名列前茅，我国经济刚起步发展之时是在生态经济圈之内的，在环境资源可承受的范围内，开发利用自然资源，还没有对资源造成较大的浪费，没有对环境造成较大的破坏，此时生态与经济处于融合发展期。

（二）生态与经济发展的矛盾初现期（1990—2007 年）。第二阶段是在 20 世纪 90 年代初到党的十七大召开之前，是生态与经济发展的矛盾初现期。这个阶段我国的经济正超高速发展，2006 年人均 GDP 是 1990 年的 6 倍，且 2000 年我国成为世界七大经济体，但是经济的迅猛发展对环境造成了一定的破坏，已经超出了生态资源能够承受的范围，生态与经济发展之间的冲突逐渐显现出来。根据库兹涅茨环境曲线，我国处于经济发展初期，逐步暴露出生态环境问题，领导人开始注意到这一问题的危害性，并开始予以解决。国务院1996年召开第四次全国环境保护会议，启动了退耕还林、退耕还草等生态保护重大工程。2007年党的十七大第一次提出了“建设生态文明”。

（三）生态与经济发展的矛盾爆发期（2007—2012年）。这个阶段，我国经济发展取得了瞩目的成绩，2010年成为了世界第二大经济体，其中GDP超越了日本仅次于美国。多年来的GDP增速的背后，虽然我国经济大大发展，居于世界前列，但是却以牺牲生态环境资源为沉重的代价。这些年，我国以“高投入、高消耗、高排放”的粗放式发展使得我国很多资源损耗严重。此外，工业发展与雾霾问题成为社会一个十分突出的矛盾点。随着以工业化为主导来发展经济，能源消耗在工业上的逐渐增多，再伴随着人类活动的加剧，雾霾问题越来越严重。据统计在近二三十年，大城市平均每年雾霾天数超过100天，有些都已超过200天，且污染强度也越来越大，能见度只能达到一到两千米。21世纪头10年，我国经济正处于高速发展期，生态环境与经济发展之间的矛盾日趋恶化，达到了巅峰值，我国此时处于生态与经济发展的矛盾爆发期。

（四）生态与经济发展的矛盾协调解决期（2012年至今）。党的十八大以后至今，为生态与经济发展的矛盾协调解决期。党的十八大我们党提出“建设美丽中国”，党的十九大在现代化建设目标体系中纳入了“美丽中国”，自上而下地做好顶层设计，开始一系列生态文明的改革。

我国经济发展已经进入工业化中后期，2017年我国人均国民生产总值接近发达国家的10000美元。近年来产业结构的优化升级对节能减排提供了有利条件，2013年第三产业比重首次超过了第二产业，且服务业比重不断上升，中国政府在2015年确定了到2030年的自主行动目标，向《联合国气候变化框架公约》秘书处提出单位国内生产总值二氧化碳排放比2015年下降60%～65%。此外，中国近几年加大了环境污染治理的投资额，高度重视环境污染问题，努力处理好经济发展与生态保护问题。

20.15 中国社会主要矛盾根本性的变化有哪些?

改革开放40周年，我国社会主要矛盾发生了根本性变化，已经由人民群众日益增长的物质文化需求与落后的社会生产之间的矛盾，转变为人民群众对美好生活的向往与发展的不平衡不充分之间的矛盾。从前人们追求的是吃饱穿暖，现如今已经基本达到小康，党的十九大提出我国要在2020年全面建成小康社会，中国人的生活水平会得到大幅度的提升，因此优美生态环境正成为人民美好生活向往的重要组成部分，人们越来越渴望生态优先与绿色发展，美丽中国建设正在成为现代化建设新目标。然而与人民新期待和现代化新目标相比，我国环境保护仍然是全面小康社会的短板，发展不平衡也不充分，高污染、高耗能的企业仍然有很多，多地的经济发展模式也不能顺应现今的大的历史发展潮流，资源匮乏与环境污染问题严重，大气污染、土壤污染、水质污染面广量大，严重制约了经济的高质量发展，影响了群众的生产生活。究其原因是我国的经济发展模式过于粗放，还未将生态优先放在重要位置，生态文明制度还有缺欠，缺乏系统的发展绿色经济的理论指导。为了回应人民对“环保”的追求，习近平总书记提倡走生态优先绿色发展道路，为建设美丽中国的梦想提供了科学思想、根本遵循和制度保障。党的十九大明确了美丽中国现代化建设目标，这是习近平总书记生态优先绿色发展思想的智慧结晶。

20.16 习近平生态优先绿色发展思想形成过程分为哪几个阶段?

习近平总书记的生态优先绿色发展思想来源于他的基层实践，从1969年开始下乡到梁家河当知青，之后再到河北正定、福建宁德、浙江等地任职，之后进入中央直到现今。习近平生态优先绿色发展思想形成和发展与中国社会主义建设和改革开放伟大实践进程密切相关。伴随中国现代化建设的推进，生态优先绿色发展思想由萌芽走向成熟，先后经历了萌芽期、发展期、深化期、成熟期四个阶段，集中体现在“绿水青山就是金山银山”即“两山”理论形成和发展中，成熟而丰富的“两山”理论成为新时代美丽中国现代化建设的科学指导思想。

20.17 “两山”理论的提出背景是什么?

为了推进“绿色浙江”建设，2005年8月15日，习近平到安吉县天荒坪镇余村实地走访，他首次提出“绿水青山就是金山银山”。作为“两山”理论的实践典范，浙江省安吉县坚持把“山清水秀生态美”作为最大资源，明确发展底线就是“守住绿水青山”，依靠得天独厚的自然条件和“七山一水两分田”的自然禀赋，大力发展生态农业、生态工业和生态旅游业，打造既要优美环境又要富裕生活的绿色发展道路。习近平对该村关闭有大量收益但污染环境的矿山、水泥厂，重起炉灶发展生态旅游，实现“景美户富”绿色发展道路给予了充分肯定。虽然刚开始关闭这些高耗能、高污染的企业对当地的 GDP 产生了不小的影响，下滑厉害，可以说是断崖式的降低。2005 年 8 月 24 日，习近平在《浙江日报》发表了《绿水青山也是金山银山》一文，其中提出了绿水青山也是金山银山的思想理念，指出我们要利用好生态环境优势，发展生态农业、工业和旅游业等，那么绿水青山也就变成了金山银山。

20.18 “两山”理论的深化体现在哪些方面？

2006 年 3 月，习近平在《从“两座山”看生态环境》一文中指出，两座山是绿水青山和金山银山，绿水青山指生态环境和自然资源资产，金山银山是指物质财富与社会经济的发展。在实践中，认识绿水青山与金山银山的关系经过了三个阶段。第一个阶段的时候我们只是一味地索取，不考虑生态环境的承受能力，拿绿水青山去换取金山银山。这一阶段是我们人类采取粗放式的经济发展阶段，大量消耗自然资源，尤其是煤炭等非可再生资源，造成了生态环境恶化、资源匮乏的后果。第二个阶段的时候人们认识到了绿水青山的重要性，既要金山银山也要绿水青山，此时整个社会的经济发展虽然高速，但是环境污染问题严重、资源紧缺，人们认识到不能动摇我们的生存发展的根基，只有留得青山在才能后续有火烧。因此我们必须在注重环境保护的基础上发展经济。第三阶段的时候人们意识到绿水青山是可以给我们带来金山银山的，绿水青山就是金山银山。比如我们的常青树就是摇钱树，当我们能够把生态环境优势转化成经济发展优势，自然就能保持大自然与人类社会的和谐统一与可持续发展。这个阶段是比前两阶段有更高的境界，也是唯一能适应当今全球生态环境大情况的模式。“两山”理论系统阐述了绿水青山和金山银山即经济发展与生态保护的关系，经济的高质量发展不能不顾生态环境的保护，保护生态环境的同时不能离开高质量的经济发展，两者是一个有机的整体。

20.19 “五位一体”总体布局的主要内容是什么?

2012年11月，在习近平总书记的主持下，党的十八大通过了《中华人民共和国宪法修正案》的决议，将“生态文明”列入宪法，并详细阐述了建设社会主义事业的总体布局规划。从最初的“物质文明、精神文明和政治文明”到“经济建设、政治建设、文化建设和社会建设”，再到“市场经济、民主政治、先进文化、和谐社会和生态文明”的“五位一体”总体布局，体现了我们对中国特色社会主义建设道路越来越准确、全面、科学的认识与理解。会议上提出了推进美丽中国的建设，实现现代化的新目标。党的十八届五中全会上审议通过的《中共中央关于制定国民经济和社会发展第十三个五年规划的建议》更是将生态文明和美丽中国写入其中。推进美丽中国现代化的建设，加快建立生态文明，“美丽中国”不是一句口号，而是要从生态理念层面入手，完善生态机制与制度，改变生态行为模式等实际行动。在美丽中国的助推下，我们创出了经济与生态双赢，实现人与自然和谐的绿色发展之路，这也昭示着中国人民必将走向社会主义生态文明新时代，会实现美丽中国、健康中国的伟大愿景。

20.20 为什么说“两山”理论产生世界影响?

2013年9月7日，习近平总书记在哈萨克斯坦演讲时指出：“我们既要绿水青山，也要金山银山。宁要绿水青山，不要金山银山，而且绿水青山就是金山银山。”2015 年 3 月 29 日，习近平总书记同出席博鳌亚洲论坛年会的中外企业家代表座谈时，表示中国的绿色机遇在扩大，我们要走绿色道路，提倡节约利用自然资源、与大自然友好相处的生产生活方式，因此必须加快经济方式的转变。所谓转变经济发展方式，主要就是资源利用方式的实质性转变和调整，即调整和转变传统的简单粗放型资源配置方式，彻底摒弃传统发展模式中一味地追逐 GDP 的高速增长，而忽视资源、生态环境的保护，要牢固树立资源绿色化利用的观念，走绿色协调可持续发展之路。2017 年 11 月 10 日，亚太经合组织工商领导人峰会上，习近平明确表示要加快生态文明体制机制的改革进程，坚持发展绿色经济、循环低碳经济，走可持续之路，严格遵守生态环境保护的制度。不断完善的“两山”理论在世界产生影响，强调从根本处改变当下日益恶化的生态情况，打造美丽、安全的生态环境，到 2035 年，我国会呈现出良好的生态环境的美丽中国图景。

20.21　人和自然是和谐共生的命运共同体的思想内涵是什么?

2016 年 1 月 18 日，在省部级主要领导干部学习贯彻党的十八届五中全会精神专题研讨班上，习近平总书记谈道：“人与自然是一种共生关系，伤害大自然最终会伤及人类自身，只有依循自然规律，才能避免走弯路。对于自然我们要取之以时、取之有度。生态环境这个短板必须要花大力气扭转。”人与自然的关系经历了使用工具的狩猎时代、耕作的小农文明时代、过度开发使用自然资源的工业时代，以及为了美好家园而与环境污染做斗争的生态文明时代。只有保护好我们的地球，才能让我们自己在这个地球上更好地生存，如果我们不顾生态环境而一味索取，则最后必然会危害到我们自己。人与自然共同体的视域从人扩展到了自然界，这不仅是对以往“人的文明”的反思与解构，更是对未来社会人与自然关系的科学建构。人与自然共同体是合作的、互利的、双向繁荣的关系体，人与自然之间的关系是包含了自然规律性与人类主观能动性的命运共同体，它内含了人与自然共生共存的道德关系体、利益关系体和文化关系体。将自然看作人类生命的一部分、生存与发展的原因，实现实质统一、互惠互利面向自然、自然的繁荣与社会的繁荣互为补充、文化上趋向自然之“生”与社会之“荣”，伦理、价值与文化以新的形态融入新时代现代化社会，生态文明终究会到来。

20.22 “两山”理论的成熟成为新时代中国特色社会主义建设的重要指导思想的根据是什么?

十八大后修改了党章，将生态文明建设纳入社会主义事业总体布局中。党的十九大后又再次修改党章，吸收了习近平关于推进生态文明建设的新思想，在总纲十八自然段落中，增加增强绿水青山就是金山银山意识，实行最严格的生态环保制度意识等内容，利于全党牢固树立社会主义生态文明观，自觉树立绿色理念，开创建设美丽中国的新时代。党的十三届全国人大一次会议第三次全体会议于 2018 年 3 月 11 日通过了《中华人民共和国宪法修正案》，将建设“美丽中国”和“生态文明”列入宪法。这次将生态文明和美丽中国写入宪法有利于协调经济发展与生态保护的关系，填补环境治理的空白，具有了更高的法律地位，更强的法律效力，既顺应了新形势的需求和全社会的期盼，也让党的主张成为国家意志，明确了今后实践中的要求，是调整社会经济结构和转型升级的基本原则和方向，这无疑是将绿色发展观念更好地贯彻落实到行动上。习近平生态优先绿色发展思想已经成为新时代中国特色社会主义理论体系的重要部分，成为我们振兴中华民族实现中国梦的奋斗纲领，转化为全中国人民的共识和一致的行动。

参考文献

[1]焦艳,李合亮.习近平绿色发展理念的形成及内容[J].中共天津市委党校学报,2017,19(02).

[2]“两山”诞生地 浙江安吉[J].江南论坛,2018(01).

[3]习近平.在广东考察工作时的讲话[C].习近平关于社会主义生态文明建设论述摘编,2017.9.

[4]习近平.在海南考察工作结束时的讲话[C].习近平关于社会主义生态文明建设论述摘编,2017.9.

[5]习近平.在十八届中央政治局第六次集体学习时的讲话[C].新华网,2013-05-24.

[6]习近平.在中央城镇化工作会议上的讲话[C].十八大以来重要文献选编(上),2014:589-602.

[7]习近平.在参加十二届全国人大二次会议贵州代表团审议时的讲话[N].贵州商报,2014-03-10.

[8]习近平.在省部级主要领导干部学习贯彻党的十八届五中全会精神专题研讨班上的讲话[M].北京:人民出版社,2016.

[9]习近平.人民日报-在参加十二届全国人大四次会议青海代表团审议时的讲话[N].杭州日报数字报纸,2016-03-11.

[10]黄贤金.建立绿色GDP核算 推进生态文明建设[J].江苏政协,2013(04).

[11]王勇,刘义飞,刘松柏,等.中国水柏枝属植物的地理分布、濒危

状况及其保育策略[J]. 武汉植物学研究,2006,24(5).

[12]蔡昉,都阳,王美艳. 经济发展方式转变与节能减排内在动力[J]. 经济研究,2008(6).

[13]孙菠. 中国环境库兹涅茨曲线的实证研究[D]. 长春:吉林大学, 2016.

[14]黄光宇,陈勇. 生态城市概念及其规划设计方法研究[J]. 城市规划,1997(6).

[15]曾建民,里双. 西方发达国家绿色产业的发展及其启示[J]. 计划与市场,2002(2).

[16]曾建民,陈建武. 新经济的崛起:西方发达国家绿色产业的发展[J]. 电子政务,2002(2).

[17]张慧晶. 事业单位财务管理与会计核算体系研究[J]. 经营管理者杂志,2010(23).

[18]高翠琳,王明浩. 浅议生态城市建设的4个环节[J]. 城市环境与城市生态,2009(5).

[19]孙然好,陈爱莲,李芬,等. 城市生态景观建设的指导原则和评价指标[J]. 生态学报. 2013,33(8).

[20]艾米尔·路德维希. 德国人:一个民族的双重历史[M]. 杨成绪,潘琪,译. 北京:东方出版社,2006.

[21]德国绿色发展经济策略,可再生能源的促进和利用[EB/OL]. http://www.vccoo.com/v/2a3dc2.

[22]美国绿色产业规模日益扩大[EB/OL]. http://blog.sina.cn/dpool/blog/s/blog_a8afd63e0102uwwc.html? vt=4.

[23]田荣美,高吉喜,张彪. 生态社区评价指标体系构建研究[J]. 环境科学研究,2007,20(3).

[24]李超骕,马振邦,郑憩,等.中外低碳城市建设案例比较研究[J].北京大学深圳研究生院城市规划与设计学院,2011,18(1).

[25]钢铁“去产能”之下　中国废钢业如何转型升级?[EB/OL]. http://money.163.com/17/0525/15/CL9RD9RG002580S6.html.